高校社科文库
University Social Science Series

教育部高等学校
社会科学发展研究中心

汇集高校哲学社会科学优秀原创学术成果
搭建高校哲学社会科学学术著作出版平台
探索高校哲学社会科学专著出版的新模式
扩大高校哲学社会科学科研成果的影响力

刘广铭/著

朝鲜朝语境中的满洲族形象研究

Research on the Image of Manzhouzu in the Context of Korean Dynasty

光明日报出版社

图书在版编目（CIP）数据

朝鲜朝语境中的满洲族形象研究 / 刘广铭著 . -- 北京：

光明日报出版社，2013.7（2024.6 重印）

（高校社科文库）

ISBN 978 - 7 - 5112 - 4906 - 7

Ⅰ.①朝… Ⅱ.①刘… Ⅲ.①朝鲜语—语境特征—研究
②满族—人物形象—研究—中国 Ⅳ.①H554②K282.1

中国版本图书馆 CIP 数据核字（2013）第 141642 号

朝鲜朝语境中的满洲族形象研究

CHAOXIANCHAO YUJING ZHONGDE MANZHOUZU XINGXIANG YANJIU

著　　者：刘广铭

责任编辑：陈　娜　　　　　　　　责任校对：傅泉泽

封面设计：小宝工作室　　　　　　责任印制：曹　净

出版发行：光明日报出版社

地　　址：北京市西城区永安路 106 号，100050

电　　话：010-63169890（咨询），010-63131930（邮购）

传　　真：010-63131930

网　　址：http：// book. gmw. cn

E － mail：gmrbcbs@ gmw. cn

法律顾问：北京市兰台律师事务所龚柳方律师

印　　刷：三河市华东印刷有限公司

装　　订：三河市华东印刷有限公司

本书如有破损、缺页、装订错误，请与本社联系调换，电话：010-63131930

开　　本：165mm×230mm

字　　数：250 千字　　　　　　　印　　张：14.5

版　　次：2013 年 7 月第 1 版　　　印　　次：2024 年 6 月第 2 次印刷

书　　号：ISBN 978 - 7 - 5112 - 4906 - 7 - 01

定　　价：68.00 元

序

　　刘广铭君是我的学生，今其书稿《朝鲜朝语境中的满洲族形象研究》付梓在即，特来函索序于予，以曾为导师，又何敢辞？故不揣简陋少文，勉力为之。

　　对文本中的异国或异族形象进行研究，已经成为近年来比较文学最具本学科特点、最引人瞩目的学科分支之一。"朝鲜朝语境中的满洲族形象研究"就属于典型的形象学论题。

　　作者选取韩国十七、十八世纪最具代表性的"燕行录"文本，通过文本作者的"外位"视角观照不同时期的满族形象，进而描述出两种异质文化如何在相互碰撞中求同存异，如何经历了隔膜、敌对之后，小心翼翼地开展对话，尝试着彼此沟通了解的艰辛历程。

　　"朝鲜朝语境中的满洲族形象研究"实际上就是比较文化阐释研究。因此，仅仅凭借"形象学"的理论与方法是不足以驾驭这个课题的。作者成功地将"互文—对话"的思想用于自己的研究并贯彻始终，从而使文本分析过程变成了一个动态循环，燕行录作者、文本、作者之间的对话使文本阐释充满了无限创造的可能，而保证阐释过程有效性的就是文本本身以及对话阐释的开放空间。作者认为：每一个文本都是互文本，文本性即对话性。燕行录作为文本只有在对话阐释中才能获得真正的理解，因此，理解也是对话。这些见解都是很有见地的。

　　"燕行录"其实就是韩国人对中国的理解与阐释，而从其理解与阐释的视角来说，毫无疑问是一种"外位"视角，因此，作者的研究工作可以说是"理解之理解"、"阐释之阐释"，作者的研究视角则是"外位之外位"。要而言之，作者所从事的"朝鲜朝语境中的满洲族形象研究"，实际上就是以韩国人的"外位"视角，对满族人及其文化的一次再观照、再感觉、再认识，从而获得一些对于双方民族文化心理的不同于以往的新认识，并希冀其对今天的人们处理国家、民族间错综复杂的关系有所裨益。作者的这一努力赢得了同行专家们的一致认可，专家们认为本书稿"为清代文化的研究与理解提供了崭新的视域，拓展了朝鲜－韩国学研究的范围，同时为进一步深入研究中韩文化交流关系打下了良好的基础"。

我们知道，"燕行录"内容之丰富远远超出了一般人的想象。汉族人、满族人以外，蒙古族人、维吾尔族人等都是"燕行录"的描述对象。因此，作者尝试通过"朝鲜朝语境中的满洲族形象研究"建立一个对"燕行录"进行比较文化阐释研究的"模型"的研究理念值得肯定。从这个意义上说，"朝鲜朝语境中的满洲族形象研究"实际上只是关于"燕行录"之"比较文化阐释研究"的一例个案研究。作者目前从事的"燕行录中的满、蒙、汉族形象比较研究"则是其先期课题的一个自然延伸，它们将共同构建起"燕行录"之"比较文化阐释研究"的宏伟大厦，实在值得期待。

作者书稿之缺憾亦是显而易见的，所谓"朝鲜朝语境"似应包括朝鲜朝之汉文小说所营造之"语境"在内，如《姜弘立传》、《林庆业传》、《朴氏夫人传》、《江都梦游录》等似乎都应进入研究视野，如此，则"朝鲜朝语境"将更趋严密周详，书稿之逻辑亦将更加严谨。然而瑕不掩瑜，作者此著，在资料抉择、文本阐释、理论探讨等诸方面可谓匠心独具，时有发明。可以预言，《朝鲜朝语境中的满洲族形象研究》必将成为"燕行录"研究领域的一部力作。

游谈无根，草成兹篇，聊以为序。

金宽雄
丙戌岁杪於首尔

CONTENTS 目 录

导论

朝鲜学与满学在比较文化学领域的对话

第一节 研究目的与意义

一、朝鲜朝语境①中的满洲族形象研究的现代性

比较文学在当代最重要的发展是其研究范围向着文化领域的突进。由此，比较文学大有转化为比较文化学②的趋势，即：从异质文化之间的文学现象的研究转向对异质文化本身的研究。二十世纪最后十年最重大的事件之一是遍及世界范围的"文化热"，从二战后揭开序幕的冷战宣告结束了，文化或文明的冲突继而上升为东西方对抗的主要内容。在随后和未来的全球性对抗中，引起冲突的关键因素可能不再是意识形态的分歧，决定胜负的关键因素亦不再是军事或经济力量的大小，而在于文化上的差异与优劣。为这一信念所左右，文化问题的重要性陡然升温，并成为所有问题的焦点。

---

① "语境"有两种涵义，一是指确定语义的文本内的上下文，二是指文本以外但与文本有关的东西。本文是在第二种涵义上使用这个概念的。我们可以从语源上将英文的"context"一词分成"con"和"text"两部分，"con"的意思是"with"，语境就是与"text"有关的东西。我们同样可以将汉语的"语境"两个字分解开来，理解为"语言（文本）环境"或"语言（文本）得到阐释的环境条件"。而"朝鲜朝语境"则是指一种独特的历史语境。所谓历史语境，就是在一定时间段内，主导历史精神的主流话语所营造的时代环境。

② "比较文化学是对于不同类型文化进行比较研究的学科，所谓不同类型的文化指的是不同的民族、不同的地域、不同的国家所具有的不同文化传统、文化特性、文化发展史与文化形态等。比较文化学的特性是通过不同文化的同一性和各自的差异性的辩证认识，达到发现和掌握文化发展规律的目的。比较文化学是以比较意识、比较思维方式和比较方法为特征的研究学科，而不是简单的形式比较或比附，这就是比较文化学的本体论、方法论和实践论的统一"。（参见方汉文：《比较文化学》上，广西师范大学出版社 2003 年版，第 29 页。）

实际上，一个文化体系中差异性和区域性的存在恰恰能够提供这一文化体系发展壮大的契机。因为，从文化发展的一般规律来讲，如果一个文化体系内部同质性过高，缺乏考验与竞争，则势必削弱其应对挑战的能力，反之，正确对待文化差异，接受考验和挑战，则自身文化亦会在这种回应中不断调适自我，并积极吸纳新成分，保持长久的活力和生命力。从这个意义上说，朝鲜半岛文化就是朝鲜民族与外来民族（包括满族）对话的产物。而朝鲜朝应对异族冲击的策略，则表现了朝鲜民族高超的生存智慧。并且，这种智慧直至今天仍有其现实性。

历史往往凝聚着现实问题的症结，而"察古"的目的无非在于"鉴今"，这也是我们研究朝鲜朝语境中满族形象背后的文化意蕴的初衷。它无疑为我们处理今天的国家、民族间文化关系，多数民族与少数民族的关系提供了一种富于建设性的启示。而这种越来越为世人所认同的启示就是"对话"。"对话"虽然是二十世纪最伟大的思想家之一——巴赫金（1895～1975）的思想精髓的代名词，但在处理国家、民族间文化关系上，多数民族与少数民族的关系上却具有重要的"方法论"意义。因为，"生活中一切全是对话，也就是对话性的对立"。① "对话"体现着一种平等的、民主的文化意识。它承认世界是由差异构成的，而差异就包含着矛盾和对立，但它倡导在保持各自的差异和特殊性这一前提下，多元并存，相互作用，共同发展。它反对对抗，主张对话，强调每一种理解只不过是对话链条上的一个环节。每一种理解都具有未完成的性质，而凭借它的"未完成性"，则可以将人们引向更为广阔的天地。而"单一的声音，什么也结束不了，什么也解决不了。两个声音才是生命的最低条件，生存的最低条件"。②

概而言之，我们要通过研究回答以下问题：一个外族人应该怎样对待一种对他来说完全陌生的文化？在文化交往中处于优势地位的民族，是否有权处置乃至篡改在文化交往中处于劣势地位的民族的形象？我们的答案是，在世界已经缩小为地球村的今天，正确的态度应该而且也必须是，克服一元中心论和本民族文化中心论，采取文化相对论、价值多元论立场，在与他者的平等对话中发展自己，同时也允许对方发展。正如个体儿童的认知发展过程就是一个不断

---

① 巴赫金著、王春仁等译：《陀思妥耶夫斯基诗学问题》，三联书店 1988 年版，第 79 页。
② 同上书，第 344 页。

消解自我中心的过程一样，各民族文化亦只有在经历了摆脱"我族中心主义"的思维与情感定势这一过程之后，才有可能客观公正地面对异族人民和异族文化，以避免"妖魔化"与"乌托邦化"现象的产生。

若要完成上述研究，则必须把朝鲜朝与女真（满族）间的复杂关系清晰地描述出来，而比较文学形象学的理论无疑是描述这种关系的一种独特而有效的方法。其实，在古希腊语中，理论并不具有后世人们赋予它的抽象意义，它的原意不过是一种看的方式。一种理论实际上就是一种特殊的观察世界的方式，从某种意义上说，现象只有进入理论的视野才能成为感觉得到的东西。同样的现象在不同的理论视野观照下，会呈现出不同的面貌。文艺批评的发展史实际上就是文艺现象不断地被理论重新观照、重新感觉、重新认识的历史。从这个意义上来说，我们所从事的朝鲜朝语境中的满洲族形象研究，实际上就是以朝鲜人的"外位"视角，对满族人及其文化的一次再观照、再感觉、再认识，从而获得一些对于双方民族文化心理的不同于以往的新认识，并希冀其对今天的人们处理国家、民族间错综复杂的关系有所裨益。

二、朝鲜朝语境中的满洲族形象研究的学术价值

朝鲜朝语境中的女真（满族）形象问题是一个令人感到趣味盎然的话题。朝鲜人与满洲族先人从史前时代以来，就共存于亚洲东隅。在战争与和平的交替演进中，在漫长的历史行程中，彼此对对方的生存方式、言说行为、活动具像等形成了各具时代色彩及地域特征的观察和记录，并世代传承，综合构成永不枯竭的历史描述，从而最终成为一种"社会集体想象"。尤其是朝鲜，在其卷帙浩繁的古代典籍中，留下了大量的关于女真（满族）的文本。① 这些文本一方面基于久远的"女真记忆"，一方面结合"此时"的现实文化语境，不断地描绘和表述朝鲜人视域中的女真（满族）形象，即不断地对作为"他者"的女真（满族）下定义，而这些描绘和表述又成为新的话语资源，汇入到朝

---

① 文本的原文为 texte（text），源于两个拉丁文词语 textus（意为织品）和 texere（意为编织）。在当代文本理论中，文本并不仅仅指历史文献的底本或文学作品，而是泛指按一定句法规则组合而成的话语统一体。其动词词源的含义——"编织"——形象地表达了话语之间相互交叉、参照；意义"印迹"之间相互补充、对话的状况（参见王业伟：《对话与解构》，黑龙江大学硕士论文，2000 年）。"文本与作品的本质差别，一言以蔽之，即文本的对话性。一切理解与阐释过程，一切互文性阅读，一切意义生成的可能性，都可在统一的对话过程中找到最终归宿"（参见彭文钊：《俄语语言世界图景的文化释义性研究：理论与方法》，黑龙江大学博士论文，2002 年，第 129 页）。

鲜民族心里的"女真记忆"之中去，构成朝鲜民族新的更加丰富的"社会集体想象"，并制约着后来者对女真（满族）形象的进一步描述。我们将采用历时的方法，遵循历史的自然进程，以文本的细读实证为基础，密切联系文本创造时的文化语境，剔要勾玄，从而使原来以"隐性"的状态存藏于朝鲜古代典籍及"民间传说"中的女真（满族）形象清晰化、明朗化，最终成为一种"显性"的"系统化"存在（从我们目前所掌握的信息资料来看，这一系统性的工作目前还没有人做过，从这个意义来说，我们所从事的课题研究应该是一项开创性的、填补这一领域空白的工作）。同时，关注形象创造者与被创造者"形象"的彼此互动，通过研究文本作者如何在其文本中理解、描述、塑造作为"他者"的女真（满族）形象，达到进一步透视作为女真（满族）形象创造者的朝鲜民族的社会文化心理、挖掘女真（满族）形象背后的深层文化意蕴的目的。由于不同民族、不同国家在文化上的巨大差异，出现在文本中的异国或异族形象难免失真，它更多的是想象与曲解的产物，而非现实的客观反映。但这种幻像的形成却正是形象学力图探讨的重点。异国或异族形象虽经个体之手创造，但它决非一种单纯的个体行为，它是整个社会集体想象力参与创造的结果，是一种"社会集体想象物"，携带了丰富而复杂的历史文化信息。

另外，"一个民族（或国家）在一个特定的时代中对'他者'的定义，远远超越了历代学者所固守的'经典立场'，对于'他者'的集体无意识想象具有非常宽阔和丰厚的土壤。它远远超越了一般知识分子的记录，而存在于广泛的民众之中（这亦是我们于本文第一章之第五节设置"咸境北道朝鲜民族传说中的满族人形象"的原因之一。一方面，它可以与"官方真理"层面上的满族形象互相阐发，另一方面，亦使我们描述的满族形象更加完整。而且，它也使得本文在逻辑结构上更趋严密)"。① 对于女真（满族）形象这一"他者"定义的揭示是否符合或接近事实本相，其最重要的基础则在于对朝鲜民族关于女真的"社会集体想象"的丰厚程度的把握及其内涵深刻性的理解是否准确，在于对朝鲜民族的"女真记忆"之成因与发展的通道的观察是否准确，在于对这种"社会集体想象"与文本创造者及其创造后果之间的互动认知的辩证运动体察得是否得当。朝鲜朝语境中的满族形象是非常丰富和复杂的，它的复杂性与丰富性最主要的表现之一是，在满族与朝鲜朝关系最为紧张的时期，在

---

① 张哲俊：《中国古代文学中的日本形象研究》，北京大学出版社 2004 年版，第 3 页。

负面形象的边缘也仍有一些正面的至少是中性的形象存在，反之，在朝鲜朝与清朝关系最为融洽的时期，朝鲜人关于满族人的形象亦是褒贬不一的。更为复杂的是，在朝鲜朝建构关于满族人的形象的过程中，还有相当部分文本掺杂着与汉族人形象的对比，这同样是富于挑战性然而又令人痴迷的研究课题。

对文本中的异国或异族形象进行研究，已经成为近年来比较文学最具本学科特点、最引人瞩目的学科分支之一，这门分支学科是从接受研究发展过来的，以文学作品的研究为主，同时兼及其他历史文献资料。我们想要探讨的"朝鲜朝语境中的满洲族形象"就属于典型的形象学论题，我们将选取朝鲜朝各历史时期具有代表性的文本及"民间传说"，通过文本作者及"民间传说"叙述者的目光观照不同时期的满族形象。从中将发现，两种不同的文化如何在相互碰撞中求同存异，如何经历了隔膜、敌对之后，小心翼翼地开展对话，尝试着彼此沟通了解。我们也将通过朝鲜人对满族人形象的接受过程，证明不同文化之间存在彼此认同、彼此了解的可能（文化的同质性与异质性对国家和民族之间的交流，尤其是文化的传播具有极为重要的影响。同质性会起到积极的促进作用，而异质性则会起阻碍的作用。研究表明，中朝两国在历史上都曾属于农耕文化圈和东亚汉文化圈。它们在文化的"质"上是相同的。① 而满族文化相对于汉文化来说是异质文化，② 因此可以说满族文化与朝鲜朝文化亦属于异质文化）。

第二节　采信资料及研究方法

一、近七百年积累下来的形象学文本亟待研究开发

中国比较文学形象学的前沿研究表明，关于"形象学"研究的基础材料，大量存在于各民族丰厚的文化传承中，从而它事实上突破了西方学者所强调的

---

① 朴文一等主编：《中国古代文化对朝鲜和日本的影响》，黑龙江朝鲜民族出版社 2000 年版，第 11 页。

② "对于汉文化来说，满族文化之所以称为异质文化，至少具有以下几个基本要素：女真文明和蒙古文明的继承和吸纳；萨满教；满语；渔猎、采集、游牧、农耕混合型经济，特别应强调的是森林狩猎经济；共议制下的统一和集中；崇尚法制，整体权利义务概念明确；严主奴名份；组织严密，纪律严明；求实务实的思维方式和行为方式"。（参见郭成康："也谈满族汉化"，载《清史研究》2000 年第 2 期。）

"游记"是形象学研究的最好的对象和最好的材料的论断。不仅中国如此，依朝鲜朝的情况而言，卷帙浩繁的"燕行录"之外，经典文学文本（以正统诗文为核心，而这些正统诗文有时又与"燕行录"互相重合，难分彼此）、历史地理著作、野史笔记、民间传说等，都含有可以从事"形象学"研究的材料，且其含量亦相当可观。这些事实说明，在古代朝鲜民族的文化文本中，尚有大量的"原话语"资源，有待研究者开发利用。古代朝鲜流传至今、保存完好的丰富的"燕行录"，更以其不同于一般意义上的"游记文学"的独特风貌，成为"形象学"研究的"地下"宝藏。我们之所以称其为"地下"宝藏，是因为对燕行录的发掘尚缺乏较为明确的"形象学"的研究意识，以致使这些宝贵的资源没有得到充分的利用。我们预言，对"燕行录"的研究必将或正在成为二十一世纪"朝鲜－韩国学"的研究热点。

我们姑且不将崔致远在中国的作品算作"燕行录"，即便从高丽时代算起（目前可以见到的最早的"燕行录"是公元1273年〈元世祖至元十年〉李承休的《宾王录》），那么"燕行录"出现的历史至中国清朝政府解除对朝鲜朝的隶属关系也已将近七百年。期间跨越了中国元、明、清三个朝代。尤其是明、清时期，朝鲜朝官员、文人学者的"朝天录"、"燕行录"更是蔚为大观，成为韩国文学与文化中的主要文献。三韩使节的足迹遍及中国大地。其中，东北、华北是他们行走最多的地域。使臣们与中国文人对谈，与普通民众交往，展开的是世界历史上最大规模的跨国、跨文化对话。近七百年积累下来的形象学"原话语"资源极其丰富，近年来也引起了越来越多的韩国和中国学者的关注。韩国民族文化促进会等单位正在进行细致地梳理与研究（中国学术界已经整理出版了《使朝鲜录》，"其上溯十二世纪初的宋代、下迄十九世纪末的清代，时间跨度八个世纪"。① 北京图书馆目前正着手于"朝天录"、"燕行录"的整理出版工作）。2001年10月，韩国东国大学校林基中教授整理出版了百卷本《燕行录全集》，收录燕行录达353部（尚有相当一部分未能录入），内中基本上是影印原本，每卷平均约500页左右，原文的标点、注释等工作都还没有做，这些工作如果都完成了，估计其规模将达150卷左右。

这些"燕行录"里面，尤其是十七至十九世纪的"燕行录"里面，充斥着大量的关于满族人的描述，同时，受朝鲜朝"社会集体想象"及其"期待

---

① 殷梦霞等选编：《使朝鲜录》（上、下），北京图书馆出版社2003年版，第7页。

视野"的制约，这些"燕行录"彼此之间又存在着不少的重复之处，即便是不完全重复的地方，其前后影响的关系亦显而易见，从而各文本间产生一种"互文—对话"关系。"燕行录"有广义与狭义之分：广义的"燕行录"系指有关燕行的一切记录；狭义的"燕行录"则指具有文学色彩的燕行记录，即采用日记、散文等文学形式所作的燕行记录。我们所要研究的即是狭义的"燕行录"。即便是狭义的"燕行录"，其数量亦是颇为可观的，我们拟择其要者，作为研究十七世纪和十八世纪朝鲜朝语境中的满族形象之基础素材。所谓要者，依朝鲜人的看法，历来的"燕行录"中，最为世人瞩目者有三家，即"稼斋金氏、湛轩洪氏、燕岩朴氏也。以史例，则金近于编年而平实条畅；洪沿乎纪事而典雅缜密；朴类夫立传而赡丽闳博。皆自成一家，而各擅其长"。①我们将重点分析其中的两部，即《老稼斋燕行日记》与《热河日记》。此外，麟坪大君的《燕途纪行》、佚名的《燕中闻见》（Ⅰ）、佚名的《燕中闻见》（Ⅱ）、李宜显的《庚子燕行杂识》、洪大容的《燕记》、李坤的《燕行记事》、李德懋的《入燕记》、金正中的《燕行录》等亦将在不同程度上成为我们的研究对象。当然，这并不意味着我们的研究仅仅建立在这几部主要的"燕行录"的基础之上，其他与满族形象相关的"杂录"、"笔记"等亦将在不同程度上进入我们的研究视野。作为满族人先民的女真人，自十六世纪末，始又重新活跃于历史舞台，故此，我们的研究即从十六世纪末始。而关于十六世纪末的女真形象，因为客观的历史原因，女真形象呈现在"燕行录"里的成分较少，故我们不以其为重点，而是选择当时的"笔记"、"杂录"等作为主要研究文本。进入十九世纪后，朝鲜朝仍有相当数量的"燕行录"问世，并对满族人多有描述。但由于众所周知的原因，满族文化同中原文化渐趋融合，满族的民族特征已不及从前鲜明，故我们对此时间段内的满族形象不做考察，只在论述"燕行录"之间的"互文—对话"关系时略为提及。

二、理解之理解：对朝鲜朝语境中满洲族形象的文化阐释

比较文学范畴内的形象学方法将是构成本书的理论框架。比较文学中的"形象学研究"不同于一般文学史阐释中的"形象研究"。形象学研究的先驱——法国比较文学家卡雷（1887～1958）把这一研究定义为"各民族间的、

---

① 金景善：《燕辕直指》"卷一"，"序"，载韩国东国大学校出版部《燕行录全集》第70卷，第246页。

各种游记、想象间的相互诠释"。① 而他的高徒 M-F·基亚则把这一主张更加明确化地表述为专门研究"人们所看到的外国"。② 在此,我们愿意把"人们所看到的外国"理解为对外国的一种"理解"。而我们今天所要做的研究工作则是对"理解"的理解,这种关于"理解之理解",其实就是一种方法论,即对朝鲜朝语境中的满族形象所做的文化阐释。

　　法国形象学大师达尼埃尔-亨利·巴柔教授在其《形象学理论研究:从文学史到诗学》一文中指出:"历史与政治因素对于文学中的异国形象的形成起着不可低估的作用"。并进一步说道:文学形象学将"向历史研究、人文科学研究甚至人类学研究开放"。③ 而另一位法国形象学大师让-马克·莫哈在论及分析形象应采用的方法时则指出:"与形象关系密切的哲学传统(特别是保尔·利科的阐释学)将使我们能够同时指出这些理论(按:指分析形象的方法)的局限性和使用范围"。④ 这给我们非常有益的启示:即我们在进行朝鲜朝语境中的女真(满族)形象研究时,完全可以把其他人文学科的研究方法,尤其是文化阐释学的方法整合到形象学的研究方法里面来(而这也正是比较文学的学理特征之一),从而把所有朝鲜朝关于女真(满族)的"实录"、"燕行录"、"笔记"、"民间传说"等,看作一个有待阐释的"文本",并进行合理的文化阐释。而要做到阐释的合理,则必需从彼时的具体历史语境出发。当代西方最有影响的马克思主义批评家、后现代主义文化理论家弗雷德里克·詹姆逊在其代表性的著作《政治无意识》一书中论证了马克思主义阐释框架的优越性,认为它是任何其他当今流行的阐释方法所"不可逾越的地平线",并且毫不含糊地提出用政治的视角阐释文学文本是"一切阅读和一切阐释的绝对视域"。⑤ 而这亦与前面提及的法国形象学大师达尼埃尔-亨利·巴柔教授的观点(历史与政治因素对于文学中的异国形象的形成起着不可低估的作用)不无暗合之处。当我们从具体的历史语境(主要指政治的视角)出发,对"文本"进行阐释时,就必然会进入一种"阐释学循环",从而使朝鲜朝语

① 　孟华主编:《比较文学形象学》,北京大学出版社 2001 年版,第 2 页。

② 　同上书,第 19 页。

③ 　同上书,第 198 页。

④ 　同上书,第 25 页。

⑤ 　弗雷德里克·詹姆逊著、王逢振等译:《政治无意识》,中国社会科学出版社 1999 年版,第 8 页。

境中的满族形象研究更加科学、严密。

"阐释学循环"是我们从现代阐释学奠基人——德国哲学家狄尔泰（1833～1911）那里引入的一个概念。引入这样一个概念是基于以下考虑：女真（满族）形象形成过程的动态性与结果的多样性显示了人自身理解与经验相互关系的多样性，对女真（满族）形象阐释的有限性与历史知识的普遍性之间必然存在矛盾，而解决这一矛盾的犀利武器就是"阐释学循环"。狄尔泰发明"阐释学循环"这一概念的目的，就是为了确证知识与历史、理解与经验之间相互制约、循环再生的关系。"阐释学循环"理论带来了两个重大后果：第一，意义是历史的，是随语境的变化而变化的，脱离了部分与整体的相互规定，便无意义可言。第二，理解和认识没有绝对的起点，人总是在历史中存在，在历史中理解的。理解者总是带着自己的"偏见"进入理解和解释活动的。理解和解释过程不是在理解活动之前就已经存在的意义的重建，而是意义的生成。本文的意义永远对新的理解和解释开放，历史也总是向着现在和未来开放。理解的历史性否定了对本文原旨的回归，因为"一部文学作品的意义是永远无法被作者的意图穷尽的；当这部作品从一种文化或历史背景转向另一种文化或历史背景时，人们又可以从中采集到一些新的意义，这些意义是作品的作者和当代的读者所不曾期望的"。① 作为一种阐释方法，当面对一个文本时，阐释学循环包括三种相互依存的关系：文本片断与作品整体；作品与作者的心理；作品与它的所属类型。针对每一种关系，解释者通过已知经验将文本与其所在的背景关系联系起来时，由后者赋予文本以意义。也就是说，解释者对文本的解释总是在其自身与文本所处的历史语境的大背景下进行的，是解释者的经验使二者获得了对话与沟通，从而使部分在整体中充实了意义。这一过程当然不是单向的和不可重复的。在部分与整体的反复交锋中，文本的含意、作者的原意、历史的真相才得以凸显。此外，解释者的理解与经验之间同样存在一种循环关系：理解只能在经验允许的范围内进行，同时新的理解促成新的经验。因此，狄尔泰指出："生活与生活经验是对社会—历史世界的理解不断更新变动的根源。从生活出发，理解进入更新的深度"。②

任何方法论体系都不是孤立的，各体系之间充满了彼此渗透、互相影响的

---

① 伊格尔顿著、龚国杰等译：《文学原理引论》，文化艺术出版社1987年版，第87页。

② 张汝伦：《意义的探究——当代西方释义学》，辽宁人民出版社1986年版，第55页。

复杂关系。后殖民批评即是一种可与形象学方法相互发明的批评方法。在描述这一方法之前，我们有必要了解一下"他者"（Others）的概念。他者这一概念，主要源自黑格尔和萨特的定义。它指主导性主体以外的一个不熟悉的对立面或否定因素，因为它的存在，主体性的边界才得以界定，权威才得以建立。从后殖民批评的角度看，西方之所以自视优越，正是因为它把殖民地的人民看作是没有力量、没有自我意识、没有思考和统治能力的"他者"的结果。这里，关键的一点是要认识到，文本在建构他者世界中的重要性（也正是从文本与世界的关系角度出发，后殖民批评方法与形象学方法取得了某种共识）。可以说，任何权威的建立都同时是一个文本化的过程。文本不光是对已经存在的世界的一种描述，它还可以对想象中的世界进行描述。文本不光是对世界的一种准确地复制，它还可以出于某种目的或需要对世界进行歪曲地描述，从而建构起一个独特的文本世界。而这个文本世界反过来又会影响人们对现实世界的看法，从而影响其行动，于是世界与文本就进入一种双向对流的互动关系之中。

目前，后殖民批评"尚在路上"，还没有一个统一的理论，但其基本出发点和立场大致相同，即认为不能从传统的摹仿论出发，简单地把文学看作是对现实的反映。相反，文学也参预了对现实的建构。按照艾勒克·博埃默在《殖民与后殖民文学》一书中的说法："对一块领土或一个国家的控制，不仅是个行使政治或经济的权力的问题；它还是一个掌握想象的领导权的问题"。①帝国主义是通过无以数计的文化形式，通过文化象征层面上的的炫耀和展示，才得到肯定、认可和合法化的。在这"帝国主义的文本化"过程中，殖民文学为树立殖民形象、建构想象的空间提供了渠道。总之，殖民文学要通过塑造"他者"形象，树立"他性"（otherness），来证明它对当地土著进行剥夺的合理性。而后殖民批评给自己规定的任务就是要通过对殖民文学文本的解构来揭示西方话语的实质，恢复被殖民主义者抹杀或歪曲了的殖民地的历史，为殖民地人民争取历史的主体地位。

在我们看来，后殖民批评的观念并不完全适合用来阐释朝鲜朝语境中的满族形象，但它的批评方法却多有可取之处，我们在应用后殖民批评方法时，重点将放在其解释策略上，即将霸权话语文本中未说的、故意隐藏的东西揭示出

---

① 艾勒克·博埃默著、盛宁等译：《殖民与后殖民文学》，辽宁教育出版社 1998 年版，第 6 页。

来，并说明为什么它们是这个表现形式，是什么样的动机、权力机制使其成为了这个表现形式。

"新历史主义"亦将是我们在研究当中所要广泛借鉴的方法论之一。

"新历史主义"作为一种批评倾向出现于二十世纪七十年代的美国，获得正式的命名则是在八十年代初。"新历史主义"基于其新史观，将文学文本"还原"至文化历史语境进行考察，通过其"互文性"理论和实践拆除了文学文本与历史修撰之间的传统藩篱，从而走向史文相济与文史互证，呈现出文学向文化全面伸展和历史向文学充分开放的文学景观。在"新历史主义"看来，历史与文学之间不再是"反映对象"与"反映主体"之间的单向关系，而是一种多重指涉、复杂交织和相互构成的交互关系。传统所认为的历史与文学之间"秉笔直书"与"缘情虚构"的界限已经在其共有的"虚构性"基础之上变得模糊甚至不复存在。传统历史主义的那种文学在历史"真实性"面前卑躬屈膝的从属关系亦为二者之间平等的互动关系所替代。历史与文学间的这种新型关系不仅于文学创作有益，亦可使文学研究在"历史文本"与"文学文本"间自由出入，为文学批评开辟了前所未有的宏大空间。对"新历史主义"来说，对特定文本的解读必须要将其置于同其他文本甚至非文学文本的关联网络之中。"将一部作品从孤零零的文本分析中解放出来，将其置于同时代的社会惯例和话语实践关系中，通过文本与社会语境，文本与其他文本的'互文本'关系，构成新的文学研究范式或文学研究的新方法论"。① "新历史主义"的批评实践用美国新历史主义代表人物蒙特洛斯的话说就是，它对"文本与文本之间的轴线进行了调整，以一种整个文化系统的共时性的文本取代了原先自足独立的文学史的那种历时性的文本"。②

"新历史主义""文本的无边界性"（无经典与非经典、高雅与通俗、野史与正史的界线）、"深层跨学科性"（文本可超越学科界线而并置关联）、"无所不在性"和"动态开放性"等观念开阔了朝鲜朝语境中的满族人形象研究的研究视野，它在事实上打破了"燕行录"与《朝鲜王朝实录》等历史文献之间简单的二元区分并在它们之间开辟出一条对话的通道（实际上，由于中国史传传统的深刻影响，《朝鲜王朝实录》本身即文采斐然，极富文学色彩），

---

① 王岳川：《历史与文本的张力结构》，《人文杂志》1999 年第 4 期。
② 盛宁：《人文困惑与反思》，三联书店 1997 年版，第 156 页。

并且使《燃藜室记述》、《建州纪程图记》、《建州闻见录》、《乱中杂录》、《丙子录》、《韩国口传说话》等野史稗乘、笔记传说亦进入我们的研究视野，它们将与"燕行录"一起共同构筑起"朝鲜朝语境"。因此，"新历史主义"对我们此项研究的理论支撑是不言而喻的。

世界上不存在单纯孤立的研究方法，以上所述只是我们在研究过程当中所要采取的主要方法。在具体的研究过程当中，我们将以马克思主义美学的历史的批评方法统摄全篇，综合运用新历史主义、新阐释学、后殖民主义、文献学、文化人类学、民俗学等研究方法，最大限度地保证理论与方法的开放性。另外，"燕行录"中存有大量的汉诗，而《朝鲜王朝实录》当中对燕行使的和种情况亦多有记载，这无疑给"以诗证史，以史证诗，诗史互证"的实证研究提供了资料上的保证，因此，这一研究方法也将是我们在行文中所要广为运用的。总之，视角独到，方法多元，实证与理论结合，传统和现代会通，在实证、思辨、跨学科基础上展开研究是我们的追求目标。

第三节　国内外相关课题的研究述评

一、国内外相关课题的研究述评

关于国内外相关课题的研究，我们可以在简单的分类基础上进行评述：

1. 对满族与朝鲜朝关系的研究与满族形象的关联

对于满族与朝鲜朝关系，历史学者早就表现出了极大的学术热情。这方面有代表性的专著约略有：《光海君时代的满鲜关系》（日本，稻叶岩吉著，1933），《明代女真史研究》（日本，河内良弘著，1992）；《朝鲜前期与明建州女真关系研究》（王臻著，2004），《明代中朝关系史》（姜龙范、刘子敏著，1999）；《韩国满洲关系史之研究》（韩国，李仁荣著，1954），《古代的满洲关系》（韩国，李龙范著，1976）等等。代表性的论文主要有：《满清入关前与李氏朝鲜的关系》（晁中辰，1995），《论清兵入关后大清与朝鲜的关系——兼与韩国全海宗教授商榷》（魏志江，2002），《朝鲜使臣所见的建州社会——兼论后金建国前与朝鲜的关系》（刁书仁，2001），《建州女真与朝鲜交涉之研究——以〈建州探情记轴〉为中心》（刘秉虎，2003）；《十四世纪末至十五世纪初朝鲜与女真关系述略》（朝鲜，李淳信，1967）；《朝鲜前期对女真关系和女真社会的形态》（韩国，金九镇，1984），《清和朝鲜》（韩国，崔韶子，

1995）等。

综观以上专著及论文，基本上都是从历史的角度出发，对满族与朝鲜朝关系或作个案研究，或作系统梳理，其中不乏对女真（满族）社会的资料性描述，有的甚至在内容上已经接近了形象学研究的边缘，如《朝鲜使臣所见的建州社会——兼论后金建国前与朝鲜的关系》（刁书仁，2001），但作者终究没有脱离历史学的研究范畴，对满族与朝鲜朝关系作形象学上的阐释。但以上研究为我们的形象学研究提供了历史背景上的强大支撑，它内在地规定了我们的研究框架，要求我们对朝鲜朝语境中的满族形象所作的文化阐释，只能在经验允许的范围内进行。

2. 对"燕行录"及"北学派"的研究与满族形象的关联

目前，随着"燕行录"日益为中外学者所关注，围绕它的研究亦正逐次展开。对"燕行录"的研究往往又同对北学派的研究结合在一起，这是此类研究的一个明显特征。国内有以下一些有影响的研究论文：《〈热河日记〉与满族民俗》（吴绍钇，《延边大学学报》1984.2），《〈热河日记〉与中国文化》（吴绍钇、金柄珉，载《朝鲜－韩国文化与中国文化》，中国社会科学出版社，1995），《〈燕行录〉初探》（王政尧，《清史研究》1997.3），《读朴趾源〈热河日记〉》（郑克晟，载《韩国学论文集》，第六辑），《朝鲜燕行使者所见十八世纪之盛清社会——以李德懋的〈入燕记〉为例》（王振忠，2005），《朝鲜赴清使团的文化交流活动》（刘为，《中国边疆史地研究》2001.3），《燕行录与中国学研究》（北大中文系教授，刘勇强），《域外视觉：论朝鲜诗人朴齐家的清代文化观——以〈燕京杂绝〉的分析为中心》（金柄珉，《东疆学刊》2003.3）等等；专著则有：《朝鲜中世纪北学派文学研究——兼论与清代文学之关联》（金柄珉，延边大学出版社，1990），《北学派实学的奠基与洪大容的实学思想》（姜日天，中国人民大学博士论文，1996），《韩国北学派思想研究》（李敦球，中国社会科学院博士论文，1999），《18世纪中朝文化交流研究》（廉松心，中央民族大学博士论文，2004）等等。韩国方面有代表性的研究论文则有：《北学思想研究》（金仁圭，成均馆大学大学院东洋哲学专业博士论文，1998），《北学派的燕行经验和现实认识的变化》（全南大学校，朴炳昱，2003），《燕岩朴趾源的〈热河日记〉研究》（全南大学校，全富用，1997），《湛轩洪大容燕记研究》（岭南大学校，裴元焕），《燕行录和韩国学研究》（东国大学校，林基中教授）等。

这些专著和论文，重点研究了朝鲜人独特视角下的中国政治生活，细致入微的社会生活，朝鲜人与中国人日常交往中的思想碰撞，以及"燕行录"中对中朝之间的文学传播及相互影响的生动记录等等。对北学派的研究，在涉及到满清时，则大多止步于"华夷观"、"崇明斥清"的辨析上，未作微观的形象学考察。以上专著和论文，虽有相当多的笔触已经涉及了满族形象问题，但由于这些研究的重点并不在此，或曰并非在有意识地从事形象学的研究，故而没能从方法论自发的高度上升到独立的形象学理论并对满族形象展开进一步的描述。事实上，由于"燕行录"本身之丰富驳杂，相关资料之宏富繁多，故而对它的研究远未全面展开，这无疑给后辈学人留下了广阔的继续研究的学术空间。

3. 对朝鲜人视域中的满族形象的文学性研究

真正在方法论意义上自觉地运用比较文学形象学的原理对朝鲜民族视域中的满族形象展开研究工作，肇始于北京大学比较文学与世界文学专业 2002 届博士毕业生全美子博士，全美子博士系韩国留学生，师从著名比较文学专家孟华教授。她的学位论文"18 世纪韩国游记文学中的中国形象——以三种'燕行录'为中心"，从比较文学形象学的视角切入，对在韩国游记文学史上占有重要地位的三部作品（稼斋金氏、湛轩洪氏、燕岩朴氏之燕行录）进行分析，描述了 18 世纪韩国文人笔下的中国形象。其论文第二章第二节——"作为他者套话的'胡人'"，分析了金昌业之《老稼斋燕行日记》所勾勒的满族人形象，堪称朝鲜民族视域中的满族形象研究这一领域的拓荒之作。鉴于全美子博士系韩国留学生，但却是在中国攻读博士学位这样一种特殊背景，我们有理由说是她同时开启了中韩两国在这一领域的研究之门。全美子博士的"18 世纪韩国游记文学中的中国形象"研究无疑是成功的，但仅就其研究中的满族人形象这一点来说，我们认为尚有极大的研究空白等待后来者填补：一、其论文重点在探讨 18 世纪韩国游记文学中的中国形象，而非满族人形象，满族人形象只是其中国形象的一小部分，而且其论文只是重点涉及了《老稼斋燕行日记》中的满族人形象，对其余大量的同样具有代表性的燕行录里的满族人形象则很少涉及。因此，关于朝鲜民族视域中的满族人形象之历史演变的描述则必然不够全面。二、其论文将 18 世纪朝鲜人塑造满族人负面形象的原因仅仅追溯到丁卯之役及丙子之役对朝鲜人民所造成的伤害，似乎还有商榷的余地，我们认为应该从中原汉文化对朝鲜半岛文化的影响（尤其是中国明代朝野对女真人的描述给予朝鲜人的影响)、朝鲜人与女真人之间更久远的历史关系及朝鲜民族更深层次的文化心理上寻找答案。即便如此，"筚路蓝缕，以启山林"，全美子博士的开拓之功，终不可没。其研究框架及方法论对我们颇多启迪，其所引资料对我们亦颇多助益。不仅如此，在比较文学危机四伏的今天，全美子博士的研究亦鼓舞了我们前行的勇气。

2003 年，延边大学著名朝鲜－韩国学学者金宽雄教授的论文"图们江沿岸朝鲜民族传说中的满族形象"发表，① 它突破了仅仅利用"燕行录"研究满族人形象的局限，并将民俗学引入这一研究领域，开辟了这一研究领域的更为广阔的天地，从而将朝鲜朝语境中的满族人形象研究向前推进了一大步，具有里程碑的意义。这篇论文虽非宏篇巨制，但对形象学原理的运用可谓炉火纯青，加之文风严谨扎实，论断科学，因此，它实际上规定了在这一领域进行研究的一些基本学理和核心思想，于我们影响尤深。受金先生启发，我们先后撰写了"《建州纪程图记》中的女真人形象"②、"《建州闻见录》中的女真形象"③、"《老稼斋燕行日记》中的康熙形象——兼与同时期欧洲语境中的康熙形象比较"④ 三篇论文。这三篇文章无论在核心思想还是基本学理方面，都是对金先生"图们江沿岸朝鲜民族传说中的满族形象"一文的仿作，我们只是在资料爬梳方面做了一些工作。

另，天津师范大学刘顺利先生在其《半岛唐风》⑤ 一书中，设"《燕中闻见》（Ⅰ）、（Ⅱ）中的满族统治者"一节，惜乎过于征引文本，理论分析稍嫌不足，虽如此，亦足令后学耳目一新了。

综合说来，目前国内外的相关研究，从历时的角度来看大都是片断性的研究，虽取得了令人瞩目的成果，但对朝鲜朝语境中的满族形象自 16 世纪以降的发展和演进的系统爬梳还远远不够，或者说干脆就没有，这也正是我们的研究工作起步的地方。朝鲜朝语境中的满族形象如何，主要取决于满族与朝鲜朝间的政治、经济、军事、文化交流，也取决于深受汉文化影响的半岛文化自身观察事物的方式。各个不同的时代有着不同的满族形象，这其中既有朝鲜文人

---

① 见《东疆学刊》2003 年第 1 期。
② 见《东疆学刊》2004 年第 4 期。
③ 见《延边大学学报》2006 年第 1 期。
④ 见《解放军外国语学院学报》2006 年第 2 期。
⑤ 刘顺利：《半岛唐风—朝韩作家与中国文化》，宁夏人民出版社 2004 年版。

想象的满族幻像，也有符合社会、自然等的满族实像。由此我们不仅可以看到作为朝鲜民族"他者"的满族形象，也可以通过满族形象反观朝鲜及其民族文化心理。

学术界一般的传统观念认为，在满族与朝鲜朝关系复杂多变的发展过程中，朝鲜朝的意识形态是决定双方关系走向的最主要的原因，认为朝鲜朝视满洲人为"犬羊之辈"，而同明王朝却始终保持着根深蒂固的宗藩关系。"壬辰倭乱"成就了明王朝对朝鲜朝的再造之恩，因此，无论是儒家传统的"事大主义"思想，还是知恩图报的朴素的道德观念，都使朝鲜朝坚定地履行着宗藩的义务。这种说法固然有其一定的道理，但通过对满族与朝鲜朝关系的比较文学形象学描述，我们将看到，意识形态在民族国家之交往中虽然占有相当重要的地位，但决定民族国家间关系的最主要的因素归根结底还是现实利益和一个国家的综合国力，我们在朝鲜朝语境中的满族人形象背后，看到的是一个综合国力处于劣势的弱小民族为争取自由和独立的坚强不屈和勇敢抗争，而"事大"只不过是其谋求自由与独立的策略及手段，是其走向终极追求——自由与独立——的一段艰辛旅程。朝鲜民族的这种反抗外来压迫，追求自由独立的精神是有其悠久的历史传统的，并且在今天的现实生活中继续传承着。或许有人不能同意这种说法，这亦不足为怪，因为我们所从事的研究本身就是一个前沿的富于争议的课题，虽然我们亦不能说有充分的能力把握及驾驭这一课题，但这一课题潜在的价值吸引着我们，我们的态度是严肃的，并且相信在这一研究领域的探索中，即使有局限性但包含着独立思考的见解，远远要比重复和一般性地解释他人已有的结论更有意义。故此，我们在吸收前辈时贤的研究成果之基础上，力图使研究尽可能地镌刻个人印记，以接近一个或许没有终点的目标。

二、朝鲜－韩国学与满学在比较文化学领域的对话

朝鲜朝语境中的满洲族形象是建立在满族与朝鲜朝间各个层面的交流基础之上的。"燕行录"以及其他朝鲜文献中有关满洲族的描述，和满族与朝鲜朝间各个历史时期之关系有着错综复杂的关联。从这个意义上说，朝鲜朝语境中的满洲族形象的发展及演进过程，其实亦是"一种满族与朝鲜朝关系史"或

曰"一种满族与朝鲜朝文化史"。① 但与传统的以经典文献为基础的满族与朝鲜朝文化史不同，这里的所谓"一种满族与朝鲜朝文化史"，是指包含了日常生活层面的满族与朝鲜朝文化史，而这亦是由"燕行录"对满洲族事无巨细的悉数描摹所决定的。此外，"一种满族与朝鲜朝文化史"也区别于一般意义上的历史，尽管它也会涉及社会历史现象的演进过程和规律，但它关注的焦点是"燕行录"如何描绘满洲族的方方面面，并表达了描述者的何种感情，塑造了被描述者的何种形象以及为何要如此塑造这种形象。也正是在这个意义上，我们才认为此项研究是朝鲜学与满学在比较文化学领域的对话。

季羡林先生给"朝鲜 - 韩国学"所下的定义是："一门研究与朝鲜半岛有关的各个方面问题的学问，既包括地理、人种、语言等等，也包括历史、文化、文学、艺术、哲学、宗教等等，是一门内涵极为广泛的学问"。② 由于天然的地缘关系，朝鲜民族与满族在历史上有着千丝万缕的联系，因此，对于朝鲜 - 韩国学的研究，往往关乎到"满学"。同样，对于满学的研究，也常常关乎朝鲜 - 韩国学。"满学"一词，二十世纪九十年代才开始在中文报刊、论著文献中正式出现，按著名满学专家阎崇年先生给满学所下的定义，"满学即满洲学之简称，是主要研究满洲历史、语言、文化、八旗、社会等及其同中华各族和域外各国文化双向影响的学科。在这里，研究满洲历史、语言、文化、八旗、社会等，是满学定义的内涵与核心；研究满洲同中华各族和域外各国文化双向影响，则是满学定义的外延与展伸"。③

由于满族在历史上建立过地方政权和大一统的全国政权，对于中国历史和文化的发展做出了巨大的历史性贡献，因此，迄今为止对于满族的研究，主要集中于政治经济、社会制度、社会组织、民族关系等方面，这些研究当然是非常重要和极其必要的，但从域外视角研究满族，尤其是研究满族形象，却不能不说是满学研究中的一个薄弱环节，我们所从事的虽然是朝鲜 - 韩国学研究，但客观的历史现实决定了我们的研究工作必需跨学科进行，这不能不让我们想起著名满学专家、《满族研究》主编张佳生先生论及满学在二十一世纪的走向时的预言："在二十世纪中较弱的满族文化与国内外其他民族文化的文化比较

① 北京师范大学张哲俊博士在其《中国古代文学中的日本形象研究》（北京大学出版社，2004年版）一书中，曾提出过"一种中日文化史"的概念，并做出了成功的阐释。我们颇受启发。

② 郑判龙等主编：《朝鲜—韩国文化与中国文化》，中国社会科学出版社 1995 年版，第 2 页。

③ 阎崇年主编：《20 世纪世界满学著作提要》，民族出版社 2003 年版，第 1 页。

研究，以及现当代满族发展变化研究，在二十一世纪也将兴起。与此同时，跨学科的研究也将成为时尚"。① 此诚笃论也！我们认为，满学在二十一世纪的走向，也昭示着朝鲜－韩国学在二十一世纪的发展方向。从历史、语言、宗教等领域展开朝鲜－韩国学与满学的跨学科对话已数见不鲜，并且取得了丰硕成果，而从比较文学形象学的角度打开这两门二十世纪末的显学对话的窗口，则是一件令人心驰神往的工作。而且，这种对话对于系统地梳理"朝鲜－韩国学"与"满学"这两大学科之间产生的互动、交叉和理论创新的主要线索，描述在这两门学科重叠的边缘地带所出现的新的研究视角的演变轨迹，回顾"朝鲜－韩国学"与"满学"在过去的一个世纪中所取得的进展与成绩，展望这两门当代显学在知识全球化时代的科际整合与重构中的发展前景也是有所帮助的。实际上，"形象即为对两种类型文化现实间的差距所作的文学的或非文学的，且能说明符指关系的表述"。② 因此，形象归根结底还是文化，在此意义上，我们与其说朝鲜朝语境中的满洲族形象研究是朝鲜学与满学在比较文学领域的对话，莫不如说是这两门学科在比较文化学层次上的对话更为贴切和准确。

---

① 阎崇年主编：《20世纪世界满学著作提要》，民族出版社2003年版，第90页。
② 孟华主编：《比较文学形象学》，北京大学出版社2001年版，第4页。

第一章

十七世纪前朝鲜朝语境中的女真形象

第一节　十七世纪前朝鲜与女真关系的一般状况

新历史主义打破了"历史背景"与"文学前景"之间的传统的静态对立，而代之以二者间互为背景、相互塑造、彼此渗透的动态关系。在新历史主义看来，文学并不是一种"超历史"的存在，而是以"社会能量流通交换"① 的具体的历史方式存在；文学并不是与意识形态无涉的超然的活动，而是时刻发挥着其"颠覆"与"包容"的意识形态功能。新历史主义力图打通文学本文

---

① "新历史主义"认为历史现实与意识形态通常交叠纠缠在一起；历史经验不是艺术的原因，毋宁是，艺术与历史经验之间"互为因果"。在这种复杂互渗关系中，文学在历史现实中的存在方式就需要重新加以表述。新历史主义遂借用一些经济学术语（"流通"、"协商"、"交换"等）来对这种互渗关系加以说明。"社会能量的流通交换"，就是社会上各种利益、势力、观念之间的互动。文学性文本只是社会能量流通中的一个环节，其他含有相同社会能量的非文学性文本的存在是文学性文本产生的前提。"社会能量流通交换"观念改变了人们界定文学方式的传统途径以及思考作家、文本、读者的角度和方法。作家再也不是"独创性"的天才，作品是"集体"创作的；文学作品之所以在历史过程中被一代代读者所接受，并非因为它具有"超历史"的形式结构，而是因为它负载着一股社会能量，而这种社会能量在被接受过程中总是得到修正和改变。读者阅读过程是意识形态发挥其功能的重要时刻，通过一种充满"愉悦"的接受过程，社会的他异因素和颠覆性力量被化解和"收编"。总之，在新历史主义看来，文学就是以社会能量流通的形式和载体而存在的，它在其源起和流通交换过程中都与广泛的社会历史因素纠缠在一起。因此，当我们试图与古人对话时，我们听到的不是一种声音而是"多种声音"，死者的言说就像我们自己的言说，并不是一种私有财产，而是流通交换的产物。（参见张进：《新历史主义与历史诗学》，中国社会科学出版社 2004 年版，第 193～201 页。）

与非文学本文的界线，它认为传统的历史主义批评将历史理解得过于狭隘，所以要打破人为的界线，在进行文学研究时将各种边缘性文化因素考虑进来，诸如风俗、佚文、轶事等都将进入研究者的视域，因为它们都携带着那个时代的文化信息，这些看似边缘性的文化因素与文学构成了一种互文和共鸣的关系，它们很可能体现出相同的文化兴奋和关注，通过对这些边缘文化因素的考察可能捕获时代精神中很难为人所知的一面。文学、文化和历史的互动看起来好像并不新鲜，马克思主义的文学批评就认为文学具有相对的独立自主性并对其他的社会构成要素产生作用。问题是这里仍然存在着文学与历史的一种割裂和对立，这种对立的观念从丹纳的"种族、环境、时代"的三要素决定说就已明显地渗透到文艺批评中来，历史成为一种客观化的"背景"，而文学则是历史土壤上开出的花朵，是对这种"背景"的反映或表现。而在新历史主义看来，文学和历史都不是固定、静止的，它们始终在相互塑造中生成着。因此，在描述十七世纪前朝鲜朝语境中的满洲族形象之前，对十七世纪前朝鲜朝与清朝关系的一般状况进行描述就显得很有必要了。

朝鲜朝语境中的满洲族形象的形成存在诸多因素，但最基本也是最重要的前提是满族与朝鲜朝的交流。没有满族与朝鲜朝的交流就不可能形成满洲族形象。在各种交流方式中，最重要的交流方式是满族与朝鲜朝间的政治关系，满族与朝鲜朝间的官方关系对满洲族形象的形成往往具有决定性的作用。满族与朝鲜朝间的官方关系对满洲族形象的形成虽然具有决定性的影响，但尚不是满洲族形象形成的全部因素，实际上在满族与朝鲜朝关系最为冷淡的时期，双方也从未断绝过民间的交往。因此，满洲族形象的构成亦有相当的民间成分。

一、满洲族源流

满洲族主体主要出自建州女真，它的直系祖先是最初居住在黑龙江北岸的明代女真。① 而明代女真是金朝一部分女真的延续，诚如《明神宗实录》所言，明代女真乃"亡金遗孽也"；辽代契丹人称黑水靺鞨为女真，女真乃肃慎之汉字异写；黑水靺鞨为勿吉黑水部的后裔；② 勿吉黑水部的先辈包括在挹娄和肃慎之中。③ 简而言之，满洲族之先世可追溯到三千多年以前的肃慎。

肃慎是我国东北古老的居民之一，乃"东进的通古斯社会群体的后裔"。④ 据我国古代文献资料记载，满族的祖先肃慎人，在公元前一千多年前，周武王灭商后，就曾前来朝贺，并"贡楛矢石砮"。⑤ 可见，远在商周时，就有肃慎族，并与中原发生交往。"肃慎"，在古书中亦记作"息慎"。

汉代至三国，肃慎又称挹娄。挹娄人依山傍水而居，善射猎，其"弓长四尺，力如弩。矢用楛，长一尺八寸，青石为镞，镞皆施毒，中人即死"。⑥ 南北朝时，挹娄又称勿吉。隋朝，勿吉又叫靺鞨。靺鞨内部分为七部，"就靺鞨七部来说，仅黑水靺鞨与满族有渊源关系"。⑦ 黑水靺鞨"最处北方，尤称劲健"。⑧ 它分布在黑龙江中下游两岸，东至海滨，北至鄂霍次克海。五代十国时期，靺鞨改称女真。公元947年（辽大同元年），崛起于东北的契丹族建

---

① 清代史籍所载满族起源，有三仙女食神鸟衔来之果，生始祖布库里雍顺的传说。这一传说来源很早。据《满文老档》：天聪八年（1634年）十二月征黑龙江流域之虎尔哈部时，降人中有名穆库什克者言及："我父祖世居布库里山麓布勒和里湖。我处无书籍档册，有关古昔况况，悉似世代相传。昔布勒和里湖有三天女俄古伦、京古伦、佛古伦来浴，最末一天女将一由神鹊衔来之红色果实含于口中，落入喉内，于是身重，随生布库里雍顺，此族即满族。布勒和里湖周围百里，距黑龙江一百二三十里，生二子之后，遂离布勒和里湖，迁至萨哈连乌喇之纳尔浑地方居住"（神田信夫译注《旧满洲档》天聪九年（一）第124~125页）。穆库什克所说和清代史籍的记载完全吻合。但清代史籍中说布库里山在长白山附近。按：此处所说长白山大概是想象中的神山，并非后来的长白山，康熙帝曾说过："长白山系本朝祖宗发详之地，今乃无确知之人"（《满洲源流考》卷十四）。其实，布库里山和布勒和里湖都在黑龙江北岸，即后来的江东六十四屯一带。明末清初该处有博和里屯，已为达斡尔人所居住。《盛京通志》卷十四记载：在黑龙江城（旧瑷珲城）南七十五里处有薄科里山、东南六十里处有薄和里池。在清朝绘制的《皇舆全览图》、《盛京吉林黑龙江等处标注战迹舆图》以及《布特哈衙门管辖图》中都可以在黑龙江北岸找到这座山和这个湖。因此可以证明：满族直系祖先当初生活在黑龙江以北，后来向南迁徙。传说中的祖先布库里雍顺之名，盖因布库里山而得。（以上参见戴逸主编：《简明清史》上，人民出版社2004年版，第32页。）
② 《北史》，卷94，勿吉。
③ 《魏书》，卷100，列传第88，勿吉。
④ 赵展：《满族文化与宗教研究》，辽宁民族出版社1997年版，第2页。
⑤ 《国语·五》，《鲁语·下》，《四部丛刊》本，《国语·二》，第14页。
⑥ 《后汉书》卷85。
⑦ 赵展：《满族文化与宗教研究》，辽宁民族出版社1997年版，第8页。
⑧ 刘昫：《旧唐书》卷199下，"靺鞨"，中华书局出版，第5357页。

元大辽，时女真受制于大辽，后因避辽兴宗耶律宗真讳，改女真为女直。辽统治者对女真的政治压迫与经济剥削使女真人不胜其扰，"由是诸郡皆怨叛，潜附阿骨打，咸欲称兵以拒之"。① 1114 年 9 月，女真人在其杰出首领阿骨打率领下，举兵伐辽，在节节胜利声中，女真贵族劝进，翌年正月，阿骨打称帝建国，号曰大金，定都上京（今黑龙江省阿城）。1153 年（金贞元元年），又从上京迁都至燕京（今北京）。大批内迁并定居的女真人，由奴隶制迅速封建化，渐与汉族融合，与后来的满族人并无渊源关系，不能说是满族的祖先。而留居松花江下游及黑龙江地区的女真人，仍处于相对落后的状态，他们"无市井城郭，逐水草为居，以射猎为业"。② 这部分女真人当系满族的直系祖先。十二世纪，我国北方的蒙古族兴起，蒙元继金统治东北的女真族。至蒙元后期，女真地区过着射猎为主，农业次之的生活。各部间不断发生掠夺奴隶和财物的战争，致使女真地区局面动荡。

明初，女真依据分布地域及经济发展程度分为三大部：建州女真分布在牡丹江、绥芬河及长白山一带；海西女真分布在松花江流域；野人女真分布在黑龙江及库页岛等地。元朝曾在建州女真地区设置五个万户府，任命了五万户，他们中间有两个万户，即胡里改万户阿哈出和斡朵怜万户猛哥帖木儿，居住在现今松花江与牡丹江汇合处的黑龙江省依兰县境内。③ 到了元末明初，阿哈出部因遭野人女真的侵扰，便向南迁徙，大约洪武年间，该部在凤州暂时定居下来。1403 年（明永乐元年），阿哈出赴京师朝见，明朝在该部设立建州卫，以阿哈出为建州卫指挥使，赐姓李名诚善。1409 年（明永乐七年）阿哈出死去，第二年其子释家奴因"从征有功"袭父职，升为建州卫都指挥金事，赐姓李名显忠。建州卫在凤州住留二十多年，由于经常遭受来自西边蒙古的侵害，并得到明廷的允许，1423 年（明永乐二十一年）离开凤州，迁往婆猪江（今浑江）流域。释家奴死后，其子李满住袭父职，为建州卫都指挥金事。建州卫到达婆猪江以后，又不断受到来自北边野人女真忽剌温部的侵扰和"朝鲜国军马抢杀，不得安稳"。于是 1438 年（明正统三年）李满住便率部众西迁，"移住灶突山东浑河上"。④

① 《大金国志校证》下，中华书局出版，第 590 页。
② 《元史》卷 59，地理志第 11，合兰府水达达等路。
③ （朝鲜）《龙飞御天歌》第 7 卷 52 章，火儿阿即胡里改，斡朵里即斡朵怜。
④ 《明英宗实录》卷 43，正统三年六月戊辰。

早先和阿哈出部为邻的斡朵怜万户猛哥帖木儿（清太祖努尔哈赤之六世祖）也因不堪忍受"故元遗兵"纳哈出和野人女真的掠夺，于公元 1372 年（明洪武五年）被迫"挈家流移"，离开故乡，迁到图们江以南、朝鲜境内的庆源一带居住，后来又迁居斡木河①。永乐初年，建州卫指挥使阿哈出，曾向明廷禀告猛哥帖木儿聪明能干，颇有远识，1404 年（明永乐二年），明政府遣使招谕猛哥帖木儿。第二年猛哥帖木儿亲自入朝，明朝"授猛哥帖木（儿）建州卫都指挥使（按，应为指挥使），赐印信"。② 正因为他任建州卫指挥使之职，于是 1411 年（明永乐九年）率部众离开斡木河，"徙于凤州"建州卫的住地。1412 年（明永乐十年），明朝在这里增设建州左卫，以猛哥帖木儿为建州左卫指挥。直到 1423 年（明永乐二十一年）也因受蒙古的侵袭，同建州卫一道离开凤州，重返斡木河一带居住。1433 年（明宣德八年），猛哥帖木儿及其子权豆皆为"七姓野人"所害，建州左卫受到一次严重的打击，几乎陷入覆灭的境地。1434 年（明宣德九年），明朝以凡察（猛哥帖木儿异父同母弟）为都督佥事，执掌建州左卫事务。1437 年（明正统二年），明朝命猛哥帖木儿次子董山袭职，仍为建州左卫指挥，董山为了避免再遭袭击，向明朝要求返回"辽东居住"，得到朝廷的允许，于是 1439 年（明正统四年）春，董山率领部众迁移到婆猪江，明朝政府把他们安插在"三土河（今吉林省海龙县）及婆猪江迤西冬古河两界间，同李满住居处"。③ 不久，凡察和董山叔侄之间发生争夺领导权的"卫印之争"，明朝为了牵制和削弱建州左卫的力量，1442 年（明正统七年）在建州左卫之外，又增设建州右卫，以凡察为都督同知，管理右卫事务，居住在三土河一带。自此以后，建州女真以苏子河流域为中心，重新集聚起来。"从图们江沿岸一带迁徙的建州左卫的女真人中，出现了后来清朝的皇族，从图们江沿岸迁往辽宁省的建州左卫女真人则发展成为满族的核心"。④ 以上所述，即是建州三卫的设置与迁徙之概略情形。⑤

　　明代女真三部的发展是不平衡的，其中以建州女真最为进步，因此，统一

<hr />

① 又称阿木河，即今朝鲜会宁。《朝鲜世宗实录·地理志》会宁条："本高丽地，俗称吾音会，胡言斡木河。童猛哥帖木儿乘虚入居之"。

② 《朝鲜王朝实录》太宗卷 11，第 645 页。

③ 《明英宗实录》卷 71，正统五年九月己未。

④ 金宽雄：《图们江沿岸朝鲜民族传说中的满族形象》，《东疆学刊》2003 年第 1 期，第 15 页。

⑤ 关于建州三卫的设置与迁徙之概略情形，参见戴逸主编：《简明清史》，人民出版社 2004 年版。

女真各部的任务必然由建州女真来完成。

公元 1583 年 5 月，建州女真的杰出首领努尔哈赤以父祖遗甲十三副起兵，开始了统一女真各部的战争。努尔哈赤采取"顺者以德服，逆者以兵临"的策略，历经五年，率先统一了建州各部，奠定了创业的根基。此后再历二十余年，终将女真各部悉数统一。"随着女真各部的统一，以建州女真、海西女真为基础，吸收一部分野人女真，以及汉人、蒙古人、朝鲜人、达斡尔、锡伯、鄂伦春等，经过长期共同生活，形成一个新的共同体。1635 年改女真为满洲。嗣后，简称满洲为满族，相沿至今"。①

二、十七世纪前朝鲜与女真关系的一般状况

女真与朝鲜世代共居于长白山麓，许多女真部落与毗邻的朝鲜民族有着长期的交往，其关系史可谓源远流长。明初的战乱与动荡，迫使一些女真族部落陆续向高丽迁徙。其中，"与朝鲜半岛关系最密切的是建州女真"。② 前文已述，永乐二十一年（1423 年），努尔哈赤六世祖，建州左卫指挥使猛哥帖木儿为躲避蒙古兵乱，就曾迁回旧日所居之高丽斡木河，朝鲜国王亦欢迎其来归，"将国库杂谷一百石、盐三十石"，③ 赠赐猛哥帖木儿。由于迁徙不定，不谙耕作，与朝鲜相比，女真族文化、经济较为落后。因此，一方面经常侵扰朝鲜境内，另一方面却在经济、文化、社会生活等方面对朝鲜多所仰赖。"或亲来朝，或遣子弟，或委质随侍，或请授爵命，或徙内地，或进土物"。④ 而朝鲜则要求女真向其称臣纳贡，虽在经济上对女真有所援助，但在军事、政治等方面则多加制约，限制其发展。对于女真，朝鲜历来既蔑视又惧怕。为达到长期控制女真的目的，一方面阻止女真向明朝朝觐，另一方面则经常借助明朝力量对女真进行制裁。

建州女真是最早归顺明朝的女真部族之一，由于历史的原因，建州女真从设卫之初，就实际上受到明朝与朝鲜的双重控制。朝鲜与女真渊源甚深，有明以来，一直与明朝暗中争夺对女真的管辖权。随着女真在社会政治、经济、军事上的进一步发展，其对明朝与朝鲜开始有所抵制。至成化年间，建州女真对

① 赵展：《满族文化与宗教研究》，辽宁民族出版社 1997 年版，第 29 页。
② 金宽雄：《图们江沿岸朝鲜民族传说中的满族形象》，《东疆学刊》2003 年第 1 期，第 14 页。
③ 《朝鲜王朝世宗实录》卷 19 ~ 26，世宗五 ~ 六年。
④ 《朝鲜王朝太祖实录》卷 8，四年十二月。

辽东及朝鲜义州等边境地区的防卫造成很大威胁，迫使中朝两国政府不得不加强了边境防御。明朝与朝鲜对迅速发展起来的女真非常担忧，出于不同的目的，中朝决心联手彻底击垮建州三卫，清除隐患。成化三年（1467年），朝鲜协助明朝征伐扫荡建州女真，使建州女真元气大伤，一时缓解了女真的威胁。此后，朝鲜还曾数度征伐女真，严重迟滞了图们江流域女真诸部族的发展进步。直至明中期以后，日倭侵朝，明朝与朝鲜才不得不暂时放弃了对东北地区的关切。此间，以建州女真为首的女真各部族得以迅速发展，并为其后满族的崛起奠定了基础。诚如韩国著名历史学家李基白教授所言："壬辰倭乱不仅给朝鲜带来了严重的影响，这场大战乱也震动了整个东亚，当明朝忙于朝鲜事务时，女真人在满洲迅速壮大了势力，不久便征服了明朝而入主中国"。①

朝鲜与女真之间并不总是腥风血雨，它们之间也有风和日丽的时候。女真作为朝鲜的北邻，一直被朝鲜视为藩篱，是朝鲜维持周边安宁的重要因素。明代，朝鲜朝诸王十分注意结好并规束相邻女真，建州等部女真首领虽然得到明朝封赐，成为卫所的官员，但在地方治理、社会生活方面基本得不到明朝的指导，更缺乏明朝政府基本的经济、军事支持。落后艰苦的生存条件及女真内部的权力纷争，特别是生活用品的匮乏和经常面临的饥荒，迫使女真不得不依赖、求助于朝鲜。因而，出于经济上的和各部落力量平衡的需要，明代图们江流域的女真诸部落不同程度地与朝鲜长期维持着非正式的从属关系，彼此进贡回赐，每年多有往来。即使身为明朝命官，大多女真首领仍定期或不定期地向朝鲜进献土物。在和平时期，建州等女真部落甚至一年数次赶往汉城，向朝鲜朝进贡。李氏朝鲜则对女真适当回赐金银或"杂谷、鱼盐、布物"，并各加封官爵。朝鲜国王也经常遣使臣前往女真各部，传达国王旨意，或予以女真赐赠。朝鲜与女真的这种从属关系直至女真统一前，始终得以维系。

在明代，朝鲜与女真的贸易活动，除通过上述之贡赐方式实现外，民间贸易也是十分常见的形式。明初，朝鲜与女真交界地区，民间贸易普遍存在，庆源等地皆开设市场，女真人可随意来到朝鲜地面进行民间贸易。双方人民除定期正常关市贸易外，另有不定时的民间自由"贸贩"。永乐十七年后，女真多次受到朝鲜征伐，生存受到威胁，部落迁徙不定，关市被封闭，女真与朝鲜民间贸易出现衰落。壬辰战争后，朝鲜出现短暂和平，女真与朝鲜的贸易活动复

---

① （韩）李基白著、厉帆译：《韩国史新论》，国际文化出版公司1994年版，第223页。

又活跃。

女真与朝鲜的民间贸易，在满足女真人生产生活需要的同时，亦极大地促进了女真社会的经济、文化发展，大大加快了女真诸部的社会进步。

女真人利用中朝联合拒倭时期辽东的政治、军事真空得以较顺利地发展。明万历十一年（1583 年）以后，统一的女真崛起，并建立后金政权，中国东北地区的政治力量对比和统治秩序发生了根本的改变。辽东乃至整个东北地区，明朝的政治、军事统治优势逐渐为后金所取代，形成了新的统治格局。后金的建立，同样给东邻朝鲜带来巨大的影响，朝鲜完全失去了控制驾驭女真的条件，其西北边境随着女真的统一和壮大而受到明初以来前所未有的威胁与冲击。女真与朝鲜在经贸往来的同时，在政治、军事上多次发生摩擦。女真部族物质需求的不断增加，往往是以朝鲜受到侵害为前提的。然而，朝鲜在艰难的条件下，仍坚持以明朝为宗主，至诚事大的宗藩原则，并因此招致后金多次的武力进攻。在明朝晚期剧烈的军事政治变革中，后金与朝鲜经过不可避免的痛苦地冲突与交锋，终于建立起新的国家间关系。

第二节　李肯翊《燃藜室记述》中的女真形象

朝鲜朝在文化上的优越感，造成了其认识女真人的封闭心理，以至在相当长的一段历史时期内，女真形象在朝鲜人心中的变化是非常缓慢的，相同的描述一遍遍重复，转述于各种文献。盖缘于此，至十七世纪初，女真形象在朝鲜人心中仍没有什么实质性的进展。因此，我们拟对十七世纪前的女真形象之描述延伸至 1619 年（后金天命四年，朝鲜朝光海君十一年）的萨尔浒之战前后。这一方面是为叙述方便计，另一方面是出于对女真形象史之演变实际的考虑，同时亦是对历史本身的尊重。

朝鲜朝以"燕行录"这种比较文学化的形式大规模地描述满洲族始于十七世纪中期。此前，朝鲜朝描述女真的文本相对"燕行录"来说，显得十分芜杂，因此，我们在勾勒十七世纪前的女真形象时，将适当借助一些历史文献，而这亦是我们将此项研究称为"满族与朝鲜朝文化史"的原因之一。

一、李肯翊与《燃藜室记述》

李肯翊（1736～1806），字长卿，号燃藜室，朝鲜全州人，圆峤李匡师之子。颖悟绝人，著述甚富。身历英祖、正祖、纯祖三朝，在朝鲜朝党争时期，强烈主张"少论"之说，至"老论"秉政之时，全家被祸，屡遭贬谪，著述亦多亡轶，惟《燃藜室记述》一部流传至今。其书"官职典故"的"登科总目"条止于正祖十八年（清乾隆五十九年，1794 年），据此，则其书当完成于正祖十九年。此书与韩致奫①之《海东绎史》、安鼎福②之《东史纲目》并称为朝鲜朝后期三大史书。

《燃藜室记述》博采四百多种野史杂记等汇为一编，用纪事本末体，明记出处，尊重原文，不加删削，极富史学与文学价值。原本正编三十卷，记李氏朝鲜太祖至显宗历代史事；续编七卷，记肃宗朝事，后附历代人物传；别集十九卷，按朝鲜朝世代分别记述国朝、祀典、事大、官职、政教、文艺、天文、地理等，凡五十六卷。又有据此转抄之诸般异本。

朝鲜朝太祖至仁祖朝相当于中国有明一代。书中对明代女真人的活动，尤其是涉及后金、明、朝鲜之间关系处，多有记载，且多为《朝鲜王朝实录》所不载，或载而语焉不详者，适可作为《朝鲜王朝实录》有关女真史料之补充或印证，是研究清人关前女真和后金的政治、经济、军事、外交、文化等问题的重要资料。

1980 年，辽宁大学历史系据日本人稻叶君山旧藏，将其中有关女真及后金部分，悉数收录，加以标点，重新排印，题名《燃藜室记述选编》，方使这部东国名作得以在中国以节本形式流传，但亦不多见。而且学界大多看重其史料价值，鲜有论者述及其文学价值，我们不揣浅陋，拟从比较文学形象学角度对《燃藜室记述》所载之与女真相关文本进行考察，以描述出其中所阐释的朝鲜朝语境中的女真人形象。同时，我们还将结合"新历史主义"等理论的合理成分，对《燃藜室记述》所描述的女真形象给后来者描述满族之文本所产生的影响做一探讨。

《燃藜室记述》虽曰史著，但依我们看来，称其为"笔记"似更妥切。在古代中国，"'笔记'二字，本指执笔记叙而言"。③后来，人们"总称魏晋南北朝以来'残丛小语'式的故事集为'笔记小说'而把其他一切用散文所写

---

① 韩致奫（1765～1814），字大渊，号玉蕤堂。朝鲜朝后期著名学者。

② 安鼎福（1712～1791），字百顺，号顺菴，又号汉山病隐、虞夷子、橡轩等。朝鲜朝后期著名史学家。

③ 刘叶秋：《历代笔记概述》，北京出版社 2003 年版，第 1 页。

零星琐碎的随笔、杂录统名之为'笔记'"。① 依我国著名笔记小说研究家刘叶秋先生的归纳，则笔记大略可分三类：第一是小说故事类的笔记；第二是历史琐闻类的笔记；第三是考据、辨证类的笔记。而笔记的特点，若以内容论，则主要在其"杂"：不拘类别，有闻即录；若以形式论，则主要在其"散"：长短不一，记叙随宜。中国的笔记很多，从魏晋到明清，每一个朝代都有不少可取的作品。刘叶秋先生认为，中国"古代笔记的内容很丰富，保存了许多可贵的材料，有文学价值、历史价值，能给人多方面的知识"。② 同样，古代朝鲜的笔记亦颇不少，若以《燃藜室记述》而论，无论其内容还是形式都完全符合笔记的特点。《燃藜室记述》里面有情节简单，篇幅短小的故事；有记野史、谈掌故、辑文献的杂录丛谈；有读书随笔、札记；其余则天文、地理、文学、艺术、经史子集、典章制度、风俗民情、轶闻琐事以及神鬼怪异、医卜星相等等，几乎无所不包，内容极为驳杂。参照刘叶秋先生对笔记的分类标准，则《燃藜室记述》里面所辑录的内容大多可对号入座。

实际上，在古代被视为小说的作品，其范围本就十分广泛，内容亦非常庞杂。"长期以来，目录学家们把野史、笔记、杂传一类作品归入子部小说家类，而以今人的眼光来看，其中不少作品其实并不是真正的小说"。③ 以此观之，称《燃藜室记述》为笔记，似无不当，《燃藜室记述》的文学性应该说更是无可争议。

对于古代朝鲜史籍的文学性问题，我国一些知名的朝鲜－韩国学学者，早就发表过精当的论述。中央民族大学李岩教授就曾说过："朝鲜进入三国时期伊始，就已开始形成了收集和整理自己的民族历史传统的观念，从而产生了记录各国历史事实和人物的逐年式的年代记。这些年代记想必都是用汉文写的。它们既是历史著述，又带有一定的历史散文、人物传记的性质"。④ 另一著名朝鲜－韩国学学者金宽雄教授则从比较文学的角度直接探讨了笔记与小说的关系，并认为："在宋代笔记小说的影响下，韩国的高丽时期出现了一种历来被文学史家称之为'稗说体'的文学。而实际上这种文学样式就是笔记"。⑤

① 刘叶秋：《历代笔记概述》，北京出版社2003年版，第1页。
② 同上书，第11页。
③ 周先慎：《明清小说》，北京大学出版社2004年版，第2页。
④ 李岩：《中韩文学关系史论》，社会科学文献出版社2003年版，第75页。
⑤ 金宽雄：《韩国古小说史稿》上卷，延边大学出版社1998年版，第242页。

"到了朝鲜王朝时期，笔记所涉及的题材范围发生了较大的变化。如果说高丽时期的笔记偏重于诗话的话，朝鲜王朝时期的笔记虽也包容诗话，但更多的是与诗无关的文字，如名人轶事、野史、游记、日记、随笔、寓言、笑话，乃至天文地理、风俗民情，无所不包，驳杂无比"。① 而韩国则有学者将《燃藜室记述》这种体裁称之为"野谈"，著名汉文学研究家李慧淳教授即为代表："朝鲜王朝后期出现了采录、编辑各种形式的文学作品的书籍。这些文学作品包括描写士大夫们日常生活琐事的逸话；流传于街头巷尾的各种荒诞无稽的传说和民谈；围绕汉诗所发生的事件或思想的诗话；为宣传儒教理念著成的教述；立足于社会将现实中的严重问题形象化的小说。虽然这些作品性质各异，但我们笼统地用野谈这一模糊概念来表示亦或称之为汉文短篇，这也说明它们具有小说的特性"。② 虽然韩国学者将《燃藜室记述》这种体裁以"野谈"称之，但从其所论"野谈"之内容及形式来看，实际上"野谈"就是学界通常所说的"笔记"，而"野谈"这一名称则不过是源自中国的"笔记"这种文学体裁在韩国的民族化而已。

以上的简单论述表明，中外学者在论及《燃藜室记述》这类体裁的文本时，有一点是共同的，即，这种体裁具有鲜明的文学性，既是历史，亦是文学。小说不同于历史，但无论中国还是朝鲜的古典小说跟历史又确有其不可分割的渊源关系、血缘关系。实际上，历史和小说的区分，在中国古小说研究中本来就是一件十分繁难的事。学者们已多有探讨，我们于此不再赘言。

二、《高丽史》：朝鲜朝语境中的满洲族形象之史前史

异国形象的研究一般而言是异国集体形象的研究。集体形象的研究最关心的问题是异国民族作为整体如何被描述，形成了怎样的集体形象，这是异国形象研究的核心。而最能反映异国民族集体形象的则往往是其风俗。朝鲜的古代史籍中就颇多关于异族风俗的记载，这里面当然包括对女真风俗的反映。

朝鲜是一个具有悠久历史传统的国家，向来重视史籍的编修与研究。源远流长的中国史学一直是朝鲜学者及统治者最为重视的学科，对朝鲜的社会发展、学术文化产生过重要的影响。至朝鲜朝时期，历史研究已经逐渐发展成为一门专业学科。《史记》、《汉书》等不仅是朝鲜文人必读之书，而且成为朝鲜

---

① 金宽雄：《韩国古小说史稿》上卷，延边大学出版社1998年版，第242页。
② （韩）赵东一等著、周彪等译：《韩国文学论纲》，北京大学出版社2003年版，第118页。

官修史书的范本，朝鲜朝大型断代体史著《高丽史》之修纂即悉依其例。中国史书尚且如此，则朝鲜民族自己的史书之受重视程度以及在社会上的广泛影响想必更是无以复加的。1451 年（朝鲜朝文宗元年），由郑麟趾等编撰的朝鲜有史以来最完备的一部断代体史书《高丽史》问世。《燃藜室记述》虽缉成于十八世纪末，但其缉录的与女真人相关之文本的初创时间则与《高丽史》之问世时间相去不远。在朝鲜朝，国家建立了较为完备的修史制度，史官由国王任命那些气节高尚、学识渊博的文人学者担任，并设有专门的修史机构，撰写国史已经成为一项重要而庄严的国家事务。正是这些掌握着"话语霸权"的史官及文人学者发布的关于女真人的"权利话语"，在极大程度上左右着朝鲜人的"社会集体想象"，而后人"只有通过预先（再）的文本化才能接近历史"。① 也就是说，只有凭借保存下来的文本，人们才有可能了解过去。文本并非客观而被动地反映历史的外在现实，而是通过保存和涂抹的选择过程对历史进行文本建构。这个过程受权力关系和意识形态的制约，因而并非是随意的。而当文本一旦转换成文献（尤其是主导社会意识走向的文献）并成为历史学家撰写历史的依据时，它将再次充当阐释的媒介。虽然文本充当阐释媒介的无限过程赋予文本以某种能动性和创造性，并将阐释者与文本之间的关系发展为一种双向对话的互动关系，但"文本的历史性"② 以及与之相伴的"前理解"或曰"偏见"为后人整个的经验的能力所构造的最初的方向性，将始终制约着阐释者的阐释意向。

而《高丽史》、《燃藜室记述》等文本，在描述女真人形象方面就存在这种构造后来者塑造女真形象时所因循的最初的方向性，并且这种方向性始终制约着他们对女真人及满洲族的阐释意向。因此，在探讨《燃藜室记述》以及"燕行录"中的女真人形象之前，我们实在有必要追寻一下朝鲜朝语境中的女真人形象的源头，而这没有比从朝鲜朝官修史书《高丽史》开始更好的了：

①《高丽史》太祖十四年（公元 931 年）辛卯条载：

---

① 詹姆斯著、王逢振等译：《政治无意识》，中国社会科学出版社 1999 年版，第 70 页。

② "文本的历史性"有三层含义：一是指一切文本都具有社会历史性，是特定的历史、文化、社会、政治、体制、阶级立场的产物。二是指任何一种对文本的解读活动，都不是纯客观的，而不可避免地带有其社会历史性，都不仅在历史中发生，而且只有通过历史才能发生。三是指任何一个文本都不仅仅是一种对历史的"反映"或"表达"，文本本身即是一种历史文化"事件"，它是塑造历史的能动力量，文本本身亦是历史的一个重要组成部分。（参见张进：《新历史主义与历史诗学》，中国社会科学出版社 2004 年版，第 43 页。）

"是岁诏有司曰：'北蕃之人，人面兽心，饥来饱去，见利忘耻。今虽服事，向背无常，宜令所过州镇筑馆城外待之'"。

②《高丽史》"志"卷第三十八·刑法一·杀伤条载：

"靖宗四年（公元1038年）五月，东界兵马使报，威鸡州住女真仇屯、高刀化二人与其都领将军开老争财，乘开老醉殴杀之。侍中徐讷等议曰：'女真虽是异类，然既归化，名载版籍，与编氓同，固当遵率邦宪。今因争财殴杀其长，罪不可原，请论如法'。内史侍郎黄周亮等议曰：'此辈虽归化为我藩篱，然人面兽心，不识事理，不惯风教，不可加刑。且律文云，诸化外人同类自相犯者，各依本俗法。况其邻里老长已依本俗法，出犯人二家财物输开老家，以赎其罪，何更论断'。王从周亮等议"。

③《高丽史》"列传"卷第七·李子渊条载：

"女真人面兽心，夷獠中最贪丑，不可通上国"。

④《高丽史》"列传"卷第九·尹瓘条载：

"东女真潜伏奥区实繁丑类，远从尔祖、曾之世，尝被我朝家之恩，狼贪浸畜其叛心，犬吠频狺于户外。侵轶关塞，寇攘士民"。

⑤《高丽史》睿宗十年（公元1115年）乙未条载：

"春正月，是月生女真完颜阿骨打称皇帝，更名旻，国号金。其俗如匈奴，诸部落无城郭，分居山野，无文字，以言语结绳为约束，土饶猪羊牛马，马多骏，或有一日千里者。其人鸷勇，为儿能引弓射鸟鼠，及壮无不控弦走马习战为劲兵。诸部各相雄长，莫能统一。其地西直契丹，南直我境，故尝事契丹及我朝。每来朝以麸金、貂皮、良马为贽，我朝亦厚遗银币，岁常如此"。

以上五则引文概括起来有二个方面的内容：一是表面客观而暗寓褒贬的内容。二是纯粹负面的内容。引文⑤表面看来没有蕴含朝鲜朝文人的情感，似乎表现了纯粹客观的立场，但实际上并非如此，细读之下，它依然隐含着一个文化相对发达的强势民族对一个文化相对落后的弱势民族的那种自命不凡的价值判断，叙述上居高临下的姿态是显而易见的。且将"鸷勇、粗鄙"作为女真人的主要特征进行了突出描述。引文①、②、③及引文④则是毫无掩饰的负面内容，这四则文字最引人注目的地方就是女真人"人面兽心"，且"饥来饱去，见利忘耻"，"不识事理，不惯风教"。这些文字是把女真人当做完全不同于朝鲜人的"异类"，当做"饥来饱去"的兽类进行描述的，他们尚未真正"归化"，跟正常人相比，"向背无常"，"见利忘耻"，即不讲信义，毫无礼义可言，这种品格不是特指个别女真人的品格，朝鲜朝文人是把它们当做整个女真族的民族品格来概括的。需要提及的是，《高丽史》这种关于女真人的书写态度，与明朝关于女真族的认知对朝鲜朝的影响应该说不无关系——虽然说这种影响大至何种程度尚难定论——在《高丽史》所载朱元璋对高丽使臣的亲谕里面，朱元璋就说过这样的话："又听得女直每在怎地面东北，他每自古豪杰不是守分的人有。怎去国王根底说着，用心提防者"。①（恭愍王二十一年，明太祖洪武五年，1372 年，九月壬戌条）明征虏将军、辽东总兵官李如柏在万历四十七年（1619 年）七月移咨朝鲜国王的咨文中亦有云："盖夷人之性，大类犬羊，负义忘恩，无所顾忌。近如建州夷人奴儿哈赤，数十年来受我天朝豢养之恩，许开市通贡，养成富强。及羽翼甫成，遂生心背叛，袭破我城堡，戕害我将士，此乃王法所必诛，天讨所不赦者也。今已有明旨，选精兵百万，勇将千员，分路并进，务擒元恶，枭首藁街，献之九庙，灭此而后朝食也"。②足见中朝双方对女真族都表现出极不信任的态度。

《高丽史》以降，"犬豕之辈"、"人面兽心"、"凶丑之徒"、"丑类"、"夷狄"、"贪而多诈"等词汇反复出现在后来的各种朝鲜文献当中，以至最终发展成朝鲜民族表述女真族的套话③，其指涉意义即在说明女真人是未曾归化的野蛮人。按照以色列符号学家吕特·阿莫希（RuthAmossy）所下的定义，"套话"就是人们"思想的现成套装"，亦即人们对各类人物的先入之见；法国当代比较文学权威巴柔教授（Daniel-HenriPageaux）在《总体与比较文学》一书的"形象"一节中，专门讨论了"套话"与"形象"的关系，指出"套话"是"形象的一种特殊而又大量存在的形式"，是"单一形态和单一语义的具像"，"这个具像传播了一个基本的、第一和最后的、原初的'形象'"。如果我们考镜源流，追问朝鲜朝语境中的满洲族形象的源头，那便是《高丽史》。这里或许还应特别指出，即便上述有些套话作为语汇在文本中消亡了，

---

① 吴晗：《朝鲜李朝实录中的中国史料》，中华书局 1980 年版，第 26 页。
② 同上书，第 2994 页。
③ "本文使用的'套话'一词是西文'stéréotype'的汉译。此词原指印刷业中使用的'铅版'，后被转借到思想领域，指称那些一成不变的旧框框、老俗套"。参见孟华：《比较文学形象学》，北京大学出版社 2001 年版，第 185 页。

但它的"历史的文本性"① 却依然存在，并渗透进古代朝鲜民族的深层文化—心理结构中，不断释放出能量，潜移默化地影响着他们对作为"他者"的女真人的认识。甚至可以毫不夸张地说，《高丽史》以降的女真人或曰满洲人形象都与《高丽史》对女真人的描述相关，哪怕后来的描述与《高丽史》之描述完全相左。而这亦是由《高丽史》的"历史的文本性"之权威地位所决定的。

以上我们简要回溯了朝鲜民族描述女真形象的历史渊源，这个源头虽不在朝鲜朝范围之内，但它与朝鲜朝语境中的满族洲形象却有着千丝万缕的关联，我们在后面的对《燃藜室记述》中的女真形象及再后面的"燕行录"中的满洲族形象的探讨过程中，将对此有更深切的体会。因此，我们不妨将《高丽史》中的女真形象称之为朝鲜朝语境中的满洲族形象史之史前史。

三、《燃藜室记述》中的女真形象

1. 见利忘义，反复无常的"蕞尔小丑"②

咸镜道节度使金宗瑞③在给朝鲜国王世宗的一份奏议中，典型性地反映了朝鲜朝初期至"丁卯虏乱"前主导意识形态走向的戍边将领视野中的女真人形象：

"臣久在北方，熟观野人之情：虽父子之间，有欲则相残相害，无异仇敌；纵使日费千金难以结其心；或结之以利，利尽则肆毒矣。莫若外示怀绥之惠，内修备御之事，则我势自强，彼势自屈。臣之汲汲于筑城郭、缮甲兵、训士卒、蓄粮饷者，良以此也"。④

类似的描述还有：

庚辰（明英宗天顺四年，1460 年）"北征以后，诸种野人，蜂屯蚁结，乘机窃发。上怒，欲亲征。兵判韩明浍曰：'蕞尔小丑，不必烦圣武。臣虽弩

---

① "历史的文本性"有两层含义：一是指如果不以我们所研究的社会的文本踪迹为媒介，我们就没有任何途径去接近一个完整的、真正的过去和一个物质性的存在；二是指那些在物质及意识形态斗争中获胜的文本踪迹转化成文献并成为描述及解释性文本的基础时，它们自身将再次充当后人的阐释媒介。（参见张进：《新历史主义与历史诗学》，中国社会科学出版社2004年版，第43页。）

② 李肯翊：《燃藜室记述·卷五·四佳集·韩明浍碑》

③ 金宗瑞（1390～1453），字国卿，号节斋，顺天人，世宗爱将。曾开拓六镇，自南方移民实边以拒女真，确保朝鲜朝领有图们江以南地区。历任观察使、礼曹判书，文宗时，除右议政，端宗朝出任左议政，己酉政乱，为首阳大君所害。

④ 《燃藜室记述选编》，辽宁大学历史系1980年版，第18页。

怯，足以制之'。明浍到六镇，大修攻具。令谍者语贼曰：'保妻子爱庐舍，人心所同。汝若速降则已，不然，当深入捣巢，殄歼为期'。于是，诸种野人相率款服"。① （《四佳集》，"韩明浍碑"）

"世祖一日从容与让宁论古今帝王，谓唐宗不可。让宁曰：'殿下远过唐宗'。世祖改容曰：'乌是何言！叔父之言过矣'。让宁曰：'太宗以一微事而杀张蕴古，殿下必不为也；况我殿下家法之正，非太宗之所及也'。世祖微笑。又语及征满洲野人事。让宁曰：'古人云：千钧之弩，不为鼷鼠发机。愿殿下留念焉'。让宁所见亦奇"。② （《笔苑杂记》）

"夏，五月。满住子伊澄哥又来请朝，上手札谕平安道都观察使元孝然、都节制使具致宽③。曰：'满住子伊澄哥又来，满住之子多，而一一各来，必是利赏赐耳。今当农节，驿路支待有弊，卿以己意，随便言之，简其所率上送"。（《燃藜室记述》卷之五，世祖朝故事本末，征建州卫野人）

"建贼之于我国，壤地相接，其猘然欲噬之心，曷尝须臾忘哉！十数年来，佯言通好，约束诸部，未曾以瓦砾投境上者，以其忽温、如许皆其仇敌，东方诸种未尽兼并也。虽有积怨于明朝，畏威贪利，乍示臣顺。知我国素事明朝，故不反明朝，其势不得不先侵我国也。今者，吞灭忽温，威服诸种，凶势日强，无复顾忌。袭破抚顺，仇我大邦。知我国不可得而和也，故投书遥喝，胁之以分击，欲使我国帖然退伏，不敢为明朝之援，其为桀骜何如哉！"④ （《恬轩集》）

这种感情倾向一览无余的描述在《燃藜室记述》里可谓俯拾皆是，此处不再赘述。

上面几则引文所描述的女真族形象基本上是《高丽史》对女真族形象描述的延续，皆突出了其"向背无常"、"畏威贪利"、"非我族类，其心必异"的一面。所用词汇极富负面的感情色彩，"蕞尔小丑"一词可谓穷形尽肖地勾画出了当时朝鲜人心目中的女真人形象。"蕞尔"极言女真之小。据《三国

① 《燃藜室记述选编》，辽宁大学历史系1980年版，第23页。
② 同上书，第3页。
③ 具致宽，字而栗（一作景栗），绫州人。"公多谙练兵事。丁亥，讨野人而还，余孽尚窥觇边境。上（按，指世祖）命公为镇西大将军以备之，语左右曰：'具绫城，吾之万里长城也'"。（《墓碑》）
④ 《燃藜室记述选编》，辽宁大学历史系1980年版，第53页。

志·魏志·贾诩传》："吴、蜀虽蕞尔小国，依阻山水……据险守要，泛舟江湖，皆难卒谋也"。① "小丑"乃对人轻贱之称，犹言卑微之辈。《国语·周语上》有："王犹不堪，况尔小丑乎！"韦昭注："丑，类也。王者至尊，犹且不堪，况尔小人之类乎！"此外，"小丑"更有滑稽之意。朝鲜朝文人正是在上述意义上使用"蕞尔小丑"这一贬意词的。女真虽然弱小，却经常抄掠边境，严重时甚至使朝鲜北方为"胡骑践蹂，恣为游猎之场"。② "贼不来则已，来必千万为群，恣行无忌"。③ 朝鲜朝虽数度征伐，"夺牛马头畜，焚其储粟"，"捣荡屯落"，但女真人聚散不定，且又占尽山川之险，故而令朝鲜朝头疼不已，徒呼奈何。

"'我'注视他者，而他者形象同时也传递了'我'这个注视者、言说者、书写者的某种形象。在个人（一个作家）、集体（一个社会、国家、民族）、半集体（一种思想流派、意见、文学）的层面上，他者形象都无可避免的表现为对他者的否定，对'我'及其空间的补充和延长"。④ 我们研究朝鲜朝文人所塑造的女真人形象，并不是像历史学家那样从朝鲜史料中寻找女真史迹，而是去发现朝鲜朝文化精神在历史的不同时期内，召唤与塑造的女真人形象是什么样子的，朝鲜人怀有一种什么样的动机，女真人又扮演着什么样的异域角色。从这个意义来说，朝鲜朝文人既称女真人为"丑类"，那么自己则势必以"王者"自居。而其以"王者"自居，亦绝非全系自我标榜。早在高丽恭愍王二十二年（明太祖洪武六年，1373年），明太祖朱元璋就通过中书省咨文，表达了对朝鲜高丽朝的格外眷顾："高丽国王那里，已先为使臣去得重叠呵，国王迎接生受，曾被暑热来，以此上多时不曾教人去。近日因延答里麻失里送将明昇等家小去时，曾教你中书省将这意思，写与国王知道。他却每年数次遣人将金银器皿等物来贡献呵。这等礼物，未免劳烦百姓。况兼使臣往来经涉海洋，甚是艰险，且如近日洪师范回到海上，遭风损坏船只，将他渰死了。幸而存得几个人，知得分晓；若都无了时，岂不费分说？我想古来中国诸侯于天子，每年一小聘，三年一大聘，至如九洲之外，蕃邦远国，只每世一见，其所贡献，不过纳赞表诚而已。今高丽去中国稍近，文物礼乐通经史与中国相似，

---

① 陈寿著、裴松之注、吴金华标点：《三国志》上，岳麓书社1994年版，第269页。
② 《燃藜室记述选编》，辽宁大学历史系1980年版，第13页。
③ 同上书，第16页。
④ 孟华主编：《比较文学形象学》，北京大学出版社2001年版，第157页。

难同其他蕃邦，教他依着三年一聘之礼，或欲每世一见亦可。你中书省将我的言语，行文书与高丽国王说知，今后将来的方物，只土产布子不过三五对，表意便了，其余的休将来。其他蕃邦远国，如占城、安南……等处，新附的国土，也频频遣人来，亦劳那里百姓，他来时也说与他，只依古人的礼"。① 我们注意到，为不致烦劳百姓，明太祖虽然对占城、安南等国也给予关照，却不像对高丽那样优渥有加，且言及高丽时特别提到："今高丽去中国稍近，文物礼乐通经史与中国相似，难同其他蕃邦"。可谓格外高看一眼。同年，在一篇回复高丽遣子弟入明修业的咨文里，朱元璋对高丽遣子弟入学事更是极尽关怀，亲自叮嘱道："高丽国王欲令子弟入国学读书。我曾闻唐太宗时，高丽国亦尝教子弟入学，这的是件盛事。又想这子弟每远来习学呵，在这里或住半年，或住一年，或住年半，乃回家去。交他回去，虽然听从其便，但为本国远处海东，比至京师，水路经涉海洋，陆路不下万余里，隔离乡土，为父母必怀其子，为人子必思其亲，此人之常情。恁中书省回文书去，交高丽国王与他臣下每好生熟议。若是乃为父母的愿令子弟入学，为子的听受父母之命来学者，交高丽国王差人好生将来。省家回的文书，要说的明白"。② 至朝鲜朝，明朝与朝鲜朝间的这种亲密关系更是有增无减，太祖二年（明太祖洪武二十六年，1393 年）三月，朝鲜朝门下侍郎、赞成事崔永沚赴京谢恩，其所赍表文有言："睿恩洋溢，圣训丁宁，举国与荣，抚躬知感"。③ 同时，明朝对朝鲜朝的认可较前朝亦有过之而无不及：朝鲜朝太宗元年（明惠帝建文三年，1401 年）二月，明惠帝朱允炆继位后首次派礼部主事陆颙、鸿胪行人林士英等使者出使朝鲜半岛，其所赍惠帝诏书曰："中国之外，六合之内，凡有壤地之国，必有人民。有人民，必有君以统之。有土之国，盖不可以数计。然唯习诗书，知礼义，能慕中国之化者，然后朝贡于中国，而后世称焉。否则，虽有其国，人不之知。又或不能事大，而以不善闻于四方者，亦有矣。惟尔朝鲜，习箕子之教，素以好学慕义闻中国"。④ 在宣读诏书之后，国王李芳远、太上皇李成桂先后热情款待两位明朝使臣，气氛极为款洽。明使陆颙诗兴大作，遂进诗三篇。

---

① 吴晗：《朝鲜李朝实录中的中国史料》，中华书局 1980 年版，第 32 页。
② 同上书，第 113 页。
③ 同上书，第 33 页。
④ 同上书，第 154 页。

其一曰《怀德音》：

> 远衔恩命使朝鲜，独羡名王世代贤。
>
> 风俗久淳千里地，声华遥达九重天。
>
> 明时讲学开云阙，清昼崇陪设醴筵。
>
> 归奏龙颜应有喜，功勋定敕史书传。

其二曰《谢花》：

> 兔园羯鼓已催花，上日先分使者家。
>
> 旧叶尚含经腊翠，新苞初坼早春华。
>
> 当筵赏处浑疑绣，秉烛看来祇似纱。
>
> 宾馆独承同乐意，不须林外觅山茶。

其三曰《谢赠衣带》：

> 公馆春寒曙色开，远烦王命遣人来。
>
> 银青照耀垂腰重，宫锦葳蕤著体裁。
>
> 被服已荣箕子国，封缄须到凤凰台。
>
> 援毫不尽酬君意，愧乏相如作赋才！①

陆顒虽"愧乏相如作赋才"，但还是把明朝对朝鲜的嘉勉以及双方的融洽关系表现得淋漓尽致。是年二月己未，陆顒、林士英等回国，临别，朝鲜国王李芳远还"次顒诗，顒复以诗谢"。②

对于个体生命而言，自我意识与自尊心一开始就是社会的产物。"自我"只有在"他我"中才能得到实现。诚如费尔巴哈所言："自我意识只有在一个别的自我意识中才获得它的满足"。马克思则说得更直接而具体："人首先是把自己反映在别一个人身上。一个名叫彼德的人所以会把自己当作一个人来看，只是因为他把一个名叫保罗的人看作自己的同种"。③ 在我们看来，自我意识与自尊心若上升到国家、民族的高度，就是爱国主义、民族主义情怀。女真族是朝鲜朝的"他者"，"明朝"同样是朝鲜朝的"他者"，我们姑且将明朝称之为朝鲜朝的"大他者"，而将女真族称之为朝鲜朝的"小他者"。能赢得如明朝这样的"大他者"之礼遇，可以说让朝鲜朝在确立国家之主体意识

---

① 吴晗：《朝鲜李朝实录中的中国史料》，中华书局 1980 年版，第 155 页。

② 同上书，第 156 页。

③ 吕俊华：《自尊论》，上海文化出版社 1988 年版，第 4～5 页。

方面获得了极大满足，而其对"小他者"女真族的蔑视，亦不过是这种民族主义情感的表现形式之一种。而且，朝鲜朝在文化上对女真族的这种居高临下的态度，我们以为包含着对明朝这个封建大国的封建政治进行模仿的成分。《朝鲜王朝实录》中就有多处记载了朝鲜朝抚慰女真的行为，其模式与明朝礼遇朝鲜如出一辙，只不过在面对女真时，朝鲜朝相对明朝时的"小他者"身份置换成了"大他者"身份：

"甲申四年（1404 年）……三月戊申，吾道里童猛哥帖木儿等三人来朝。己未，赐童猛哥帖木儿缎衣一称，鈒花银带一腰及笠、靴。命内臣馈之。其从者十余人赐布帛有差。壬戌，童猛哥帖木儿辞还，留其弟及养子与妻弟侍卫。上赐物有差"。①

而这种模仿同样是朝鲜朝谋求国家独立，捍卫民族尊严的行为之一，只不过这种行为有时是以伤害另一个更弱小民族的民族感情为代价的。

2. 朝鲜朝戍边将士阴影下的女真人

"高丽中期以后出现了历来被文学史家称之为'稗说体'的文学。那时候，诗话是它的主要内容，但到后来发展到杂录文人感兴趣的一切琐事、传闻、故事，甚至还有搜奇志异的志怪、有意为奇的传奇，成了一种'杂录'文学。有点像中国的稗官野史"。②《燃藜室记述》里面就颇多这类描写朝鲜朝戍边将士的"杂录"文学，且具备非常丰富的叙事文学因素。而其所记之零星片断的人物言行，则颇类《世说新语》，品评人物往往重视仪容，推重辞采，大有魏晋清谈"言约旨远"的遗风，其文采亦斐然可观。使我们不仅可以由此多方面地了解朝鲜朝戍边将士的思想和生活情况，从而认识当时社会的部分面貌，而且通过朝鲜朝文人塑造的戍边将士形象，我们还可以进一步触摸到为朝鲜朝戍边将士的高大形象所遮蔽的女真人形象。

1）太祖李成桂及其家族形象

《燃藜室记述》所载朝鲜朝以前之高丽故事，语及女真事者盖自太祖李成桂之高祖（穆祖）安社始，下及曾祖（翼祖）行里，祖（度祖）椿，所载详且多者，当数太祖成桂，入朝鲜朝，所载世宗故事亦颇多：

---

① 吴晗：《朝鲜李朝实录中的中国史料》，中华书局 1980 年版，第 197 页。

② 金柄珉、金宽雄主编：《朝鲜文学的发展与中国文学》，延边大学出版社 1994 年版，第 159 页。

① "穆祖在斡东，每至女真诸千户所，彼必宰牛马，飨宴屡日。千户至斡东，穆祖亦如之。遂数相宴会。翼祖承袭，亦如之"。① （《舆地胜览》）

② "翼祖威德渐胜，女真诸千户手下之人皆归心。诸千户忌而谋害之，乃谬告曰：'吾等将猎北地，而来请停会二十日'。翼祖许之。过期不来，翼祖亲往奚关城。道见一老妪戴水桶，手持一椀而来。翼祖渴，欲饮。老妪洗椀进水曰：'公不知乎？此处之人实因请兵而去，贵官威德可惜，不敢不告'。翼祖遽返，使家人乘舟，顺豆满江而下，期会赤岛。自与孙夫人至庆兴后岘，望见斡东之野，贼骑弥满，先锋三百余人几及之。翼祖与夫人走马至海岸，自岸至赤岛水广可六百步，本无潮汐，深不可渡，所期之舟亦未至，无如之何。忽水退，惟百余步未竭。翼祖与夫人共骑一白马而涉。从者毕涉，水复大至。贼至，不得渡而去。北方之人至今称之曰：'天之所助，非人力也'"。②

③ "辛禑八年，壬戌（1382年，明洪武十五年）。女真人胡拔都寇端州，上（按，指李成桂）以东北面都指挥使纵兵大破之，拔都只以身遁去"。（《考事撮要》）

"时李穑作诗送之曰：'松轩（按，李成桂号）胆气盖成臣，万里长城属一身。奔走几经多故日，归来同乐太平春。如今大事关宗社，况是前锋似鬼神。联袂两朝情不浅，只将律诗送行尘'。时李豆兰以母丧在青州，上使人谓曰：'国家事急，子不可持服在家'。豆兰脱衰为先锋，与胡拔都遇于吉州，大败而还。上寻至。胡拔都着厚铠三重，袭红褐衣，乘黑牝马，横阵待之，意轻上，留其军士，拔剑挺身驰出。上亦拔剑单骑驰进，挥剑相击，两皆闪过，不能中。胡拔都未及勒马，上急回骑射其背，铠厚，箭未深入，即又射其马，马倒而坠，麾下救之。上纵兵大破之"。③ （《龙飞御天歌》）

④ "三善、三介，即度祖之外孙，皆膂力过人，善骑射，聚恶少横行北边，而畏上（按，指李成桂），不敢肆。闻上往御塔思帖木儿之兵，诱致女真，大肆侵略，铁关皆没焉。上自西北面引军至，大破之。三善、三介奔女真"。④ （《龙飞御天歌》）

⑤ "自间延之变，上（按，指世宗）留意边事，屡聚武士观射后苑，命

---

① 《燃藜室记述选编》，辽宁大学历史系1980年版，第1页。

② 同上书，第2页。

③ 同上书，第2页。

④ 同上书，第2页。

群臣议可将三军。皆曰：'以润德将中军，李顺蒙将左军，崔海山将右军'。顺蒙曰：'军事进退，专在中军，臣将左军，何以立功？自愿为副将，当先锋；海山为左，李恪为右'。从之。"① "润德等拜辞。上引见，教曰：'御戎之道，自古无策：三代帝王，来则抚之，去则不追，羁縻之而已。汉高祖戡定天下，其于匈奴，宜若振槁。然见围白登，仅以身免，乃议和亲。至于武帝，多事四夷，遂至天下虚耗。是故古人比之蚊虻，驱之而已。古人所以如此者，国无大小，蜂虿尚有余毒，不忍彼此之间，无罪之民，横罗锋刃也。然婆猪之贼异于是。岁在壬寅，侵我闾延，其后为忽剌温所迫逐，失其巢穴，携其家属，乞住江滨，国家怜而许之，其恩大矣！今者背德负恩，杀掠边民，若不征讨，无以惩艾；况今昇平日久，四境无虞。孟子云：无敌国外患者，国恒亡。今日之事，虽野人所为，实天所以警戒我也。今李满住、童猛哥、尹内官之书皆云忽剌温所为，然顷者林哈剌到闾延言：不还我逃奴婢，后必有患。其言果验矣。虽忽剌温所为，实此辈诱引为之也！昔庆源韩兴富之死，河仑言不可伐，赵英茂言可伐，先王从英茂之策，征之。己亥对马岛之役，或言可伐，或言不可伐，先王断以大义，命将致讨，虽不能尽荡巢穴，彼贼终有畏威之心'。赐润德鞍马弓矢，孝诚赐马"。②

"润德之还，上欲用己亥迎慰李从茂之例，亲出迎于慕华馆。黄喜曰：'上王慰从茂于乐天亭者，时偶幸乐天亭，而从茂适至耳。今日之事，非如收复之功，只征小丑而已，何必出迎？'命以润德为右议政，诸将升赏有差。上御勤政殿宴慰，分赐尚衣、衣靴，令服以赴宴。上亲执爵赐润德等，又命世子行酒，仍命润德勿起受酒，命军官相对起舞，润德亦酒酣起舞"。③（《类编征西录》）

元末，高丽趁其国力衰微，积极北进，对失去蒙元佑护的女真人采取招安抚慰与驱逐攻打的双重策略，并取得了一定的成功。然而，高丽的北进行动也并非一帆风顺，除了招致蒙元的指责外，亦遭到女真人的反抗。女真人与朝鲜朝之间打打停停，关系并不融洽。当时的女真人因为失去了蒙元的支持，与高丽相比，力量悬殊，即便与高丽发生战争，也往往是以失败而告终。虽如此，

①　《燃藜室记述选编》，辽宁大学历史系1980年版，第5页。
②　同上书，第5页。
③　同上书，第8页。

女真人抄掠边境的行为亦未终止。朝鲜朝初期，女真人与朝鲜朝间依然如是。上面数则笔记即是对这段历史的形象化反映。

几则笔记虽然短小，却有记述，有描写，有评价，文字里的感情倾向亦是显而易见的。丽末朝鲜朝初之朝鲜不仅在文化上对女真人具有优势，在军事上的优势亦是明显的。因此，这几则笔记在叙述上往往隐含着一种居高临下，游刃有余的气势，将李成桂及其祖上乃至后代或塑造成平易可亲，与民同乐的一方军事长官；或塑造成威德并胜，襟怀坦荡的磊落君子；或塑造成气贯长虹，威震一方的英雄豪杰；或塑造成雄才大略，心系天下的圣君贤王。而与之相对应的女真人，则被描写成了心怀不轨，行止骄狂，结纳叛逆的乌合之辈，"蚊虻"之属。

不过，当时的女真人形象也不全然如此。这是因为，朝鲜朝语境中的满洲族形象是非常丰富和复杂的，其复杂性与丰富性最主要的表现之一，就是在满族与朝鲜朝关系最为紧张的时期，在负面形象的边缘也仍有一些正面的至少是中性的形象存在。反之，在满族与朝鲜朝关系最为融洽的时期，朝鲜人关于满族人的形象亦是褒贬不一的。以上面几则笔记而论，负面形象之外，也存在着一些中性乃至正面的形象："穆祖在斡东，每至女真诸千户所，彼必宰牛马，飨宴屡日"。这起码是一种中性的叙述。而女真人李豆兰则是作为太祖李成桂的朋友以正面形象出现的。为帮助李成桂他甚至置母丧于不顾，且"脱衰为先锋"，与胡拔都战于吉州。《朝鲜王朝实录》于李豆兰故事亦有所载："李豆兰，初名豆兰帖木儿，女直金牌千户阿罗不花之子，袭世职为千户。恭愍王时豆兰遣其百户甫介，以一百户来投，仍居北青州，事我太祖，属麾下"。[①] 以《高丽史》印证，则《燃藜室记述》所述之李豆兰故事，当信不虚。

2）朝鲜朝戍边将士形象

《燃藜室记述》中颇多描写朝鲜朝戍边将士之风貌的笔记。其所描绘的戍边将领各具神采，概略说来，可分三类：

1. 儒雅风流的朝鲜朝将领。这类将领以申叔舟[②]为楷范。据《燃藜室记

---

① 《高丽史·恭让王世家》，转引自吴晗：《朝鲜李朝实录中的中国史料》，中华书局1980年版，第103页。

② 申叔舟（1417～1475），字泛翁，号保贤斋，高灵人。曾奉命出使日本，归来后著《海东诸国记》，由此文名远播，明使倪谦、司马恂等亦叹服。世祖篡位后仕途得意，文翰一生。有《保贤斋》二十卷传世。

述》：“公（按，指申叔舟）俱通汉、倭、蒙古、女真等语，时或不假舌人，亦自达意”。“（金）宗瑞举申叔舟为幕僚，器待之，凡有谋划，多密赞之。方设九城，便否，宗瑞以朝议异同，上书争之，辞累万言。宗瑞命叔舟执笔书稿，口占言之，捷若宿构，滔滔不竭。叔舟承命随书，笔不停辍。宗瑞嘉叹曰：‘我固自负，君之才亦大难矣’”。

“初，野人李满住等事国甚恭，忽侵略边鄙。上欲征讨，廷议纷纭，上难断。申叔舟独建攻讨之策。秋，以叔舟为江原、咸吉都指挥使。陛辞日，引入便殿，指授方略，命总诸将往讨之”。“叔舟征六镇藩胡，分道深入，击破之。虏乘夜追击，营中喧呼应战。叔舟坚卧不动，召幕僚，口占云：‘虏中霜落塞垣寒，铁骑纵横百里间；夜战未休天欲晓，卧看星头正阑干’。将士观其安闲，赖以不扰”。[1]“一日，叔舟会僚佐宴饮，令军中曰：‘有能作诗写今日意者，余择为上客’。有别侍卫朴柄谦者即应声曰：‘十万貔貅拥戍楼，夜深边月冷狐裘；一声长笛来何处，吹尽征夫万里愁’。叔舟喜之，擢为上客”。[2]

此类将领尚有金宗瑞等：

“初，上（按，指世宗）命宗瑞置四镇，朝议多有异同。宗瑞力主其事。议者谓宗瑞以有限之人力开不可成之役，罪可诛也。上曰：‘虽有寡人，若无宗瑞，不足以办此事；虽有宗瑞，若无寡人，不足以主此事’。固执不回。宗瑞既设四镇，徙南民以实之，日置酒张乐，大飨将士，吏民苦之。或言其不可。宗瑞曰：‘风沙绝塞，将士饥苦，吾以约始之，后必无终’。一日夜宴，反侧之徒射中酒樽，左右惊扰，宗瑞自若。人请其故，宗瑞曰：‘奸人试我耳，何能为哉！’”（《名臣录》）

宗瑞文武兼备，于戎马倥偬间亦不废文事，每以时调抒写边塞怀抱，其《豪气歌》有云：

朝風 은 나무 끝에 불고 明月 은 눈 속에 차가운데

萬裏邊城 의 一長劍 짚고 서서

긴 파람 큰 한 소리에 거칠 것이 없어라

---

① 《燃藜室记述选编》，辽宁大学历史系 1980 年版，第 23 页。
② 同上书，第 23 页。

译文：

朔风吹树梢，寒月照雪海。

手执长宝剑，屹立在万里边塞。

一声呼啸脱口出，何物敢当我气概？

其《武人气象》有云：

長白山에 기를 꽂고 豆滿江에 말을 씻겨

썩은 저 선비야 우리 아니 사나이냐

어떠타 麟閣畫像을 누가 먼저 하리오 ①

译文：

插旗长白山，饮马豆满江。

汝等众腐儒，岂非男子乎！

试看麟阁画像，先我着鞭问鼎！

两首时调皆写得豪迈感激，气魄绝大。

2. 英勇善战为朝廷倚重的边将。这类将领以鱼有沼为楷模。

据《燃藜室记述》："鱼有沼，忠州人，得海之子。丙子（1465 年），魁武举。八年，为会宁府使。讨李施爱，超授判书……己酉（1489 年）冬，成宗阅武于京畿，护驾至永平，暴卒于围内。谥贞庄"。

"公生而英特，射御绝伦，性本宽和，与人无忤，汛爱容众，恂恂如也。处事详密，有儒者气。临阵对敌意思安闲，弓力百钧，射必命中。虏或执贽来见，公拒之，曰：'吾不取乎尔，一毫无犯'。野人举手加额，曰：'是吾父也'。边境赖以无事十余年"。

"已丑（1469 年），起复为北兵使。（戊子，丁父忧。）壬辰（1472 年），再任。公以母老，涕泣辞。成庙谕之曰：'镇安北边，无如卿者，母则勿以为忧'。特赐屋轿、宫衣、御厨之馔。乙未（1475 年），期满。谕以'卿若递任，谁代卿者？'益励不息。是年，贼犯境城，公应机歼之。成庙特遣直提学洪贵达赐缎衣及靴"。

"方其旋师也，虏骁骑数十冲突，我军披靡。有沼瞋目而出，戒士卒毋得

---

① 金熙宝：《韩国古诗》，伽蓝企划 2002 年版，第 220 页。

相从，单骑驰射，连发殪之。贼惊溃不敢近"。

"永安道城底野人有举部潜移他处者。朝廷恐生他衅，特遣公慰之，以公曾为北道兵使，服其心也。公倍道而进，先使人开示教书。野人初不信，曰：'诳我也'。遂投其书于地。使者曰：'汝苟不信，鱼令公来矣'。野人曰：'令公果来乎？令公来，则是我父也。可得见之乎？'公闻之，驰入其部。虏皆罗拜。开诚抚谕，皆悦服归命。遂率酋长而还，使还旧居"。①（《东阁杂记》）

此类将领尚有河敬复，具文老等人：

"河敬复，晋州人，武科，官至判中枢襄靖公。尝出镇东北面，野人以三百斤强弓请公弯之。公为置酒，劝饮。且语曰：'此弓制作甚妙'。急呼弓手依样制造，潜令人爆之。筋力少解，从容引满。野人叩头下拜"。②（《笔苑杂记》）

"公为咸吉道都节制，镇抚边境，野人畏威不敢近。上（按，指世宗）闻而重之，使久其任。厚慰其母。遣护军洪师锡致书褒之。曰：'予之倚卿，隐若长城，然倚闾之望，陟屺之恩，已五年矣。兹欲代卿，实难其人。特加存恤卿母。卿宜自宽。今遣洪师锡宴卿，仍赐衣冠、马匹'"。（《国朝宝鉴》）

"庚辰北征，具文老手杀虏甚众。虏人相戒曰：'须避黑面将军'。文老面有黑子，大如手掌，身长八九尺，为人健壮，能弓马，善射虎，为上所重"。③（《青坡剧谈》）

3. 忠肝义胆的朝鲜朝将领。此类将领以金应河最为朝野推重。据《燃藜室记述》："金应河，字景义，安东人，居铁原，乙巳（1605 年，明神宗万历 23 年）武科，身长八尺余，臂力过人，射艺绝伦，气岸轩然，动止安闲，绝无武夫粗悍气，饮酒数斗，亦不及乱"。④（《名臣录》）

"己酉（1609 年）为湖南朴承宗军官。时丁国恤。朴申饬所管勿近酒色，帐下诸人鲜能体行，而独将军律己谨严，昼习骑射，夜读兵书。朴益爱重之"。（《名臣录》）

"深河之役，与其家人永诀，处置后事。封识印信，授郡吏曰：'遇贼，我必死战，不可佩往云'"。（《名臣录》）

---

① 《燃藜室记述选编》，辽宁大学历史系 1980 年版，第 26 页。
② 同上书，第 20 页。
③ 同上书，第 23 页。
④ 同上书，第 41 页。

"初，公领左营兵隶金景瑞军。至富车岭，诸军轻进失利。公以手下兵三千，策马摆阵。阵既成，告弘立曰：'速令右营协力迎战'。弘立使右营将李一元相助。公谓一元曰：'我军若不据险，必败矣！'一元不从。贼数千骑横截两阵间，一元遁去。既而，贼六万对阵一里之外，抽发精锐，直犯其前。公以炮手一时放丸，贼兵退却，如是者三。俄而，大风忽起，烟尘四塞，炮矢不得发，贼乃并力冲突，我军立尽。公手弓腰釖，独倚柳树下，矢不虚发，中必叠双，贼尸成堆。公环重甲亦矢集如猬，不能穿。矢既尽，手釖击贼，大骂弘立曰：'尔辈爱身负国，不相救也'。釖亦折，张空拳，犹益自奋。有一贼从后投槊，遂扑地而绝，犹握釖柄不舍，怒气勃勃。贼相顾愕贻，不敢遽前。弘立等降虏，虏酋使瘗两阵死尸，公独不腐，釖柄犹在其握矣"。（《金应河墓碑》，《尤庵集》）

后人论曰："彼二竖者（按，指姜弘立、金景瑞），称有密旨，去顺效逆，使我礼义之邦沦于禽兽之域，倘无金应河之一死，则将何以有辞于天下后世乎?"① （《金将军墓碑》）

以上数则笔记或曰稗说大多具备了叙事文学的基本要素，实可称之为小说。吉林大学尹允镇教授就曾说过："在中世纪文学中，稗说可谓是形下之作，但是我们不能低估它在史前小说史上的重要地位。尤其不能低估它为小说的形成所做出的重大贡献。其实，有些稗说已经相当成熟，基本上具备了准小说艺术形式。从而可以看作是从故事到小说的过渡性文学体裁"。② 韩国学界巨擘赵润济先生在其《韩国文学史》一书中亦认定："我国的'小说'一词最初则是表示叙述杂事、异闻、琐语之意。诸如《破闲集》、《补闲集》、《栎翁稗说》、《太平闲话》、《慵斋丛话》、《秋江冷话》等等随笔类作品都统称之为小说。后来其含义进一步扩充，甚至传奇、故事也叫做小说"。③ 两位中外学者的论断再次提醒我们，在古代朝鲜，文史之间的界线其实是很模糊的，尤其是史传类作品与小说之间。不过，为了叙述上的统一，我们还是将以上诸文称之为笔记。以这几则笔记而论，其所塑造的人物是非常鲜活的，就人物塑造本身来说，已经含有虚构、夸张、传奇等因素，这亦是我们称其为小说的一个主

① 《燃藜室记述选编》，辽宁大学历史系 1980 年版，第 41 页。
② 尹允镇：《朝鲜现代小说艺术模式研究》，辽宁民族出版社 1997 年版，第 41 页。
③ （韩）赵润济著、张琏瑰译：《韩国文学史》，社会科学文献出版社 1998 年版，第 157 页。

要原因。若从比较文学形象学的角度分析，则作者在叙事志人当中带有鲜明的感情倾向。当其描写朝鲜朝边将时，往往使用诸如"安闲、英特、绝伦、宽和、与人无忤、汛爱容众、恂恂如也、处事详密、有儒者气、气岸轩然、绝无武夫粗悍气、律己谨严"等具有正面意义的词语。与此相对，当其在叙事志人当中语关女真人时，则使用诸如"野人、藩胡、虏、贼、虏酋、禽兽"等具有负面意义的词语。由此，我们可以通过文本作者对太祖李成桂家族及朝鲜边将的描写，窥见到被其高大形象遮蔽在阴影里的女真人形象：即野蛮、狡诈、骄狂、富有攻击性及侵略性。而"野蛮、狡诈、骄狂、富有攻击性及侵略性"等等概念，在女真人缺席的情况下，被掌握着想象领导权的朝鲜朝文人以各种文化形式逐渐"文本化"。这种"文本化"反过来又作用于朝鲜人的"社会集体想象"，使二者在反复交锋中，形成一种"阐释"女真人的固定模式。

同时，"野蛮、狡诈、骄狂、富有攻击性及侵略性"等在特定的历史时期及特定的文化语境中被一个人或一个群体所操控的语汇，也在这种"文本化"过程中，逐渐确立了与女真人的符指关系，并最终成为一种含有固定意义的象征性语言，一种含有价值判断意义的文化符号，即套话。

第三节　申忠一《建州纪程图记》中的女真形象

明万历二十三年（公元 1595 年，朝鲜朝宣祖二十八年），建州卫女真人越境入朝采参，为朝鲜边将所杀。努尔哈赤（1559 年~1626 年）准备报复。朝鲜为缓和紧张局势，一面惩处边将，一面派朝鲜南部主薄申忠一①送文书赴建州修好，并藉此刺探建州虚实。十二月二十二日，申忠一自满浦渡鸭绿江，沿今浑江支流新开河、富尔江至努尔哈赤驻地赫图阿拉（今辽宁省新宾县老城南五里）。翌年正月初五日，由原路回国。申忠一归国后，将一路所经，绘制纪程图长卷两幅，并将会谈经过以及闻见所及，分条记述，录于图后，其一作为报告进呈朝鲜国王，其一自藏。

图记原稿久已不传，仅状启和图后所录文字见于《朝鲜王朝宣祖实录》。

---

① 申忠一，字恕甫，明宗九年（1554 年）生，汋川郡守申默第三子。宣祖十六年武科及第，死于光海君十年，追为领议政。

1938 年，朝鲜学者李仁荣①发现申忠一自藏纪程图记原件。翌年，伪满建国大学在《兴京二道河子旧老城》中影印发表。其后朝鲜影印长卷发行，定名为《建州纪程图记》。《图记》所录内容相当广泛，是研究十六世纪末建州女真社会经济、阶级关系、政治军事、文化习俗及努尔哈赤、其弟舒尔哈齐等女真重要人物的珍贵资料。申忠一是带着对女真人的"前理解"出使赫图阿拉的，因此，《图记》所描述的女真人形象既是朝鲜朝社会总体想象的产物，又是申忠一出使赫图阿拉的真实印象。它一方面受制于朝鲜朝社会文化语境及其期待视野，"为我所用"的立场显而易见，另一方面又由于《图记》是作者的亲身经历及耳闻目见，这里的女真人形象也必然受制于女真人的社会现实，从而具有某些真实成分。因此，这一形象的建构具有既主观又客观，既理想又真实的双重特征。

一、半人半兽的另类：不曾向化的女真人

"胡人"、"奴酋"、"酋胡"、"小酋"、"贼胡"，是《图记》中出现频率最高的"套话"。其指涉意义即在说明女真人是不曾向化的野蛮人。

《图记》中申忠一滞留赫图阿拉时所历见闻凡 97 条，外加路途闻见若干，其中多有加深其对女真人之成见者。

申忠一经过的从满浦到建州城的道路两侧大小共有 50 余处女真部落，约 730 余户女真人，他们虽然没有摆脱传统的"逐水草而居"的生活方式，但从其农耕及半永久性的房屋来看，基本上过着半农半牧的定居生活，粮食"秋收后不即输入，埋置于田头，至冰冻后输入云"。当时的女真人正处于从奴隶制向封建制过渡的时期，努尔哈赤对申忠一提出"欲将熊皮、鹿皮卖于满浦，买牛耕田"，显示出其对农业生产的重视。而将粮食"埋置于田头"则是作为备战军粮之用，因为努尔哈赤统治下的女真各部实行"兵农一致"制度，部落的所有壮丁既是农民又是兵丁，出征时则自备军粮。这些所呈现出的本来是一幅处于上升期的、生机勃勃的景象，但在戴着有色眼镜的申忠一看来，却全然成了女真人落后、不开化的注脚。

佟羊才是努尔哈赤派来接待申忠一等朝鲜使者的女真官员，《图记》记载

---

① 李仁荣（1911～1950?），号鹤山，全州人。1937 年 3 月毕业于京城帝国大学法文学部史学科，历任普成专门学校讲师、延禧专门学校讲师、平壤神学院讲师、京城大学法文学部助教授、国立汉城大学助教授、延禧大学校教授等教职。朝鲜战争爆发后生死不明。其学术专长为书志学和史学。

了一段佟羊才与申忠一的对话：

"佟羊才曰：'你国宴享时，何无一人穿锦衣者也?'臣曰：'衣章所以辨贵贱，故我国军民不敢着锦衣，岂如你国上下同服者乎?'羊才无言"。

明万历二十四年（公元 1596 年，朝鲜朝宣祖二十九年）正月初一日，努尔哈赤举行盛大宴会招待申忠一等朝鲜使者，《图记》记载了当时的宴会场面：

"奴酋门族及其兄弟姻亲，与唐通事在东壁；蒙古……各部在北壁；臣等及奴酋女族在西壁；奴酋兄弟妻及诸将妻，皆立于南壁炕下；奴酋兄弟则于南行东隅地上，向西北坐黑漆椅子，诸将俱立于奴酋后。酒数巡，兀剌部落新降将夫者太起舞，奴酋便下椅子自弹琵琶，耸动其身。舞罢，优人八名，各呈其才，才甚生疏……宴时，厅外吹打，厅内弹琵琶，吹洞箫，爬柳箕，余皆环立，拍手唱曲，以助酒兴。诸将进盏于奴酋时，皆脱耳掩，舞时亦脱，唯小酋（按：指努尔哈赤弟舒尔哈齐）不脱"。

以上两则引文或许可以说明建州之行是如何加深了申忠一固有的女真人"不曾向化"的印象。中国自汉代"罢黜百家，独尊儒术"以来，儒家思想即成了官方意识形态，而且这种意识形态还渗透到社会的各个层面，进而达到了生活化的程度，其表现之一就是把"礼"作为人类的标准规定下来。五经之一的《礼记》详尽地规定了各种"礼"，汉代大经学家郑玄注释了《礼记》，其注释中有如下文字：

"父子不同席，男女非有行媒，不相知名，非受币，不交不亲。……娶妻不同姓"。郑玄注曰："为其近禽兽"。①

意思很明显，"人"的行为合乎"礼"之轨范者，则为人类，否则，即使具有人之形体，也是"非人"或"非常人"乃至于"禽兽"。中国古代文人正是以这种思想观察和判断人类的。而古代朝鲜与中国交往密切，一向以"小中华"自居，儒家思想至晚也在公元一世纪以前即先于佛教、道教传入了朝鲜，② 并和朝鲜固有的文化习俗有机融合，对古代朝鲜文化的发展起了决定性的作用。崔根德教授在总结儒学对古代朝鲜之影响的表现时有云：

---

① 《礼记》，"曲礼上第一"。

② 李洪淳：《儒家学说在朝鲜和日本的传播及其影响的比较》，《延边大学学报》1983 年专刊。

"在文化的形成与发展上以'礼'为基准。'礼者为异'，① 即以差别为能事，严格区分上下、贵贱、尊卑。三国时代以后的文物制度，甚至衣服形制、建筑等也都贯彻了这种思想"。

而且，古代朝鲜在文化上的这种优越地位，还得到了来自中国朝野的肯定："新罗号为君子之国，颇知书记，有类中国（唐玄宗）"。② "远国通王化，儒林得使臣。六君成典册，万里奉丝纶"。（耿湋《送归中丞使新罗》）"异俗知文教，通儒有令名。还将大戴礼，方外授诸生"。（皇甫冉《送归中丞使新罗》）古代朝鲜人已经"知文教"，"通王化"，与中国人身份无异了，如此一来，古代朝鲜关于"人"的评判标准自然也就与中国毫无二致了。正是这样的文化背景，才有了上述引文中申忠一的"衣章所以辨贵贱，故我国军民不敢着锦衣，岂如你国上下同服者乎？"这样一番高论，且驳得"羊才（哑口）无言"。其不辱使命，折冲尊俎之气概，自我展现得淋漓尽致。而另一则引文所载之宴会场面，在申忠一等看来更是乌烟瘴气，有悖礼法，简直大逆不道，虽然他自己也曾"拍手唱曲，以助酒兴"。但其仿佛"看马戏"的心理却于字里行间流露无遗。

《图记》中如上述两则引文之类反映女真人不通礼仪，不曾向化的文字尚有数处，皆以一种居高临下之姿态、文化上的优越感表现对女真人的蔑视。

二、日益崛起的邻居：桀骜不驯的女真人

正如《图记》末页西峰申熟仁仲所题之跋文所言："今恕甫（按：申忠一字）只图其不可张不可隐之物状，录其目所见耳所闻之实情"。由于《图记》真实记录了建州女真社会经济、阶级关系、政治军事、文化习俗等情况，因此，《图记》又给我们描绘了一幅桀骜不驯，生气勃勃，已经迅速崛起的女真人形象的画图。

努尔哈赤崛起于万历十一年（公元 1583 年），是年五月，他为报父祖仇，以遗甲 13 副起兵，采取"顺者以德服，逆者以兵临"③ 的策略，至万历十七年（公元 1589 年）完成了对建州女真的统一，到申忠一出使建州的万历二十三年，努尔哈赤已将女真各部环满州而居者，一一征服，因此国势日盛。努尔

---

① 《礼记》。
② 《三国史记·新罗本纪·孝成王二年》第九卷。
③ 《清太祖实录》卷一。

哈赤的崛起，立即引起朝鲜方面的忧虑与恐惧，万历二十三年八月的一份《备忘记》中朝鲜朝宣祖国王的一番议论，足以反映出朝鲜朝对努尔哈赤之崛起的惊恐与仇视心理：

"且老（乙）可赤（按：即努尔哈赤）事亦大可忧。古之善料敌者预图于未形前，况此兆朕已萌，爻象已动。若俟河冰合，虏骑充斥，是我腹背受敌，天亡之秋，不能支吾矣。念及于此，不觉凛然而心寒，未审庙堂诸卿，亦已深虑而得其所谓多算者乎？戍卒残弱，而不习战阵，其势不敌"。①

同年九月，朝鲜朝左议政金应南递呈国王的报告中亦云：

"臣伏见近日西边驰报，其忧亦大。盖此胡（按：指努尔哈赤）崛起于辽金旧疆，拥兵十万，治练有素，其桀骜雄强，中国之所畏也。边臣无良，启衅已多，若于合冰之后，乘其愤怒，率其部落，百万为群，冲犯我界，则区区一带之水，已失其险，长驱直捣之患，安保其必无乎！"②

追溯历史缘由，朝鲜朝对女真人混杂着轻蔑与恐惧的极为复杂的感情与当时两个民族间力量的逆向转化有着密切的关系。在朝鲜朝的记忆里，女真人应该是屡屡前来朝贡，时时需要救济的"狗鼠之辈"，而如今却要与昔日的主子平分秋色，甚至时有犯上之举，这不能不让朝鲜觉得颜面尽失、寝食难安。另一方面，朝鲜朝对女真人的这种恐惧感还可追溯到契丹、蒙古等北方民族对半岛的入侵，随着时间的流逝，这种对历史的记忆同样积淀在朝鲜民族的深层文化－心理结构之中，它与对异族的想象两相叠加，一旦相似的历史境况重现，想象就会激活以往的历史经验，并唤醒沉睡的种族记忆。因此，为了捍卫自己的身份、地位，朝鲜朝文人甚至不惜歪曲事实，拼命贬低、诋毁女真人，这既是他们蔑视女真人的一种表现，同时也是他们畏惧女真人心理的真实反映。而所有这一切，在《图记》中皆可找到记录。

前文已述及努尔哈赤曾举行盛大宴会招待申忠一等朝鲜使者。宴会前，努尔哈赤命马臣传达他的话给申忠一说："继自今，两国如一国，两家如一家，永结欢好，世世无替"。当努尔哈赤崛起之初，实力不够壮大时，一直保持对大明的"忠顺"，不断赴明"修贡"。同时十分注意与朝鲜的关系，欲与朝鲜"永结欢好"，并不想过分刺激朝鲜，虽如此，野心勃勃的努尔哈赤也不会像

---

① 《朝鲜王朝宣祖实录》二十八年八月条。
② 《朝鲜王朝宣祖实录》二十八年九月条。

以前那样对朝鲜俯首帖耳了，而是一反常态，要求与朝鲜平等的地位，即所谓"两国如一国，两家如一家"。而朝鲜方面对女真人态度上的转变虽然心知肚明，却又一筹莫展，下面的事件即足以说明问题：

万历二十三年七月，努尔哈赤派人带着自己的书信到朝鲜满浦，向朝鲜"曲示礼意"，主动刷还越境采参的朝鲜人，努尔哈赤信中云：希望"两境之民毋得侵犯相害"，① 友好交往。朝鲜方面对努尔哈赤返还人口的友好举动反倒忧心忡忡。备边司在给国王的报告中说：

"北虏窥觇虚实，欲因事生变者，固非一日矣。往年欲出兵相救，而其时朝议亦虑后患，移咨辽东，请加禁绝。而今则又以刷还我民之事，先为来试浅深，而今此所送书契之辞，明有凌侮侵突之状，前头之事，极为可虑。但老（乙）可赤势力方强，若但以我国边将之言，严辞拒绝，则非徒不能禁止凶暴，后日难处之患，不可胜言"。②

《图记》于明万历二十四年初四日这天有这样一条记录：

"多之（按：努尔哈赤弟舒尔哈齐四寸兄）问我国人勇弱与否于佟羊才，佟羊才曰：'满浦宴享时列立军数，约有三四百。背负矢服，前抱弓帒，箭则羽落而无镞，弓则前拆而后裂，只为他国笑资。如此等辈，不用弓箭，只将一尺剑，可砍四五百人，但恨臂力有限'。两人相与大噱。臣曰：'我金使若欲夸示军威，当以悍兵精卒，强弓利镞，大张声势。羊才所见者不是军兵，只是在庭供给之人与禁喧军牢也'"。

如果说出于外交礼节及战略的需要，努尔哈赤在朝鲜使节面前尚能有所节制，不致太过张狂的话，他的部下则显得有些肆无忌惮了，上面这则记录就是他们当面奚落朝鲜使节的证明，事实也的确如此，在努尔哈赤迅速崛起的同时，朝鲜朝吏治却日趋腐败，且灾害频仍，民不聊生，若果真如申忠一所辩解的那样，朝鲜朝尚有"悍兵精卒，强弓利镞"的话，则他们也不用朝野上下个个担心"戍卒残弱，而不习战阵，其势不敌"了。

《图记》中有一段记载，详尽地描绘了努尔哈赤的肖像，甚可宝贵，其文略曰：

"奴酋不肥不瘦，驱干壮健，鼻直而大，面铁而长。头戴貂皮，上防耳

---

① 《朝鲜王朝宣祖实录》二十二年七月条。
② 《朝鲜王朝宣祖实录》二十二年七月条。

掩，防上钉象毛如拳许。又以银造莲花台，台上作人形。亦饰于象毛前。诸将所戴，亦一样矣。身穿五彩龙文天益，上长至膝，下长至足，皆裁剪貂皮，以为缘饰。诸将亦有穿龙文衣，缘饰则或以貂，或以豹，或以水獭，或以山鼠皮。护顶以貂皮八九令造作。腰系银入丝金带，佩帨巾、刀子、砺石、獐角一条等物。足纳鹿皮兀剌靴，或黄色，或黑色。胡俗皆剃发，只留脑后小许，上下两条，辫结以垂。口髭亦留左右十余茎，余皆镊去。奴酋出拜都督十年，龙虎将军三年云。奴酋出入，别无执器械军牢等引路。只诸将或二或四作双。奴酋骑则骑，步则步而前导，余皆或先或后而行"。

这段描述甚为生动，犹如一幅素写，给我们清晰地勾勒出了努尔哈赤的形象。而且，受中国唐代诗歌影响的痕迹隐约可见。岑参《胡笳歌送颜真卿使赴河陇》有云："君不见胡笳声最悲，紫髯绿眼胡人吹"。张说《苏摩遮》有："摩遮本出海西胡，琉璃宝眼紫髯须"句。两诗皆道出了中原人眼里的异族"胡人"形象。李白《猛虎行》有："胡雏绿眼吹玉笛，吴歌白纻飞梁尘"。戎昱《苦哉行》有："今秋官兵至，岂意遭戈铤。匈奴为先锋，长鼻黄发拳"句。申忠一所受的影响，文采倒在其次，主要的则在于思想，古代中国人由于"华夷之辨"的深在建构，往往把自己看成是正常的人类，于是尽可能地去渲染异族的不同于本族的特点。

法国学者让－马克·莫哈认为："形象学拒绝将文学形象看作是对一个先存于文本的异国的表现或一个异国现实的复制品。它将文学形象主要视为一个幻影、一种意识形态、一个乌托邦的迹象，而这些都是主观向往相异性所特有的"。① 申忠一在这里一如既往地用一个农业民族文人的眼光，用朝鲜朝强势话语给我们塑造出了一位女真族"酋长"的形象，而这一切都是以朝鲜朝为参照，在下意识之中进行的，他强调的始终是努尔哈赤身上"胡"的特征，从而无意中消解了"他者"的一些其他个性特征。虽然如此，由于其描写的客观性，我们在此依然能感受到一种粗犷、清新的气息迎面扑来，一位意气风发、精明干练、轻车简从的女真首领呼之欲出。这种审美效果的达成是由申忠一的矛盾心理决定的，更是他本人所始料不及的。

女真人这种桀骜不驯、咄咄逼人的气势从申忠一阿Q式的自欺欺人中亦可得到诠释，也是明万历二十四年初四日这天，《图记》中有这样一条记载：

---

① 孟华主编：《比较文学形象学》，北京大学出版社 2001 年版，第 24 页。

"多之问臣曰：'你国有飞将军二人云，然乎？今在哪里？'臣答曰：'非止二人，在南边者多，而来此则二人：一为碧潼郡守；一为宁远郡守。而南面倭贼，已尽驱逐，故其飞将等，近当来防于此处矣'。多之曰'吾闻能飞云，欲闻其实'。臣曰：'两手各提八十余斤长剑，驰马上下绝壁。或出入小户，略无所碍。或超过大川。或往来树梢，如履平地。或数日之程，一夜间可能往返'。多之曰：'能超过几步广川也？'臣曰：'如婆猪江则可超过矣'。多之顾其左右而吐舌"。

虽然申忠一的自我吹嘘唬得"多之顾其左右而吐舌"。但在势力日益扩张的女真人之压力下，朝鲜朝统治者不思澄清吏治，整备边防，却把保家卫国的希望寄托在"往来树梢，如履平地"的飞将军身上，可谓欺人者自欺。事实上，努尔哈赤借朝鲜使者的建州之行，一方面向朝鲜表示友好，以便赢得更多发展壮大的时间，一方面也不失时机地向朝鲜、明朝显示自己的实力。万历二十四年二月，朝鲜通事河世国陪同明将余希元到满浦，努尔哈赤听说余希元到建州王独部视察，便精心安排了一场欢迎仪式：

"余相公到王独部，则老可赤婿忽忽领骑兵二百来侯于道傍。老可赤副将领骑兵三千余名整立道下，或带弓矢，或持枪仗，步军六千余名，成三行列立。相公进迫阵前，有一骑不意高呼，骑军整立不动，而相公一行及我国人等惊惶失色，胡人拍手大笑"。①

这种欢迎方式，无疑是向朝鲜、明朝炫耀建州的实力，其桀骜不驯之状已显露无遗。

《图记》中表现女真人桀骜不驯之情状的文字尚有数处，限于篇幅，此处不一一列举。

三、《建州纪程图记》中女真人形象的现代性

朝鲜在历史上往往被中国称为"东夷"，其民"性多诡伏，言辞鄙秽，不简亲疏"。② 亦曾以汉民族眼中的"非常人"形象出现在历史舞台上，但朝鲜民族是一个善于学习的民族，他们在历史的发展进程中，不断取法中国，广泛吸收中国中原地区的文化，"以袭圣贤之风化，革洪荒之俗，为礼仪之邦"。③

---

① 《朝鲜王朝宣祖实录》二十九年二月条。
② 《北史·列传第八十二·高丽》第九十四卷。
③ 《三国史记·新罗本纪》。

早在唐代，就已经"衣冠知奉礼，忠信识尊儒"，① 一举而成"君子之国"了。这使朝鲜人对自己的民族和国家充满了自豪感。如此一来，与远远比自己落后的女真人相比，其地位自然要优越许多了。这种优越感，在一个相当长的历史阶段便成为同女真人关系中的主导意识，对女真人的蔑视与偏见也就随之而产生了。朝鲜人毫不怀疑地相信自己是文明的拥有者，而女真人则是愚蠢落后的"狗鼠之辈"，是"非常人"。从而，当女真人日益强大，开始争取同朝鲜人一样的身份并威胁到朝鲜的国家安全时，朝鲜人便开始变本加厉地诋毁、甚至打压女真人，《图记》所呈现的女真人形象正是这一历史文化背景的产物。也正是在这层意义上，《图记》所勾勒的女真人形象使我们更多地了解了朝鲜人而不是女真人，申忠一在《图记》里所流露的除了有意无意的蔑视和贬损以外，全部都是对朝鲜未来的担心和忧虑。并且，申忠一把这种情绪传染给了自己的国王，致使朝鲜国王亦惊恐万分：

"观申忠一书启，老乙可赤之势，极为非常，终必有大可忧者。今年则赖兵判运筹决策，姑得以无事矣。然安知来冬不为侵轶。今天下南北有此大贼，此天地间气化之一变者。我国介于其间，腹背受敌，所谓又疥且痔，岂不寒心"。②

此时，朝鲜朝上下也只能看着昔日的"丑类"女真人日益作大而"不能支吾矣"。

申忠一之《图记》完成后，曾请族中长者西峰申熟仁仲"题其末"，西峰所题之跋文有言："自古觇胡者，不惑其虚张猛势以为难，则必信其诈见赢形以为易。此汉使所以误高皇也，王伦所以怯高宗也。今恕甫只图其不可张不可隐之物状，录其目所见耳所闻之实情；而不言其难为之怯，不言其易为之骄，不言其必来必不来，自以为得其要领。呜呼！其自谓能得敌人要领者，鲜不祸人国家"。诚哉斯言！然而若以此意嘉许《图记》，则不甚当，西峰虽对《图记》"披而阅之"，但在此犯了同申忠一一样的先入为主的错误。不过，申忠一所追求的"实事求是"的思想在今天却仍然熠熠生辉，这也是我们研究《图记》中女真人形象的现实意义所在。在我们今天生活的这个世界上，对别一种文化的认识，断不可先入为主，以自己的价值标准评判其优劣，而应加强

---

① 《全唐诗逸卷·上》，唐玄宗：《赐新罗王》。
② 《朝鲜王朝宣祖实录》二十九年正月条。

交流与沟通，以平等、客观理性的态度慎重处之，否则"自以为得其要领"，弄不好可就要"祸人国家"了。

第四节 李民寏《建州闻见录》中的女真形象

公元1619年2月（明万历四十七年，后金天命四年，朝鲜朝光海君十一年），明朝经略杨镐四路出师，进攻努尔哈赤的都城赫图阿拉（此役史称萨尔浒之战）。朝鲜国王派姜弘立为五道都元帅，率师万余往助，时李民寏①为元帅幕僚。三月，姜弘立战败投降，李民寏被俘囚居建州。至翌年七月，获释归国。回国后，李民寏将其所见所闻，撰写成章，作为向朝鲜国王递呈之报告，是为《建州闻见录》。

一、《建州闻见录》中的女真地理形象："山高水险，罕有平旷之原，风气强劲，寒冽殊甚"

李民寏既为元帅幕僚，当然是以一个"高参"的眼光从军事角度来看待建州女真的山川形势的，他开篇便写道：

"建州之山，始于白头，自东趋西，水亦西流。奴城（按：指赫图阿拉）在两水间，颇有形势。闻数十年前，辽东遣术士相地而筑之云。奴城之水，经者片城（界藩）入于三义河（在辽河）。也老江（今浑江支流雅河）会婆猪江（今浑江），入于鸭绿江（在理山）。山高水险，罕有平旷之原，风气强劲，寒冽殊甚。自昌城至奴城四百余里，其间拜东葛岭（今坎川岭，在辽宁省桓仁县西南与宽甸县交界处）、牛毛岭（今桓仁县西牛毛大山），极高峻阻长。自满浦至奴城四百四十余里，其间有万遮岭（今吉林省集安县老岭山脉大板岭）、婆猪江。闻自满浦由率右别路抵初部落，则不踰万遮，道里平坦云。自会宁至奴城，路过长白山外，亡虑数千余里。其间人烟断绝，行者露宿屡日云"。②

---

① 李民寏（1573～1649），字而壮，号紫岩，朝鲜永川人，庚子文科及第，仁祖朝官至刑曹参判。有《紫岩集》传世。

② 《建州闻见录校释》，辽宁大学历史系1978年版，第41页。

勿庸"阐释"，李民寏笔下的建州堪称荒凉不毛之地。虽说是从军事角度相对客观地描述建州的地理形势，但也难免不带有个人的感情色彩，而这种个人的感情色彩，又恰恰是其报告之地理形势部分为荒寒的气氛所充斥的原因之一。那么这是一种什么样的"个人"感情色彩呢？要理解这个问题，我们不妨从满族人笔下的建州说起。

辽左是满族的故乡，是其祖先肇兴之地，因而这里的一草一木都令他们产生亲切的感情，他们描写这块土地的诗歌亦大多笔调明快，情绪热烈。如康熙的《渡句骊河》（即辽河）有云：

野岸春芜发，青葱一色齐。皇与连近远，地轴别东西。日送霓旌影，风催骏马蹄。山河绵带砺，回首重低迷。

用笔疏朗豪放，格调清新自然，一幅壮观奇丽的辽东风景画跃然纸上。再如鄂容安①的《登首山绝顶》云：

独上层霄望眼开，危峦峭壁出尘埃。鹰巢高寄浮云外，鸦背底翻落照回。瀛海波涛奔足下，山城林火散城隈。谁能不动沧州想，野鹤天风共往来。

诗多雄浑慷慨之气，豪宕感激，气象宏大，读来令人襟抱舒阔。意味深长的是，汉族人笔下的辽东亦苍凉凄切，与满族人格调迥异而颇类朝鲜人，他们对出关有一种莫名的畏惧。如吴伟业②《赠辽左故人》中就有"短辕一哭暮云低，雪窖冰天路惨凄"。毛奇龄③的《送出塞》则有"辽阳迁客海东头，二月严装上锦州。绝塞乱云垂地尽，寒壕泻日带冰流"。同一地域，而不同民族的描写却如此睽违，原因何在？满族人生于斯、长于斯，其情感态度自然容易理解，而朝鲜人、汉族人的情感态度恐怕还得到文化传统中去找原因。

"一方水土养一方人"，这句古语在民间流传了多少年似已无可稽考，但它却讲明了一个道理，这个道理若用文化人类学的原理来说明就是："不同地区的人类具有不同的文化，每种文化都是适应于不同的环境下谋生的需要"。④在中国古代，很早就有这种用不同的生态环境来解释不同民族及其不同文化的

---

① 鄂容安，字休如，一字虚亭，隶满洲镶蓝旗。雍正十一年进士，官至两江总督，乾隆二十年（1755）在用兵准噶尔时兵败死节，谥刚烈。有《鄂虚亭诗草》。

② 吴伟业（1609～1672），字骏公，号梅村，江苏太仓人。明崇祯四年进士，入清顺治时，官国子监祭酒，以母丧告假归里。有《梅村集》。

③ 毛奇龄（1623～1713），字大可，号西河，浙江萧山人。治经史及音韵，能散文诗词，通音律，并从事诗词的理论批评。有《西河集》。

④ 童恩正：《人类与文化》，重庆出版社2004年版，第53页。

思想。《礼记·王制》载："凡居民材，必因天地寒暖燥湿，广谷大川异制。民生其间者异俗，刚柔、轻重、迟速异齐，五味异和，器械异制，衣服异宜"。①《汉书·地理志》也讲了同样的道理，其释"风俗"云："凡民函五常之性，而其刚柔缓急，音声不同，系水土之风气，故谓之风；好恶取舍，动静亡常，随君上之情欲，故谓之俗"。这大概是有关"风俗"最早的科学解释。这种思想可能很早就传播到了朝鲜半岛，作为韩国传统思想原型的风流道或花郎道就十分强调人与自然的调和（游娱山水，无远不至②）。至少在公元七世纪，朝鲜古代文献就有了关于风俗的记载："兴德王即位九年（公元655年），太和八年，下教曰'人有上下，位有尊卑，名例不同，衣服亦异。俗渐浇薄，民竞奢华。只尚异物之珍奇，却嫌土产之鄙野。礼数失于逼僭，风俗至于陵夷。敢率旧章，以申明命，苟或故犯，国有常刑'"。③（《三国史记》"卷三十三·杂志第二"）《汉文春香传》则文学化地表达了这种思想：南原府乃"山水明丽之地，文物繁华之处，男才女色，冠于三南。是以豪荡之士、风流之客到此地而莫不脱其神；轻薄之子、儒玩之徒，入兹乡而无不迷其魂"。而这样的一种观照世界的思维方式，又是和中国古人对"天下"的认知密切联系在一起的。在古代中国知识分子看来，文化的传播只有一种方式，即由内向外，由中国向四周辐射。这也即孟子所谓的"吾闻用夏变夷者，未闻变于夷者也"。④ 宋代学者石介在《中国论》中就明确地提出："天处乎上，地处乎下，居天地之中者曰中国，居天地之偏者曰四夷。四夷外也，中国内也"。⑤ 与这种文化观念相对应，古代的中国人并没有今天意义上的世界概念，有的只是华夷天下秩序观念。凭借强大的国力和先进的文化，中国同周边各国之间建立起了一种特殊的华夷秩序，一种文化上和政治礼仪上的等级关系。周边各国以向中国朝拜进贡的方式表示对天朝帝国的向慕归化之意，中国则以册封、赏赐等方式来表示安抚之意。区别于现代宗主国与殖民地或被保护国关系的是，这种华夷秩序在很大程度上是一种文化关系，或者说是政治伦理关系。中国从中获

① 陈戌国：《礼记校注》，岳麓书社2004年版，第97页。
② 金富轼著、孙文范等校勘：《三国史记》，吉林文史出版社2003年版，第56页。
③ 同上书，第413页。
④ 金良年：《孟子译注》，"滕文公上"，上海古籍出版社2004年版，第113页。
⑤ 石介（1005～1045），字守道，一字公操。兖州奉符（今山东泰安）人，北宋初学者，世称徂徕先生。

得的实际上只是对自己天下中心地位的确认，而并无多大的实际经济利益，甚至倒贴也是有的。与此同时，作为天下之中心，中国担负着向四夷传播儒家先进文化，维护秩序的道义责任。"华夷观"还从根本上决定了中原王朝对"四夷"的态度，反映在治边理念上就是强调"夷夏之防"，其表现形式之一就是"不勤远略"，即不必费力去经营边疆的"四夷"。"华夷观"在对"夷夏"之间经济生活、道德文化优劣高下进行判定时，亦往往容易将边疆民族与中原汉族在经济方式、文化制度上存在的客观差距，归之于双方本性上的根本差别。所谓"夷狄者，与中国绝域异俗，非中和气所生，非礼义所能化，故不臣也"。① "中国戎夷五方之民，皆有性也，不可推移"② 等认识，无非是强调"四夷"为荒远之地，人不知礼义，文不逮华夏，属于"化外之民"，难以用中原的文明礼乐加以改造，不是"仁义"、"文德"所能加以教化的，且地不可耕作，得之无用。而所有这些思想，都早早地即为古代朝鲜人所接受。成书于1471年，由朝鲜人申叔舟所编的《海东诸国记》中就有这样的文字："待夷狄之道，不在乎外攘而在乎内修，不在乎边御而在乎朝廷，不在乎兵革而在乎纲纪"。③ 显然，华夷观念不仅是古代中国人，同时也是古代朝鲜人所共有的"天下观"的基础和核心。

古代朝鲜人既然已经"知文教"，"通王化"了，那么与那些尚未"知文教"，"通王化"的四夷相较，朝鲜人就自然而然地认为自己应该排除在四夷之外了，正所谓"表里山河习俗醇，地连华夏必亲仁"。④ 他们已经与"华夏"几无二致了。既然号称"小中华"，况又深染儒风，那么自然而然地也就应该像"大中华"一样，担负起向四夷传播儒家先进文化，维护秩序的道义责任。这些观念，随着时间的流逝，逐渐渗透于朝鲜人的民族文化－心理之中，并进而成为一种稳定的"深在结构"，它与"一方水土养一方人"这种表层的文化心理彼此呼应，形成一种带有强烈感情色彩的价值判断。至此，我们也就清楚了，李民寏对建州风物的描述正是这种价值判断的反映。它隐含着这样一层逻辑，即：建州这块荒凉苦寒之地，必然会形成女真人剽悍蛮勇的风

① 班固：《白虎通义》卷七，《百子全书》本，浙江人民出版社1984年版。
② 陈成国：《礼记校注》，岳麓书社2004年版，第97页。
③ 王明星：《韩国近代外交与中国（1861～1910）》，中国社会科学出版社1998年版，第2页。
④ 《奉使录》，李崇仁著。李崇仁（1347～1392）字子安，号陶隐，星州人。有《陶隐集》传世。

气。反之，剽悍蛮勇的女真人也愈加使李民寏觉出建州的荒凉苦寒。《闻见录》作者描述建州地理的的潜在意蕴在于以一种霸权话语言说自己文化上的优越。

二、《建州闻见录》中的女真人形象："习性悍勇，驰骋畋猎，乃其常事"

李民寏给国王的报告临末有云："臣万死之余，妄有所怀，谨以六条开列于左"，亦即给自己的国王提了六点整顿军备以抗衡女真的建议。其第四条言道："臣观边塞苦寒，风气强劲。所居之人，习性悍勇，驰骋畋猎，乃其常事"。应该说这是李民寏对建州女真人的一个全面的总结性的印象。《闻见录》虽篇幅不长，但作者却屡次提及女真人"习性悍勇"，即便不直接提及女真人"习性悍勇"之处，但由于作者叙事的生动，女真人的"悍勇"之气亦扑面而来："胡性能耐饥渴，行军出入，以米末少许调水而饮，六七月间，不过吃四五升。虽大风雨寒洌，达夜露处。马性则五六昼夜绝不吃草，亦能驰走。女人之执鞭驰马，不异于男。十余岁儿童，亦能佩弓箭驰逐。少有暇日，则至率妻妾畋猎为事，盖其习俗然也。凡有战斗之行，绝无粮饷军器之运转，军卒皆能自备而行。出兵之时，无不欢跃，其妻子亦皆喜乐，惟以多得财物为愿。如军卒家有奴四五人，皆争偕赴，专为抢掠财物故也。战斗则甲骑成列，冲突击射，隐伏山谷，出人不意，掩袭斯杀，乃其长技。不尚首级（者片外有一卒胡，乃奴酋之奴颇老实者。上年秋间，来见一行，详言西路天兵一阵极精勇，胡兵几不能当。而争割首级，无意力战，一胡之仆，十余骑皆下马争之，故以致败覆。），只以敢进者为功，退缩者为罪（面带枪伤者为上功。凡大小胡人之所聚，面颈带瘢者甚多，其屡经战阵可知）。有功则尝之以军兵，或奴婢牛马财物。有罪则或杀，或囚，或夺其军兵，或夺其妻妾、奴婢、财物，或贯耳，或射肋下。是以临阵有进无退云"[①]。尤为难得的是，李民寏将女真的强悍与朝鲜的疲弱进行了对比，并简单分析了个中原因，总结了一些经验性的东西，作为"备御六条"，"昧死投进"，"以备圣明采览事"。归纳起来，其"备御六条"大致有以下两方面的内容：

一："曰修筑山城"，"曰申明马政"，"曰精造军器"。属于加强战备，巩固边防的"硬件"措施；二："曰精择战士"，"曰优恤边兵"，"曰练习技

---

① 《建州闻见录校释》，辽宁大学历史系 1978 年版，第 44 页。

艺"。属于加强战备，巩固边防的"软件"措施。当然，这些举措俱是针对女真人而提出来的。

我们先来看他条陈的"硬件"措施。李民寏写道：

"臣观奴贼经历百战，长于冲突，平原易地，决不可与其争锋。而攻城之械，亦尽其巧，除非据险山城，难以防守。宜于边上要害贼兵所冲处，审择形势，据险筑城，广积粮饷，以为必守之计……奴贼之横行冲突，莫可与敌者，不过负戍马之足也……臣闻胡中之养马，罕有菽粟之喂。每以驰骋为事，俯身转膝，惟意所适，暂有卸鞍之暇，则脱鞯而放之。栏内不蔽风雨寒暑，放牧于野，必一人驱十马。马饲调习，不过如此。而上下山坂饥渴不困者，实由于顺适畜性也。我国之养马异于是，寒洌则厚被之，雨雪则必避之，日夜羁縻，长在枥下，驰骋不过三四百步。菽粟之秣，昏昼无阙，是以暂有饥渴，不堪驰步，少迁险仄，无不颠蹶。且不作骟，风逸踶啮，不顺鞭策，尤不合战阵也。今宜尽取民间雌马，入之牧场。遴选监牧之员，责其繁息雄驹之齿，不过三四岁，即驱出作骟。择其健实驰走者，尽于甲士颁给，养饲调习，务合战用。则不出十年，甲骑之盛，足可御敌也。……甲胄则不坚不密，重且龃龉。弓矢刀枪则歪弱钝弊，不堪射刺。炮统则四五放，多有毁裂者。其他诸具，皆非著实可用之物……"

再来看他的"软件"措施：

"宜令中外，勿论仕族公私贱杂类，精择健壮有财力者，尽其复户田亩之役，一切无所与，以安其妻子生业。赴防边上，厚给衣粮，足以温饱。切勿以卒隶役使之，日以驰骋击刺为习。……广设事目，召募实边，试才擢用，以慰边心。输入布絮，颁给周恤，则士兵富庶，藩地完盛，然后方可以议备边之策。……今后令武人试才，射矢驰马，必具甲胄而行之，则习之有素，而庶乎临阵贾勇也。千万幸甚"。

"对异国人形象的研究从根本上讲实际上就是对主体——他者对应关系及其各种变化形式的研究"。[①] 这里，我们不妨把李民寏的"备御六条"也看作是六组"对应关系"，"及其各种变化形式"，那么，作为女真人形象创造者的李民寏，实际上与他所创造的"他者"通过六组"对应关系"，"及其各种变化形式"完成了一次认识上的互动，他在言说女真人"悍勇"的同时，最后

---

① 孟华主编：《比较文学形象学》，北京大学出版社 2001 年版，第 5 页。

又否定了女真人，并以肯定性的态度言说了"自我"。即，女真人虽然看上去如此"悍勇"，但只要国王对他的"备御六条""不以人废言，特加睿察，下庙堂采择施行"，并"著实修举"，"则足可以御此贼矣"。

我们知道，女真人统一东北并进而逐鹿中原，主要凭借的就是"骑射"这一根本。清人震钧有言："国家创业，以弧矢威天下。故八旗以骑射为本务，而士夫家居亦以射为娱"。①《满洲源流考》亦云："我朝骑射精娴，所向无敌，列祖列宗，神勇天锡，尤亘古所未闻"。② 作为女真人的一种"武功"，"骑射"为历代满族统治者所倚重。清高宗弘历《恭瞻太宗皇帝所御弓矢》诗有云：

弓矢丈夫事，国朝更擅精。高皇曾示度，文帝善绳英。翠羽惟虔弄，朱弦孰敢抨。贞观传喻政，较比逊先声。

诗中对清太祖努尔哈赤、太宗皇太极乃至满洲八旗的弓矢骑射技艺及无往不胜的勇武给予了充分的褒扬，甚至认为唐代的贞观之治亦稍逊风骚。清仁宗颙琰的《习射》诗表达了同样的思想：

弧矢我朝重，勤修志绍先。挽强期一发，命中幸三连。故里旧基仰，前猷考训宣。亿龄守家法，绳武弼仔肩。

满族统治者如此强调骑射，为的就是保持民族优良传统，以使自己的统治能够传祚万世。清人昭梿③《啸亭杂录》"不忘本"条载：

"本朝初入关时，一时王公大臣无不弯强善射，国语纯熟。居之既久，渐染汉习，多以骄逸自安，罔有学勤弓马者。纯皇习知其弊，力为矫革，凡有射不中法者，立加斥责，或命为羽林诸贱役以辱之。凡乡、会试，必须先试弓马合格，然后许入场屋，故一时勋旧子弟莫不熟习弓马。金川、台匪之役，如明将军亮、奎将军林皆以椒房世臣用命疆场，一代武功，于斯为盛。上尝曰：'周家以稼穑开基，我国家以弧矢定天下，又何可一日废武？'"④

女真人对"骑射"的倍加推崇，与朝鲜朝的不事边备形成了鲜明对比。

① （清）震钧：《天咫偶闻》，北京古籍出版社1982年版，第12页。

② （清）阿桂等著、孙文良等点校：《满洲源流考》，辽宁民族出版社1988年版，第310页。

③ 昭梿（1776～1829），自号汲修主人，又号檀樽主人，乃清太祖努尔哈赤之次子代善后人，袭礼亲王爵，后因满洲亲贵间的互相倾轧而被削去王爵，郁郁不得志而终。其《啸亭杂录》是一部内容丰富的清代笔记，所记史事多不见于它书，颇为学者所倚重。

④ （清）昭梿：《啸亭杂录》，中华书局1980年版，第16页。

这一方面与朝鲜朝当时吏治腐败，国势倾颓有关，从文化传统上来说，亦与其习自中国的"夷夏观"具内在关联。按照现代学者对当代民族主义的研究，文化民族在其发展过程中最明显的特征不外有三：以文化认同、文化整合为核心目标；具有"推崇文化"的内涵并因之抱有强烈的文化优越感；在行为方式和价值取向上崇尚非暴力、非军事扩张。① 古代中国的夷夏观体现的正是上述思想。而这些思想在刻意模仿"天朝大国"政治的朝鲜朝统治阶级身上都有体现。

朝鲜朝的强大，北方女真的弱小，是几乎贯穿于萨尔浒之战之前的整个朝鲜朝统治阶级的基本思维。这一思维定势对于张扬民族自豪感、增强民族自信心自然是有积极意义的，但是这样的思维定势也掩盖了朝鲜朝诸多现实弊端，在这样的"社会集体想象"之下，朝鲜朝也就从未从战略的高度把北方的女真作为值得密切关注的对象认真深入地进行过研究，更不要奢谈什么整军战备，御敌于千里之外了，直到女真人经萨尔浒一战而于事实上雄起于北方，如李民寏这样怀有强烈忧患意识和高度使命感的精英知识分子才深刻地意识到了女真的崛起对朝鲜朝意味着什么。并进言献策，"冒死谨启《奴中闻见录》"，希图使朝鲜朝从自身"强大"的迷梦中醒来，励精图治，迎接来自北方的挑战。数年以后（即1625年，朝鲜朝仁祖三年），朝鲜朝"实学"思想大家李晬光鉴于"壬辰倭乱"给朝鲜朝所带来的惨祸，在向仁祖呈献的"庙胜"之计中写道：

"《淮南子》曰：用兵者必先自庙战。主孰贤？将孰能？民孰治？蓄积孰多？士卒孰精？甲兵孰利？器备孰便？故运筹庙堂之上而决胜千里之外，余谓此为庙胜也。为国者能存此言，则不待交锋，而胜负之形立矣"。②

李晬光极力反对性理学家空谈心性之说，要求执政者从"主贤、将能民治、蓄积、士卒、甲兵、器备"等六个方面作好战争准备。应该说，李晬光的"庙胜"之计，是切中朝鲜朝时弊的克敌妙策。而意味深长的是，其"庙胜"之计多有与李民寏的"备御六条"暗合之处，此间的"互文"关系虽不可详考，但若说李民寏的"备御六条"已带有"实学"思想的色彩似乎也非溢美之辞吧？

---

① 王逸舟：《当代国际政治析论》，上海人民出版社1995年版，第117页。
② 李晬光：《芝峰类说》卷三，"兵政部·征伐"。

"三国时期是朝鲜封建社会形成和初步发展的时期，虽仍存在着浓厚的奴隶制残余，但封建制度已占统治地位"。① 若依此说，则至萨尔浒之战前后，朝鲜半岛封建文化已有千余年的历史了。而当时的女真人正在向统一的民族共同体——满洲过渡，处于封建社会的早期阶段，其文化结构则是多种成分并存，呈现出一种开放的、兼容并包的态势。物质文化结构中占主导地位的是农业，它构成满族社会封建性质的根基，采集狩猎经济及其相应的八旗制度，将分散的女真人组成一只强大的军队。精神文化则表现为对儒、释、道的兼收并崇。满族形成时期文化结构上的这种开放品格，正是其日益走向强大的原因之一。而与当时的女真人相比，朝鲜朝则在文化上表现出对女真人的蔑视和排斥。朝鲜朝统治阶级正是为儒家正统思想所囿，出于"非我族类，其心必异"的狭隘考虑，才在文化上始终将女真人拒之于门外，从而错失了在与异族的文化交锋中调适本民族文化的契机。

第五节　咸境道朝鲜民族传说中的满族人形象

据《辞海》"传说"条：传说"指民间长期流传下来的对过去事迹的记述和评价。有的以特定历史事件为基础，有的纯属幻想的产物，在一定程度上反映了人民群众的要求和愿望。古代历史、民歌、民间故事中多有记载"。②

韩国的"传说"概念与中国大同小异。

韩国的口碑文学形成于韩民族的漫长历史发展过程并流传至今，其内容非常丰富。如果说汉字文学是知识阶层的文学，那么口碑文学则是无法学习汉字的平民大众之文学，因此，它是一种大众文化。

"据推测，三国时期以后，随着国家体制的逐渐完备和农耕生活的正式开始，说话、民谣、巫歌等形式的口碑文学也在乡村逐渐形成、流传起来"。③在朝鲜朝时期，世宗大王创制了训民正音以后，韩国口碑文学的形态才最终固定下来。这一时期，许多说话资料被译成汉文载入有关文献而得以保存。这些资料中的故事主要是源于历史事件的经验教训，其中关于李成桂创业的故事以

①　朴真奭等：《朝鲜简史》，延边大学出版社1998年版，第47页。

②　《辞海》，上海辞书出版社1989年版缩印本，第242页。

③　赵东一等著、周彪等译：《韩国文学论纲》，北京大学出版社2003年版，第25页。

及政变、士祸、战乱等故事占据了这些保存资料的主要部分，而这"主要部分"里面就包含了相当丰富的关于满族人的民间传说。这些民间传说一般被称为野史，它们一旦被编撰成说话集之后，在流传的过程中又不断补充新的故事，不断得到修订重刊。这样到了朝鲜朝后期，数量已经相当之多，内容亦变得更加丰富。遗憾的是，这些民间传说大多无法准确认定起始年代及故事叙述者，因此难以全面了解当时口碑文学的真实状况。

说话、民谣、巫歌是韩国口碑文学最富代表性的三种形态。按照韩国学者徐大锡的分类，说话又分为神话、传说、民谭三部分。其中的传说"是指那些被认为是历史事实的故事"。① 徐大锡又将传说分为全国性传说与地方性传说；人物传说与事物传说等。依韩国学者的分类，则咸境北道朝鲜民族当中沉传的关于满族人的传说则既属地方性传说，亦属人物传说。

中韩两国关于"传说"的定义应该说都是一个广义的概念。日本民俗学者柳田国南在其《传说论》一书中，将民间口头传承文学中的传说作为一种独立的文学体裁进行了研究，并对狭义的"传说"概念进行了探讨。他首先认为传说具有可信性，"传说的要点，在于有人相信。另一个无可争辩的特点，是随着时间的演进，相信它的人就越来越少"。② 其次，传说具有可以阐释和说明的特性。再次，传说在叙述上比较自由且具有可变性。最后，传说将逐渐与历史远离。

我们在考察咸境道朝鲜民族传说中的满族人形象时，亦将借鉴日本学者的观点，关注这些民间传说与文学文本、历史文本间的互动。

一、人类形象：咸境道朝鲜民族传说中的努尔哈赤

韩国著名学者任晳宰教授在其《韩国口传说话·咸镜北道篇》一书中，收录了居住于咸镜北道庆源郡龙德面龙香洞的蔡锡官老人讲述的《清太祖传说》。这一传说广泛流行于朝鲜咸镜北道的会宁、庆源两郡及吉林省延边朝鲜族自治州之龙井市的三合镇一带等图们江沿岸地区。据蔡锡官老人讲，《清太祖传说》是他十二三岁时在会宁上普通中学时听到的故事：

朝鲜会宁图们江畔一个山村里有个李座首③。他有个早到婚龄却一直待字

---

① 赵东一等著、周彪等译：《韩国文学论纲》，北京大学出版社 2003 年版，第 33 页。
② （日）柳田国南著、连湘译：《传说论》，中国民间文艺出版社 1985 年版，第 9 页。
③ "座首"，朝鲜时代州府郡县辅佐地方长官的首席顾问官。

闺中的宝贝女儿，不料想这女儿却莫名其妙地未婚而有孕了。得知此事，父母大怒，对女儿严加讯问。女儿回答父母说，每天半夜都有一个男人来到自己房里睡觉，清晨就离开了。父母为了知道这个怪汉是谁，就用针穿上一根蚕丝线，让女儿夜里趁那怪汉不备将针别在他的衣服上。第二天早晨，天刚一放亮，李座首就带人捋着蚕丝线向前寻找，找着找着，发现蚕丝线过江进了汗城子山，最后扎进了山中古城的池塘。众人将池塘淘干后，发现一只身上插有蚕丝针线的水獭伏在池底。众人七手八脚将之打死后就回家了，从此晚上再也没有出现过以前那种怪事。不过，李座首的女儿没过多久就生下个男孩。

这个孩子的头发和眼珠以及肤色都有些红中泛黄，所以又叫努尔哈赤（按，在朝鲜语中，努尔哈赤（누르하치）的前两个音节正与"黄"（누르다）的词根相同）。此子水性奇绝，在水里一口气可以游一二十里，在水底下一待就是几个时辰。有一天，村里来了个风水先生，见这孩子擅潜水，就对他说：东海深处有座岩石山，那儿水势大，山岩陡，没人能上得去，不过那岩石山却是块风水宝地，你能游到那儿去吗？努尔哈赤二话没说，一拍胸脯说：能。风水先生又说，那岩石山有两个角，左边出天子，右边出王侯，我把我父亲的骸骨给你，你把他挂在左边吧。实际上右边出天子，左边出王侯。但风水先生怕自己说了实话，这家伙会倒过来挂，因此故意反着说。努尔哈赤呢，背着风水先生父亲和自己父亲的骸骨到了那岩石山，就照风水先生说的那样，左边挂了风水先生父亲的骸骨，右边挂了自己父亲的骸骨。待其回来后，风水先生问努尔哈赤是如何挂的，努尔哈赤就说，照您的意思，左边挂了您大人的骸骨，右边挂了我父亲的骸骨。风水先生不禁长叹一声道：这都是天意啊！说完，就不知去向了。

努尔哈赤长到二十岁左右，与一女子结婚，生了三兄弟，三兄弟皆人材出众，而尤以老三出类拔萃。老三白天夜里总是闭着眼睛，因为他一睁眼，精芒四射，别人就会晕倒，即使闭着眼，对一切也是洞若观火。那阵子，会宁某地一口井里有条大蛇，人们都吓得要命，不敢近前。当时有个叫郑忠信的人被派到咸镜道当兵使，他平定过李适动乱，也算个人物。听说井里有条大蛇，就前去察看，原来井里是口长剑，这剑在俗人眼里是蛇，但在郑忠信这样的大人物眼里则是宝剑，取出来一看，上刻"天子剑"三个字，郑忠信想到这可能是将来要成为天子的人才能拥有的宝物，他知道自己不是当天子的料，就到处去寻访将来有可能成为天子的人，后来，找个见多识广的人一问，说努尔哈赤家的老三挺像回事儿，郑忠信就去了努尔哈赤家，一看老大长得挺好也挺聪明，但看上去不像天子，老二看上去长得也不错，人也机灵，但气派也不足以成为天子，老三倒是最英俊，听说也最聪明，可光闭着眼干坐着，来人连个招呼也不打。郑忠信心想，我好歹也是朝鲜国的兵使，这老三也太放肆了，怎么能这么对待兵使大人呢！没想到，老三突然一睁眼，说：放肆！你不是来交天子剑的吗？还不赶紧呈上来，哪来那么多废话？这老三一睁眼，眼神赛过老虎，电光四射，嗓门儿也大得跟打雷似的，吓得郑忠信赶紧交出天子剑，落荒而逃。就是这个老三，仗着天子剑，打败了明朝，建立了大清国，成为后来的清太祖了。① （按，原文系韩文）

这则传说在民间文学里是个非常典型的"夜来者" ＋ "天子地" ＋ "天子剑"的"复合型"故事，这种"复合型"故事，所见不多，一般都流传于历史上曾经发生过民族间征战的边境地区，而此篇情节非常完整，实属难得。朝鲜半岛并不是此类故事的发源之地，著名民俗学家金东勋先生认为，"夜来者型故事的发生地是黄河以北的汾河、桑干河流域即山西省临汾、太原、广陵一带。这个故事通过水陆交通在中国本土乃至东亚各国得以传播，东至浙江、朝鲜和日本，南至越南，东北至中朝边境，西北至蒙古直至中亚。在传播过程中又受游牧民族和农耕民族的两种不同文化价值观的影响而产生了变异"。②《清太祖传说》充分地体现了传说在叙述上比较自由且具有可变性的特点，它在叙事模式上借用了"夜来者型"、"天子地型"、"天子剑型"故事的叙事框架，加入了全新的人物，并以一个农耕民族的价值观对故事的主人公做了带有朝鲜民族色彩的演绎。朝鲜和韩国一般将此类"夜来者型"传说称之为"甄萱型"传说，早在十三世纪，一然所著之《三国遗事》里面就记载了出现于十世纪的《后百济王甄萱》传说：

"昔一富人居光州北村。有一女子，容貌端正。谓父曰：每有一紫衣男到寝交婚。父谓曰：汝以长丝贯针刺其衣。从之，至明寻丝于北墙下，针刺于大蚯蚓之腰。后因妊生一男，年十五自称甄萱"。③

可见，"夜来者型故事的早期形态是氏族族长的出生传说，创作的目的在于将氏族的首领神格化，赋予氏族英雄以一种灵性"。④ 流传于咸境北道的

---

① （韩）任哲宰：《任哲宰全集》卷四，《韩国口传说话·咸镜北道篇》，平民社1989年版。
② 金东勋：《朝汉民间故事比较研究》，辽宁民族出版社2001年版，第146页。
③ 转引自金东勋：《朝汉民间故事比较研究》，辽宁民族出版社2001年版，第130页。
④ 金东勋：《朝汉民间故事比较研究》，辽宁民族出版社2001年版，第137页。

《清太祖传说》就是根据早期的氏族族长传说敷衍出来的。这则传说在敷衍成篇的过程中，保持了早期的氏族族长出生传说赋予氏族英雄以一种灵性的价值取向，将努尔哈赤及其三子都塑造成了正面形象。努尔哈赤出身不凡，身怀绝技，为人诚实正直。三个儿子都仪表堂堂，人材出众。老三更是天禀异质，超凡拔俗。与之相反，传说中的风水先生与兵使郑忠信却成了烘托努尔哈赤父子形象的带有负面色彩的形象。他们一个心怀诡计，到头来聪明反被聪明误。一个狐假虎威，自以为是，最后落得个落荒而逃。至于传说中将水獭说成是满族人的祖先，亦不具备负面因素。据《长白汇征录》："獭状如犬，颈长似马，四足俱短，头与尾皆褐色，若紫帛，然大者自头至尾长三尺余。有山獭、水獭、海獭数种。《正字通》① 云：山獭性淫毒，山中有此，牝兽皆避去。又海獭生海中，毛入水不濡。李时珍云：今人取其毛为风领，亚于貂。水獭生溪边，食鱼，居水中，亦休木上。王氏《字说》云：水獭于正月十月两祭鱼，一说谓獭取鱼以祭天也，皆报本反始之意。长白所产无多，有山獭水獭否之分，二种皆不多觏"。② 应该说，从长白山地方志关于水獭的描述中，看不出任何负面的成分。至于流传于越南及我国江苏灌云一带的丁部领及宋太祖出生传说更是将丁部领及宋太祖之父传为水獭，同样不具有负面色彩。

《能出天子和国王的风水宝地》亦是流传于咸境北道的一则民间传说，其情节仅为《清太祖传说》之一部分，即"天子地"部分，属于"基本型"民间故事，在感情倾向上亦与《清太祖传说》类似。所不同的是，《清太祖说》里面的"风水先生"变成了朝鲜朝的开国者李成桂之先祖，传说的最后，讲述者以道德训诫的形式，直接阐明了自己的褒贬。这则传说的讲述者同样是咸镜北道庆源郡龙德面龙香洞的蔡锡官老人：

东海深处有一座巨岩，这座巨岩是块既出天子又出王侯的风水宝地。李成桂的祖上首先发现了这个地方，可是因为风浪巨大，岩石又陡，即便到了那儿，也无法上去。于是，李成桂的祖上就四处找人，找来找去，找到会宁，发现有一个头发红黄、皮肤红黄、眼睛红黄因而叫做努尔哈赤的孩子水性特别好，在水里待上好几个时辰也没事儿。李成桂的祖上就对那孩子说，东海深处有一座石山，左边葬人能出天子，右边葬人能出国王，如果把我们两家的祖先

① 《正字通》，凡十二卷，明末张自烈撰，收字三万三千余，仿《字汇》体例加以增订而成。
② 李树田主编：《长白汇征录》，吉林文史出版社 1987 年版，第 151 页。

都葬在那儿，那我们两家就会出天子、国王，不过那儿风高浪大，山岩也陡，你有办法吗？努尔哈赤答应去试一试。李成桂的祖上于是让努尔哈赤带上自己先人的骸骨和努尔哈赤父亲的骸骨到了东海。其实，李成桂的祖上对努尔哈赤撒了谎，实际上是葬在右边出天子，葬在左边出国王，李成桂的祖上担心对努尔哈赤说了实话，努尔哈赤会倒过来安葬。努尔哈赤背着两家先人的骸骨，泅水到了岩山。他想：我历尽辛苦到了这儿，是有功劳，但到底是人家老李家先知道的这块风水宝地，他的功劳比我大，功劳大的李家后代理应更得势，更兴旺发达，所以应该把老李家的先人葬在出天子的地方，我爹就葬在出国王的地方吧，我的子孙后代里能出国王也是我们家的大福啊！这样想着，就把李成桂的先人葬在了左边，而将自己的父亲葬在了右边。回来后，李成桂的祖上问他是怎么葬的，努尔哈赤回答说，因为左边出天子，所以把您大人的先人葬在左边了，把我父亲葬在右边了。李成桂的祖上长叹一声道：这都是天意啊，从此不知去向。

这个故事有个道德教训在里头：努尔哈赤因为心眼儿好，为人正，所以能把祖上葬在出天子的风水宝地，其子孙后代也果真成了天子。而李成桂的祖上因为不正派，骗了人，所以好不容易打探到的风水宝地也只能拱手让给别人，最后做个国王了事儿。这不就是道德教训吗？[①]（按，原文系韩文）

《清太祖传说》与《能出天子和国王的风水宝地》存在明显的互文关系。后者是对前者的改写，努尔哈赤在安葬两家先人时的心理描写是前者所没有的，正是这部分心理描写，更加突出了努尔哈赤诚实正直、乐天知命的一面。传说的最后，故事叙述者以仲裁者的身份确认了努尔哈赤"心眼儿好，为人正"的品格，劝诫后人不要像李成桂祖上那样工于心计，撒谎骗人，以免落得个聪明自误的结局。

《清太祖传说》与《能出天子和国王的风水宝地》民间传说色彩浓郁，叙述上比较随意，因而常出现一些常识性错误，不过这也正体现了传说的可变性特点。如果从形象学的角度考察，则两篇传说在塑造努尔哈赤及其家人形象时之价值取向是相同的，即它们都将努尔哈赤塑造成了与朝鲜朝主流意识形态相左的理想化形象。

---

　　① （韩）任哲宰：《任哲宰全集》卷四，《韩国口传说话·咸镜北道篇》，平民社1989年版，第32页。

《善射手》亦是流传于咸境北道的一则出现满族人形象的民间传说。它在价值取向上对满族人的态度亦是友好的：

在庆源郡的豆满江边有一座叫做龙堂的山城，李成桂的祖父穆祖就生活在这里。穆祖当时是蒙古城主，李成桂称王后，为表示纪念，就在此地建造房舍，还立了石碑，挂起了"天作龙堂"的匾额。

据传说，穆祖射艺绝伦，当时住在江对面的女真人里有一个叫朴达川的，也是射箭的好手，两个人的技艺不相上下。有一天，出过这么一码子事儿。江对面姓朴的女真人看见穆祖的夫人顶着水罐儿在路上走，就一箭射过去，在水罐上穿了一个洞，再一箭射过去，用粘泥把洞堵上，可穆祖的夫人还浑然不知呢！穆祖听说后，也想让女真人知道自己的手段，就趁朴达川的母亲在对岸顶着水罐走在路上时，依照朴的射法露了一手儿。① （按，原文系韩文）

在图们江沿岸的咸境北道六镇和中国延边地区的朝鲜民族传说中占据很大比重的是关于朝鲜王朝的开国者李成桂的传说，《善射手》即是其中之一。这些传说中出现的女真人形象，往往也没有朝鲜朝主流意识形态赋予女真人的负面色彩。在咸境南道北青、咸境北道明川等地流传的《李成桂和佟道兰》里面也出现了女真人形象，中国著名朝鲜族作家许海龙先生还根据这一传说创作了中篇小说《李成桂》。小说中出现的佟道兰的原型是丽末鲜初的将军、朝鲜王朝的开国元勋、年轻时代即同李成桂义结金兰的女真人李之兰（1331～1402）。李之兰本姓佟，原名古论豆兰帖木儿。② 帖木儿乃其蒙古名，当时女真人多半都将此名附于名后。据《高丽史·恭让王世家》："李豆兰，初名豆兰帖木儿，女直金牌千户阿罗不花之子，袭世职为千户。恭愍王时豆兰遣其百户甫介，以一百户来投，仍居北青州，事我太祖，属麾下"。③ 在许海龙先生的中篇小说《李成桂》中，女真人出身的将军佟道兰是李成桂的左膀右臂，他忠勇善战，为李成桂开国立下赫赫军功。但他后来对李成桂日益膨胀的权力欲颇感失望，于是急流勇退，毫无留恋地弃官归隐，回乡过起了耕云钓月的日子。

二、兽类形象：咸境北道图们江沿岸地区朝鲜民族传说中的女真观

在朝鲜咸境北道庆源郡、镜城郡广为流传的《奥琅开》等民间传说则表

① （韩）任晳宰：《任晳宰全集》卷四，《韩国口传说话·咸镜北道篇》，平民社1989年版。
② 金宽雄：《图们江沿岸朝鲜民族传说中的满族形象》，《东疆学刊》2003年第1期，第19页。
③ 《高丽史·恭让王世家》，转引自吴晗：《朝鲜李朝实录中的中国史料》，中华书局1980年版，第103页。

现了与朝鲜朝主流意识形态相一致的女真观：

图们江畔有一只长着五睾丸的奥琅犬，侵犯了到江边洗衣服的姑娘。姑娘因此怀孕，十个月后生下一个黄头发的孩子，到了北方成为始祖，其子孙由奥琅犬改称奥琅开。①

李民寏《建州闻见录》亦云：

"犬则胡俗以为始祖，切不宰杀，我国人有挟狗皮者，大恶之云"。②

著名文化学者金宽雄教授认为：朝鲜人编造这种带有侮辱性的故事，同满族的部分民俗有一定的关系。

对女真人而言，狩猎是非常重要的生产生活行为，而狗则是他们狩猎活动中不可或缺的帮手，狗更是他们战胜严酷的自然环境而得以生存下来的朋友，因此，狗对于满族先民来说，真可以说是他们家庭成员的一部分。朝鲜人对于满族人同狗的亲密关系，始终怀抱一种诧异的态度：

"有从胡二人各牵狗而至于汗前，汗亲自割肉投之"。③

"杯行二巡而罢。其左右之人，进退无礼，杯盘之间，猎犬相杂，至升平床争食盘中之物，而莫之知逐，此所以为胡者也"。④

"狗大者如驹，能获獐鹿，小者如猫，尤为轻趫。胡人最重狗，人与狗同宿一炕，甚至共被而卧。路中有一胡人家，甚华侈，壁张彩画，炕铺红毡，而狗乃遊行其上，见之可丑，又于领赏日见狗与胡人相错于班中，尤可骇也"。⑤

不唯朝鲜人，内地汉族人亦对满族人与狗的亲密关系表现出极大的关注，清人赵翼《簷曝杂记》之"犬毙虎"条云：

"虎食犬，常也，独围场中犬能毙虎。其犬锐喙高足，身细而长，望之如蛇之四足者。侍卫逐虎不能及，则嗾犬突而前。嗾必三犬，虎方奔不暇回噬。一犬前啮其后足，虎挣而脱；一犬又噬其一足，虎又一挣；两挣之间，一犬从后直啮其额，而虎倒矣。然犬恃人为威，非有人嗾之不敢也"。⑥

至于后来广为流传的努尔哈赤在猎犬的帮助下脱险逃生的满族民间传说，

① 韩国精神文化研究院：《韩国民族文化大百科辞典》，第 854 页。

② 《建州闻见录校释》，辽宁大学历史系 1978 年版，第 43 页。

③ 吴晗：《朝鲜李朝实录中的中国史料》，中华书局 1980 年版，第 3597 页。

④ 赵庆男：《乱中杂录》，转引自潘喆等编《清入关前史料选辑·三》，中国人民大学出版社 1985 年版，第 337 页。

⑤ 李宜显：《庚子燕行杂识》，韩国民族文化促进会 1989 年版，第 31 页。

⑥ （清）赵翼：《簷曝杂记》，中华书局 1982 年版，第 14 页。

更为满族与狗的关系增添了传奇色彩。

金宽雄教授进一步认为，朝鲜人编造如《奥琅开》这样的民间传说，并广为流传还有更为重要的原因：

从十五世纪以后开始，在朝鲜西部地方（平安道）和东北部地方，朝鲜人和女真人开始全面接触。此时，女真人正处在由野蛮迈进文明门槛的时期，从生产方式、政治制度、社会制度，直到思想文化体系，女真人都处于比朝鲜人低级的阶段。由于这个原因，朝鲜人对自己的农耕文明怀抱着巨大的优越感，同时对周边地区的游牧民族、狩猎民族及半游猎半农耕民族怀有复杂的感情和心理。

首先，以"礼仪之邦"和"文明之国"自居的朝鲜人将女真人视为"非我族类，其心必异"的"犬豕之辈"。认为最好将他们赶尽杀绝，即便不使用雷霆手段，亦应当采取断然之措施，禁止"异种之类""男婚女嫁，滋蔓于我疆"。[1] 朝鲜朝的封建统治者们沿袭了"自古帝王待夷狄之道"的僵化模式，要求女真部族对自己"不废事大之礼"。因此，在相当长的一段历史时期内，朝鲜朝在对待女真人问题上采取了戏弄与打压并行的双重手段。直至努尔哈赤统一女真诸部以前，女真人都将朝鲜王朝奉为"小天朝"，并向其缴纳贡物，受其赐封。

正是因为朝鲜人的女真观是建立在这种文化上的优越感之基础上的，所以才会产生蔑视女真人的《奥琅开》等民间传说。

其次，"从历史上看，能够对朝鲜农耕文明的生产体系和生活方式构成直接威胁的正是女真人这样处于落后文明阶段的狩猎民族或游牧民族，朝鲜人始终无法掩饰对他们的恐惧心理"。[2] 从朝鲜王朝立国之初开始，其西北方面和东北方面便一直受到女真人无休无止的骚扰和寇抄。尤其是十七世纪初叶前后，随着努尔哈赤的崛起，朝鲜朝屡屡蒙受国耻。朝鲜朝对女真人等狩猎民族或游猎民族就是这样，一方面带着蔑视的文化沙文主义的感情和态度，一方面又像惧怕虎狼一样对他们心怀恐惧。朝鲜人对女真人的这种双重的矛盾心理，在朝鲜朝的文学文本、历史文本、民间传说中皆多有体现，此处不再赘言。

《奥琅开》等民间传说表现了朝鲜人对崛起于"文明的偏见"之下的女真

---

① 黄枝连：《天朝礼治体系研究》下卷，中国人民大学出版社1995年版，第25页。

② 金宽雄：《图们江沿岸朝鲜民族传说中的满族形象》，《东疆学刊》2003年第1期，第20页。

人的挑战所做出的错误反应。之所以会这样，主要是因为朝鲜人继承了中国中原汉族文化中所谓"非我族类，其心必异"的"华夷之辨"思想，坚持所谓的"小中华主义"观念，将努尔哈赤为代表的女真人视为"夷狄禽兽"，以至于在相当长的一段历史阶段内不能对女真人及其后裔满族人拥有一个正确的认知。从而导致本民族之实际利益受到了相当沉重的损害。

"实际上，从人种学的角度看，女真人和朝鲜人关系最近，在历史上也有很多关联。女真人对朝鲜人而言，并不是'非我族类'，从根本上说属于同一族属，只是在文化上暂时落后而已"。①

三、被官方文化拒之于门外的"另一个"努尔哈赤

《清太祖传说》与《能出天子和国王的风水宝地》给我们描述了一个诚实正直而又乐天知命的努尔哈赤，相对于朝鲜朝官方定义中的努尔哈赤，他实在是主流意识形态之外的一个"另类"。那么，这"另一个"努尔哈赤形象是如何产生的，又为什么被放逐于主流文学与历史文本之外呢？

"实际上，努尔哈赤的六世祖猛哥帖木儿不仅接受了明朝的官爵，而且还被朝鲜王朝太祖李成桂封为万户，世祖又晋升他为上将军。明朝宣宗宣德八年（1433 年），猛哥帖木儿和他的儿子阿古遭到别的女真部落七姓野人的杀害。侥幸存活的另一个儿子董山和弟弟凡察带着卫印流亡朝鲜。可见，努尔哈赤的祖先和李成桂的关系非常密切"。②

努尔哈赤的祖先和李成桂之间的密切关系无疑为民间传说塑造努尔哈赤及满族先人形象时留下了正面的阐释空间。

不仅如此，就在朝鲜朝统治者们痛骂女真人是"犬羊之辈"、是"蕞尔凶丑"，最好能将他们赶尽杀绝时，在广大的民间，竟然还有为数不少的朝鲜人，置官方"以明华夷之不杂"的告诫于不顾，无所畏惧地同这些官方视野中的"野胡"打着交道。有的"边氓"被掠入"胡地"后，或由朝鲜政府赎回，或由政府施压给"胡人"迫使他们放还。但这些"边氓"往往没过多久，就又逃回了"胡地"。中宗二十三年（1528 年）四月壬戌，侍读官黄恬奏曰：

"两界边氓，徭役太重，相率流移，入于胡地。以此边民日渐残弊"。③

---

① 金宽雄：《图们江沿岸朝鲜民族传说中的满族形象》，《东疆学刊》2003 年第 1 期，第 21 页。

② 同上刊，第 19 页。

③ 吴晗：《朝鲜李朝实录中的中国史料》，中华书局 1980 年版，第 1121 页。

咸境南道节度使崔洪汉更是指出"彼道人民"居然多有"视胡人与父母无异"者：

"彼道人民……视胡人与父母无异，有无相资。其心以为：与其受吾地之苦，宁作彼地之人。彼地则衣食裕足，可以安居。率其族属而渐次入归，何有如彼事乎？"①

官方立场以及统治阶级的意识形态对于普通朝鲜百姓来说，毕竟是很遥远的东西，对于他们来说，生存或更好地生存才是第一要务。为了逃避沉重的"残刑苛敛"，他们宁愿投入"蛮荒之地"，宁愿投靠那些"阴怀毒心"的"狗鼠之辈"，以求实实在在的生存与发展，而不愿意挣扎在死亡线上奢谈什么"华夷之辨"。对于边界地区双方人民频繁往来的情况，朝廷官员李之芳亦云：

"两界之民，非徒流入。彼人皆居于城底，故我国人民因年歉饥寒，率多佣役于胡家，朝夕之供，专赖于胡人。虽么小之物，必往来买卖，如此不已，则不无男婚女嫁之弊也"。②

宣祖三十四年（1601年）十月，努尔哈赤因境内天灾，农作物歉收，曾经派人向朝鲜当局请求援助：

"时西方失稔，房地尤甚。老酋遣人来言于满浦曰：'我境年凶如此，明春难以生活，闻朝鲜多有蓄积云，幸相赈救'云云"。③

可见，对于边界地区杂处混居的两国人民来说，谁也离不开谁。在官方的文学、历史文本中被描述成"蕞尔凶丑"的女真人，对于最普通的朝鲜百姓来说，不过是他们江对岸的邻居，往来贸易的合作伙伴，耕作休息之余可以抽袋烟聊聊家常的朋友，甚至是儿女亲家。

对于那些"被虏军民"来说，跟那些"变诈百出"的"凶丑之徒"生活在一起，还不至于像统治阶级所说的那样，"身出礼仪之邦，而作蛮夷之隶，甚为痛惋"。而且，他们也不一定急于脱离"贼穴"，重新回归所谓"文明世界"。所有这一切的背后，生存和发展固然是首要的原因，但长期的杂处混居，使他们加深了对彼此的了解，消除了彼此间的民族隔阂，也是他们能够和

---

① 吴晗：《朝鲜李朝实录中的中国史料》，中华书局1980年版，第1121页。
② 同上书，第1121页。
③ 同上书，第2683页。

平共处的主要原因之一。正因如此，也就有了图们江沿岸地区朝鲜民族传说中的"另一个"努尔哈赤形象的诞生。

但是，建立在小农生产体系之上的朝鲜王朝是不能够采取主动，以开放的胸襟把一个非农耕文明的民族纳入到自己的礼治主义体系之内的。盖缘于此，由统治阶级控制的官方文本自然也就不会接纳一个"悖礼"的努尔哈赤，虽然他也有"诚实正直"的一面。

在阶级社会中，官方的真理是唯一的真理，在意识形态领域更是一元化的，它只允许有一种权威、一种声音，因此，官方的真理绝对是排他的。"官方的真理永远是以绝对权威的姿态和无可争议的姿态出现，其目的就是力图使现有的制度和秩序神圣化和稳固化"。①

官方真理使思想陷入单调、停滞和僵化之中，"它肯定整个现有的世界秩序，即现有的等级、现有的宗教、政治和道德价值、规范、禁令的固定性和永恒性"。② 官方的真理反对事物的相对性和双重性，认为任何事物都是绝对的和极端的。官方真理这种循规蹈矩的官腔，这种仇视更替和更新的教条，归根结底还是为了维护现存制度和秩序的合理合法性。

在朝鲜朝官方真理的控制之下，来自民间草野的"另一个"努尔哈赤自然无法进入表达统治阶级意识形态的文学、历史文本，这"另一个"努尔哈赤的声音是如此地微弱，它最终也只能淹没在一片"真理"的海洋之中。"另一个"努尔哈赤既然无法进入文本，当然也就更毋庸谈他的掌握想象的领导权以及引领朝鲜人的"社会集体想象"了。

令人欣慰的是，在朝鲜朝主流文本将努尔哈赤及满族人描述成十恶不赦的"蕞尔凶丑"的同时，始终有一种来自民间的声音，这个声音传达给我们一个"别样"的努尔哈赤和满族人，并提醒我们："生活中一切全是对话"，"单一的声音，什么也结束不了，什么也解决不了。两个声音才是生命的最低条件，生存的最低条件"。③

---

① 程正民：《巴赫金的文化诗学》，北京师范大学出版社 2001 年版，第 151 页。

② 《巴赫金全集》卷六，河北教育出版社 1998 年版，第 11 页。

③ 巴赫金著、白春仁等译：《陀思妥耶夫斯基诗学问题》，三联书店 1988 年版，第 344 页。

第二章

十七世纪朝鲜朝语境中的满洲族形象

第一节　十七世纪朝鲜朝与清朝（后金）关系的一般状况

十七世纪朝鲜朝与清朝的关系可分为满族人入关前后两个阶段。

一、满族人入关前与朝鲜朝之关系

1616 年正月（明万历四十四年，朝鲜朝光海君八年），努尔哈赤正式建立国家政权，国号"后金"，自称为汗。女真建立后金，在事实上结束了对明朝的臣属关系，明朝一面在辽东集结兵力，筹措粮秣，一面联络朝鲜，欲合两国之力战胜后金。

1619 年 3 月，中朝联军开始进攻后金。努尔哈赤采取"凭尔几路来，我只一路去"的战略战术，集中优势兵力，将中朝联军各个击破。史称此役为"萨尔浒之战"。"萨尔浒之战"无疑是满族与朝鲜朝关系的转折点。此役后金大获全胜，为女真人尽领东北，进而叩关问鼎中原奠定了坚实的基础。朝鲜则彻底失去了对女真的控制权，双方的地位发生了根本性的变化，朝鲜不得不公开承认后金的独立地位。1621 年，努尔哈赤迁都辽阳，4 年后（1625 年），又迁沈阳，并改沈阳为盛京，从此女真开始建立完善的封建政权及政治制度，并以新的封建王朝的身份与朝鲜往来，试图削弱并最终取代明王朝的宗主国地位。

女真在东北既确立了其独立地位，遂谋求进取中原。为集中精力对付明朝，亟需朝鲜、蒙古等转变对明朝的态度，解除其与明朝的宗藩关系，转而归附自己。但后金统治集团亦十分清楚，与明朝关系至为密切的朝鲜决不会轻易就范，为达目的，只有诉诸武力。早在萨尔浒战役后，努尔哈赤即谋划攻朝之事，因顾忌两线作战，又兼有大臣反对而未果。

1627 年（后金天聪元年），皇太极即位伊始即决定攻伐朝鲜。是年为干支丁卯，朝鲜方面称这次战乱为"丁卯虏乱"。后金军在朝鲜降将姜弘立、叛臣韩润等人引导下，势如破竹，迅速逼近京都。仁祖只好率大小臣僚匆匆避入江华岛，同时派出使臣赴后金统帅阿敏驻地求和。阿敏遂提出朝鲜朝断绝与明朝之关系，以王弟入质后金，岁岁进贡等和谈条件。无奈之下，仁祖被迫屈服，与后金签订了屈辱的"江都之盟"，从此与后金结为"兄弟之国"。

"丁卯战争"使朝鲜这个文化底蕴深厚而不事武功的民族蒙受了巨大的屈辱和苦难。成为朝鲜朝文人学者描述满族人形象时带有强烈负面色彩的原因之一。

"天聪盟誓"后，朝鲜朝仍坚持与明朝以君臣往来。在朝鲜看来，"事人交邦，自有其道"。朝鲜与后金所结，只是兄弟之盟，两国关系，仅为邻邦。不可与朝鲜与明朝的君臣之分等同。即使在后金的武力胁迫之下，朝鲜朝不得不以屈就入贡换取和平，但对明朝的诚信忠顺却始终未有改变。这一方面是传统儒家的"事大主义"在起作用，另一方面亦说明在朝鲜人的心目中，依然对明朝抱有幻想，相信明朝早晚会扭转颓势，再度强盛。

1632 年以后，朝鲜与后金的关系进入了短暂的、较为平和稳定的时期，贸易往来成为这一时期两国关系的主线。以皇太极为首的后金统治集团表面上视朝鲜为兄弟之国，但实际上却从经济上加紧了对朝鲜的压迫与勒索。因此，尽管这一时期双方关系有所缓和，但对后金的大量入贡已经使朝鲜不堪重负，因而常常出现不能完贡的事件。对于朝鲜不能足额纳贡，皇太极甚为不满，责问追逼之余，动辄以停贡相威胁。甚至认为，是朝鲜仁祖重利而轻后金，有意挑起衅端。①

1635 年（明崇祯八年，后金天聪九年，朝鲜朝仁祖十三年），皇太极禁称女真族为"诸申"，废除女真之名，正式命其族名为"满洲"。翌年 4 月，皇太极称帝，建元"崇德"，并改后金国号为"清"。

皇太极遣使赴朝鲜，要求朝鲜朝驻盛京官员罗德宪、李廓参加其登基仪典，同时通牒朝鲜国王向清称臣，否则兵戎相见。朝鲜则坚持以明朝为正统，拒绝尊清，拒不向清帝跪叩行礼。皇太极遂决定再次以武力迫其就范。

---

① 《清太宗实录》卷二十五，天聪九年十二月。

1636 年十二月初三日，清太宗皇太极亲率满、蒙、汉八旗兵十万人出发征朝。是年，干支丙子，朝鲜方面称这次战乱为"丙子胡乱"。朝鲜各地军民虽英勇奋战，终难抵御清军的破竹之势，清军长驱直入，陷汉城后，继续南下，于十六日进围仁祖临时行宫南汉山城。困于南汉山城内的仁祖自知退敌无望，遂听取主和派大臣之建议，派人向皇太极求和。至此，朝鲜自明崇祯六年（1633 年）以来为维护自尊，坚持事大之礼而付出的所有努力皆付之东流。皇太极此次出兵朝鲜，其意在彻底降服朝鲜，断绝中朝关系，以解其日后西征明朝之后顾之忧，最终建立自己的"霸王之业"。因此，皇太极并未立即接受朝鲜的求和，而是提出了一系列苛刻的条件。与此同时，皇太极分兵攻取朝鲜各地，并派多尔衮攻取朝鲜世子及王妃等避难之地江华岛。二十三日，江华岛失陷，世子、王妃等俱被俘。消息传来，仁祖及诸大臣被迫同意皇太极所提条件，停战请降。承诺对清朝"自兹以往，事大之礼，悉照常式，永世不绝"。①

"丙子战争"最终使中朝关系发生了根本的改变。自此，朝鲜朝停止了对明朝的纳贡，转而以藩属国身份每年向清进贡、朝贺，清则取代了明朝的宗主国地位，对朝鲜加以册封、回赐。1643 年，皇太极薨逝，其幼子福临继位，改元顺治。新帝登基，为改善不协调的满族与朝鲜朝关系带来了转机。当年十月，清以新皇诏谕的形式为满族与朝鲜朝关系翻开了新的一页，诏谕包括三项内容：1、减轻朝贡数额；2、释放囚禁之朝鲜爱国大臣；3、压缩使节馈赠。这个诏谕顺应了朝鲜朝民心，从根本上减轻了朝鲜朝沉重的经济负担，约束了清朝使臣对朝鲜王廷的过分勒索，对缓和双方的紧张关系具有一定的作用。1644 年（明崇祯十七年，朝鲜朝仁祖二十二年），北京陷落，摄政王多尔衮于五月初二日正式进京。自此，中国历史进入了一个以大清为国号的新时代，朝鲜与明朝的国家关系正式结束，与清朝的关系亦步入了一个新的历史阶段。

二、满族人入关后与朝鲜朝之关系

满族人入主北京后，对朝鲜的控制相对入关前有所放松。入主北京这年的十二月，摄政王多尔衮即遣返昭显世子等，并明确表示："未得北京之前，两

---

① 《清太宗实录》卷三十三，崇德二年正月。

国不无疑阻。今则大事已定，彼此一以诚信相孚。且世子以东国储君，不可久居于此，今宜永还本国。凤林大君则姑留与麟坪相替往来，三公六卿质子及李敬舆、崔鸣吉、金尚宪等，亦于世子之行，并皆率还"。①

昭显世子生来性情随和，开朗爽直。入质既久，对满族人了解自然也多，在与满洲贵族显宦的频繁接触中，他发现这些人并不像传说中那样尽是些荒蛮之乡的化外野人，相反，在他们之中有不少是颇负雄才大略的英雄豪杰，他们身上洋溢着一种催人奋进的力量，完全不像明朝官员那样老朽迂腐。如此一来，昭显世子渐渐对本国之"尊明大义"产生了怀疑，开始反思这种为本国招来兵燹之灾的决策是否明智和有意义。清人遣其归国，大概亦有藉此发展两国友好关系的意图。当时，由于昭显世子的思想与国内反清派的主张大相径庭，捍格不入，因而招致反清派忌恨，东归朝鲜两个多月即突然暴毙。

昭显世子暴毙，清与朝鲜之关系亦复归紧张。清与朝鲜之关系复归紧张的原因，除了昭显世子暴毙、朝鲜国内反清呼声高涨而外，还与南明政权尚存，朝鲜与之暗通关系，希图"恢复"有关。顺治末，南明政权彻底覆灭，清朝对朝鲜的控制随之放松。但随之而来的"三藩之乱"，使刚刚缓和下来的满族与朝鲜朝关系又陷入了紧张状态。

1673 年（康熙十二年，朝鲜朝显宗十四年），平西王吴三桂在云南易帜反叛。不久，靖南王耿精忠、平南王尚之信分别在福建、广东反叛，广西、陕西等地方督抚亦起而响应。在此形势下，朝鲜朝反清派纷纷建议显宗趁机举兵反清，摆脱清朝的控制，但显宗经过周详的考虑，权衡利弊后，接受了领议政许积的建议，没有采取举兵反清的过激行为。这一正确决策，为满族与朝鲜朝关系向着和平友好的方向发展奠定了良好的基础。三藩乱后，满族与朝鲜朝关系进入了正常发展的历史时期。

"抚藩字小"是清对朝鲜的基本国策。在清与朝鲜的宗藩关系确立之初期，清朝统治者本着"以威胁之，不如以德怀之（皇太极）"的精神，对朝鲜采取"恩威并施"的策略，而以"威"为主，以"恩"为辅。目的在于巩固其宗主国地位，树立宗主国权威。十七世纪下半叶，随着清朝在中原统治的巩固以及其在文化上的飞速进步，清朝统治者虽然对朝鲜仍旧采取"恩威并施"

① 吴晗：《朝鲜李朝实录中的中国史料》，中华书局 1980 年版，第 3738 页。

的策略，但已经转而以"恩"为主了，并且在实施过程中采取了诸如"厚往薄来"等行之有效的措施。这一策略对于促进朝鲜对清朝政治立场的转变，巩固和加强两国的宗藩关系，发挥了积极作用。至十七世纪末、十八世纪初，朝鲜朝对清朝的"忍痛含冤，迫不得已（朱熹语）"① 的民族心理，已经出现松动甚至是部分转变。

第二节　燕行使与燕行录

朝鲜朝（1392～1910）定期派遣使节出使明、清王朝，而明、清王朝亦常派使臣出使朝鲜，双方使节往来相当频繁，故而明、清时的中朝外交有"使节外交"之称。在皇帝权力绝对集中的封建礼法制度中，"人臣无外交"是使者的最高行为准则，使者们最重要的工作就是秉承明、清皇帝或朝鲜朝国王的意旨，向对方转呈文书及物品。明、清使者带去的是敕书或诏告及赏赐物品；朝鲜使者带来的是贺表或咨文及进贡方物。他们虽没有擅自处理外交事务的权力，但对对象国的评价往往会影响皇帝或国王关于国家大事的决策，他们的形象也代表着各自国家的形象，因此，皇帝或国王在派遣使节时亦是颇费斟酌的。同时，明、清使者还担负着监视督察朝鲜王廷大小政务的使命，而朝鲜使者同样负有刺探搜集对象国情报的任务。因此，朝鲜使节出使归来时，国王都会亲自接见，使节则要向国王禀报出使情况，一般情况下，都由随使团出使的书状官将出使情况及诸般见闻整理成书面报告，作为向国王汇报的依据。书状官之外，朝鲜使团的正使、副使、医生、随行子弟军官等亦乐于赋诗著文描述出使见闻。朝鲜对明朝"事大以诚"，对清朝则在相当长一段时间内视之为"夷狄犬羊"，因此，将出使明朝时的使节叫做"朝天使"，其使团人员所著见闻录则称之为"朝天录"；而出使清朝时的使节则叫做"燕行使"，其使团人员所著见闻录则称之为"燕行录"。"燕"，系指清王朝的都城北京。

1637 年，皇太极在与仁祖大王签订的城下之盟"丁丑约条"中规定：

"其万寿节及中宫千秋、皇太子千秋、冬至、元旦及庆吊等事，俱行贡献之礼，并遣大臣及内官奉表，其所进往来之表及朕降诏敕，或有事遣使传谕，

---

① 吴晗：《朝鲜李朝实录中的中国史料》，中华书局 1980 年版，第 4544 页。

尔与使臣相见之礼及尔陪臣谒见，并迎送馈使之礼，毋违明国旧例"。①

"丁丑约条"中规定的固定使行为一年五度，即：万寿、中宫千秋、皇太子千秋、冬至、元旦。但实际上中宫千秋、皇太子千秋之进贺并未派行，三大节使（万寿、冬至、元旦）加上年贡使，固定使行每年实为四次。最初，朝鲜派往清廷的都是"专使"：谢恩使奉表谢恩，进贺使奉表进贺，冬至使往贺冬至，圣节使往贺寿节。由于使行叠次，负担沉重，于是有了同时执行几项使命的"兼使"。事实上朝鲜派往清廷的大多都是"兼使"。朝鲜方面除了这些固定使行之外，尚有为完成一项或数项使命而临时派出的"别使"，其种类很多，诸如谢恩使、进贺使、陈奏奏请使、陈慰进香使、问安使等均属此列。

燕行使节完成政治使命之外，还要履行商贸交易任务。他们不仅购买朝鲜政府急需的货物，而且还让译员兼商贾参加在清朝礼部监督之下进行的"会同馆开市"，以互通有无。清朝虽严禁走私，但朝鲜译员兼商贾与清朝走私商人间的走私贸易却屡禁不止：会同馆后市、栅门后市、团练使后市等均属走私交易。

据韩国东国大学校林基中教授所著《燕行歌辞之研究》，自1644年满人入主北京至朝鲜朝末叶的1893年，朝鲜出使清朝多达七百余次，赴燕要员则有三十余名。②另据韩国民族文化促进会出版之十二卷本《国译燕行录选集》"题解"：朝鲜每次派往清朝的使团规模都很大，随行出使人员约二百至五百人左右，所用马匹亦近二百匹左右。出使路线每次亦不尽相同，一般是渡鸭绿江之后，走辽东、辽西、经山海关到北京。具体说来，有三条路线：一条是渡鸭绿江之后，经栅门、凤凰城、辽阳、鞍山、耿家庄、牛家庄、盘山、广宁、锦州、山海关、深河、永平、丰润、玉田、蓟州、通州到北京；一条是渡鸭绿江，经栅门、凤凰城、辽阳、奉天、鞍山、耿家庄、牛家庄、盘山、广宁、锦州、山海关、深河、永平、丰润、玉田、蓟州、通州到北京；最后一条是渡鸭绿江，经栅门、凤凰城、辽阳、奉天、孤家子、白旗堡、小黑山、盘山、广宁、锦州、山海关、深河、永平、丰润、玉田、蓟州、通州到北京。此外，有

① 《清太宗实录》卷三十三，第35页。
② 据《钦定大清会典》卷三十九："朝鲜贡使，正副使各一员，以其国大臣或同姓亲贵称君者充，书状官一员，大通官三员，护贡官二十四员，从人无定额，常人凡三十名"。

的使节团还要从北京去密云、古北口、热河。有时亦自辽西的广宁经义县、朝阳、凌源、平泉、热河、古北口、密云到北京。这些使行路线都是清朝指定的，朝鲜方面不能随意变更。

朝鲜使节出使中国一次的时间约为一百三十天至一百六十天左右，其中往返时间在八十至一百天之间，逗留时间约为四十至六十天左右。就门禁而言，清入关前控制甚严，入关后则相当宽松。朝鲜使团人员逗留北京期间活动比较自由，可以同不同阶层的中国人接触。三使亦基本不受清政府干涉，但由于三人担负着大部分出使任务，故此他们与中国人接触的机会并不多，虽有交流，但接触的对象局限性很大。而使团成员中的"子弟军官"① 则是时间最为充裕、活动亦最为随便的人。这些子弟军官甚至"每耽于游观，多不择禁地"。②因此，他们能够按照自己的意愿结识形形色色的中国人，并与之交流，亦能够更加深入细致地留意异域景况。而且，他们的文化修养大都很高，学识渊博，更兼妙笔生花，因此，很多文采斑斓的"燕行录"悉出其手。

早在上世纪三十年代初，日本学者中村荣孝就曾以"事大纪行"为标题，在《青丘学丛》杂志上介绍了四十篇"朝天录"和六十篇"燕行录"。③

1962 年，韩国成均馆大学大东文化研究院编辑出版《燕行录选集》，所收"燕行录"有：洪大容《湛轩燕记》、徐浩修《燕行纪》、金正中《燕行录》、柳得恭《燕台再游录》、徐长辅《蓟山纪程》、朴思浩《燕蓟纪程》、金景善《燕辕直指》、郑太和《朝天日录》、李浚《燕途纪行》、徐文重《燕行日录》、柳命天《燕行日记》、闵镇远《燕行录》、崔德中《燕行录》、李宜显《燕行杂识》、韩德厚《燕行日录》、李坤《燕行纪事》、李基宪《燕行录》、李时秀《续北征诗》、佚名《赴燕日记》、朴来谦《沈槎录》、郑元容《燕行日记》、徐有闻《戊午燕行录》、俞彦镐《燕行录》、林翰洙《燕行录》、李承五《燕槎日记》、许篈《朝天记》、权侠《石塘公燕行录》、洪翼汉《朝天航海录》、金堉《朝天日记》、崔溥《漂海录》等三十人之使行录。

1967 年，韩国民族文化促进会在大东文化研究院选本基础之上，补苴篇

---

① "子弟军官"，又叫"打角"或"自辟军官"，乃朝鲜政府所派三使，即正使、副使及书状官所带随行子弟或亲属，三使各限带一人，彼人虽非武官，然使行时需着军服，故此以军官称之。他们享受与官员同等的待遇，又没有什么特别的出使任务，因此比较悠闲。

② 洪大容：《湛轩书》，朝鲜社会科学院 1965 年版，第 304 页。

③ 参见中村荣孝："事大纪行"（上、下），《青丘学丛》，第一、四、九号，1930～1931。

什，加入金昌业之《燕行日记》、佚名之《蓟山纪程》、徐庆淳之《梦经堂日史》，并悉数译成韩文，以《国译燕行录选集》之名推出，是目前较易搜求，使用便捷的"燕行录"汇编。我们在分析满洲族形象时所据文本即系此版本之 1989 年再版本。这个版本的不足之处在于，其文本有些地方字迹漫漶，加之在辗转传抄过程中不免讹夺，如不细加校勘，则难免鲁书燕说之误。

2001 年 10 月，韩国东国大学校林基中教授整理出版的影印百卷本《燕行录全集》，收录"燕行录"三百五十余部，是迄今为止最为完备的"燕行录"版本，美中不足的是原文的标点、注释等工作尚付阙如，且卷帙浩繁，观之不易，对研究者来说仍然不甚方便，不能不让人引为憾事。

第三节　麟坪大君李㴭《燕途纪行》中的顺治王朝

一、麟坪大君李㴭与《燕途纪行》

《燕途纪行》原收录于《松溪集》卷五至卷七，著者乃麟坪大君李㴭。韩国民族文化促进会之《国译燕行录选集》将它编入第三辑。

李㴭（1622～1658），字用涵，号松溪，仁祖第三子，孝宗李淏之弟。仁祖八年（1630 年）晋封为麟坪大君。仁祖十四年（1636 年），丙子之乱起，扈从父王至南汉山城。仁祖十八年（1640 年）"挈眷质沈"①，翌年孟春东归。仁祖二十年（1642 年）始，先后以谢恩使、进贺使、陈奏使、问安使等三次赴沈阳，九次赴北京。此正所谓"武关之质纵解，星槎之行尚繁"。② 松溪尝言自己渡鸭绿江凡一十二次，即指其出使清朝次数之多而言。其中，仅庚寅（1650 年）这一年就先后两次赴燕京，中间只在家停留一个月。松溪最后一次赴燕京是在丁酉（1657 年）仲夏，"是役也，三伏在途，八旬留馆，不服水土，仅得生还"。③ 出使清朝既是政治、经济、文化行为，更是漫长而艰辛的长途旅行。正所谓"夏令炎热，冬日霜雪，行役艰苦殆非血肉所堪"。④ 下面两则日记生动地反映了麟坪大君归心似箭的急迫心情以及回到故国的欢欣

---

① 　麟坪大君：《燕途纪行》，韩国民族文化促进会 1989 年版，第 4 页。

② 　同上书，第 5 页。

③ 　同上书，第 5 页。

④ 　同上书，第 5 页。

喜悦：

"十二月初一日甲成，朝雪晚阴。……已近故土，归心愈促，冒雪启行。……半年异域，吃苦万状，复回故土，把酒宽怀，这间喜幸，不言可知"。①

"十六日巳丑，晴。……渡弘济石桥，所掌各寺下吏迎谒。入弘济院，庆平君及诸宗俱来慰问征役，少坐酬应，所按诸寺郎官齐进投刺。进到京营官舍，整冠服以行，副价行台及各务员役逐队以进，入敦义门，过钟楼，故里物色，触目如旧，回思仲秋别时情怀，还觉泪潸。仍诣阙入侍，仰陈行路艰辛，使事颠末，罢归骆洞，西日半竿，稚子迎门，是日行四十里"。②

频繁的出使使松溪"半生他乡，风餐露宿，疾痼缠身"。③ 最后一次赴燕东归不久即辞世，年仅三十六岁。

《燕途纪行》乃松溪于孝宗七年（1656 年）以陈奏正使出使清朝之使行记录。凡三卷，上卷载汉城至义州事；中卷载义州至燕京事；下卷载燕京至汉城事。采用日记体，自丙申八月始，迄于同年十二月。举凡天气，食宿，里程，途中闻见，甚至碑石、牌楼皆无罅漏，悉入笔端，更勿庸说名山大川、人文古迹了。因此，《燕途纪行》包含着丰富的形象学资料。

麟坪大君工书擅画，博涉经史，通诸子百家。传世著作有《松溪集》、《燕行录》、《山行录》等。另有咏叹"丙子胡乱"之时调数篇。

另，我们所据文献，于国内搜求不易，为方便同好，一般只要篇幅不长，则悉数照录。由于我们学识有限，句读之中难免舛误，敬请前辈时贤予以郢正。

作为朝鲜朝关于异域的总体想象之一的满洲族形象，是由不同类型的文本在历史中建构的。有关满洲族形象的研究，必须从具体的，带有一定典范性的文本开始分析。因此，首先必然是语义学层次的研究，然后才是符号学层次。而对个别文本的分析最终必须指向其符号功能，看它在总体形象中是如何程式化的，如何受制于特定时代朝鲜朝关于满洲族的一般性形象描述，而它自身又如何参预了那套言说满洲族的原型、词汇、意象、观念或话语的生产。文学研

---

① 麟坪大君：《燕途纪行》，韩国民族文化促进会 1989 年版，第 53 页。
② 同上书，第 58 页。
③ 同上书，第 5 页。

究关注形象的创新意义，文化研究则关注形象的仪式性或套话性，即看不同文本是如何重复表述同一形象的。在朝鲜朝文化的不同历史阶段内，满洲族形象已经成为一种套话。因此，对朝鲜朝语境中的满洲族形象研究的重点，不是个别文本中的满洲族形象，而是超越个别文本的、作为话语出现、拥有规范力量的总体形象是如何生产并成为"有效应的历史"之一部分的。最后一个层次才是对形象产生的语境之分析，亦即对朝鲜朝想象中的满族与朝鲜朝关系之分析，其中"他者"与"差异"是关键性概念。当然，这三个层次的研究在具体的实行过程中，有时又是互相渗透，结合在一起而难分彼此的。

二、《燕途纪行》中的顺治王朝

作为陈奏正使的麟坪大君曾经有机会"一睹天颜"。他详细地描述了朝觐清皇顺治的情形：

"俄而礼官分班引入，蒙王从太和夹门入，东方使命从贞庆门入。瞻望太和殿，十丈黄屋，三级石栏，台是三层，高又五丈，日射金碧，光耀夺目，烟浮曲栏，香气袭人，殆非尘里世界。庭列天子旌旗，门排梨园雅乐，门即太和也。礼官引副贰以下列立庭中，房薄下导余从蒙王后登御桥西夹桥，使坐台西，从者只徐孝男也。台上房薄是清制。台边安十二古铜大香炉，高亦过丈，殿檐亦设箫鼓，威仪严敬。长安门内浑是黄屋，日华浮动，地皆布砖，尘沙不起。钟鼓和鸣，笙簧齐奏，警跸声高。清主高坐，蕃汉侍臣鹄立成班行朝谒礼。蒙王三人先行，余从后行礼，副贰以下亦行礼于庭中，叩拜既毕，余从蒙王入坐殿西。细看清主状貌，年甫十九，气象豪俊，既非庸流，眸子暴狞，令人可怕。殿制东西十一间，南北五间，总铺华甎甋，四翼巍巍，檐用层屋，高际云霄。副贰以下亦许上殿，副贰行台中使坐余后，正官十三坐檐外。设宴行茶，别赐羊肉一金盘于余，是款接也。其宴礼也，不行酒，乍进乍撤，左右纷纷，专无纪律，酷似华担契会，牛羊骨节堆积殿宇。可惜神器，误归天骄。宴罢次第以出，副贰以下从小西桥下排立庭下如前，余随蒙王出台上复行一叩之礼，仍由御桥西夹以下，蒙王中有识余面者，以辞致款，北人天性直朴不骄，可见华人见东方衣冠无不含泪，其情甚戚，相对惨怜。率副贰以下从贞庆门午门出，憩曲城，旁房薄纷纷罢出，具鞍象，驾銮舆，驷马御銮驾，銮铃齐鸣。小国管见来见，天子威仪，可谓盛哉，而恨不得瞻望。明朝文物想象之际，徒切慨惋。自殿上至午门约四百步，从午门达长安门亦甚夐远，终日趋走之余，人皆困惫不得已，徐徐行步由端门承天门长安门出，始乘马从鸿胪寺钦天监玉河馆前渡玉河桥归别馆，副贰入于玉河馆"。①

这段记述概括起来大致有三方面的意思：朝觐的场面恢宏阔大；朝贺赐宴不成体统；清皇令人可怕。这三层意思看似毫不相干，实则有着内在的一致性：清皇顺治及他所统治的王朝散发着"蛮野之气"，没有礼数，不成体统。正所谓"衣冠之地换作毡裘之区；礼仪之乡变为悖礼之场。可骇之俗，可愕之事，已不可暇数"。②

史学界向有"汉承秦制"之定评，而"清承明制"亦为史家共识。清朝统治者对此也不讳言，坦承本朝对明朝的继承。清朝是以占统治地位的满洲族贵族为核心建立起来的一代王朝，当其崛起时，必然借助明朝现有的政治制度，来建立自己的国家权力机构。尤其是在思想文化方面，满族人自身的文化无法同汉族积有千百年传统的文化相匹敌，因而它必然从在中原占统治地位的儒家思想中汲取营养，拿来做自己的统治思想。毋需赘言，满族人选择和继承明制，是历史的必然，换言之，在当时的历史条件下，这是满族人惟一的选择。清沿袭明制，早在关外即已开始。清朝以一个少数民族入主中原，直接面对一个经济发达、文化积淀深厚、人数众多的汉民族，仿佛置身于汉民族的汪洋大海之中。在此种情况之下，能否理顺满族与汉族的关系，具有决定性意义。皇太极在其执政的十七年时间里，不断调整满汉、满蒙关系，推进满蒙汉一体，成功地初步建立了新型的民族关系格局。顺治朝，继续推进"满汉一体化"进程：一方面，积极吸纳汉族先进文化，并使满族人认同，用以充实提高本民族文化，缩短与汉民族的差距；另一方面将满族文化灌注于汉民族的思想意识之中，使汉民族认同，向满族靠拢，消除其民族独立意识。这一漫长的历史进程，其结果是满汉文化的有机融合，促进了两个民族的和平共处。而这亦成为清代民族关系及其民族文化的一大特色。

自汉代以降，几乎历朝历代皆独尚孔子，将其推为至尊，并以儒家学说为其统治思想。满族人亦不例外，早在关外皇太极时期，即已对儒家思想采取了认同的态度，入关后才一个多月的六月十六日，即派员"祭先师孔子"。③ 十月，正式袭封孔子第六十五代孙孔允植为"衍圣公"，依明朝例兼太子太傅。

---

① 麟坪大君：《燕途纪行》，韩国民族文化促进会 1989 年版，第 41 页。
② 林基中：《燕行录全集》第 95 卷，东国大学校出版部 2001 年版，第 98 页。
③ 《清世祖实录》卷五。

顺治二年（1645 年）正月，更赐予孔子"大成至圣文宣先师"的新名号。于是，孔子摇身一变而成为满清王朝的"至圣先师"。①

以此观之，清王朝立国初期虽战事未息，但其对文物礼乐却已是相当重视。麟坪大君所描述的一应朝觐礼仪也似乎中规中矩，堂哉皇哉。但其描述又总是给人一种形似神非的感觉，究其原因即在于如此庄严肃穆的朝觐活动掺入了鲜明的"满族特色"。因而在麟坪大君看来，此次朝觐既宏伟盛大又有些不伦不类。这主要表现在"宴礼"上："其宴礼也，不行酒，乍进乍撤，左右纷纷，专无纪律，酷似华担契会，牛羊骨节堆积殿宇"。在麟坪大君看来，富丽堂皇的殿宇之上牛羊骨节堆积，大小臣僚尽为饕餮，实在有失体统。他在感叹"可惜神器，误归天骄"之余，对于明朝文物亦只有"想象之际"，"徒切慨惋"而已。对满族人的这种不拘小节、热烈奔放的宴飨活动，觉得失之于礼、不成体统的实在不只麟坪大君一人。1640 年前后成书的《乱中杂录》② 一书中，所载朝鲜朝回答使郑文翼还自"虏中"后的一份辞启曰：

"臣等即发负持人，先送礼单，随后进去。则汗（按，指皇太极）设黄色（华盖）遮日于大庭之中，着黄袍，与诸兄同作一行，而汗居其中。以中坐为尊，乃其俗也。汗之诸弟诸侄，则与臣等同坐平床之下，因具大宴节次。及进盘，汗先受之，诸王子依次受之，臣等亦依次受之，一行军官及下人，亦在臣等之后，各受盘床。馔品则汗前所进与臣等所受，同其丰侈，少无加减。汗使达海谓臣等曰：'我之所把，须尽情卒酗'。其所和颜喜色，见于言笑之间。杯行二巡而罢。其左右之人，进退无礼，杯盘之间，猎犬相杂，至升平床争食盘中之物，而莫之知逐，此所以为胡者也"。③

----

① 《清世祖实录》卷十三。

② 《乱中杂录》九卷，成书于清军第二次侵朝的 1637 年之后数年，编著者赵庆南事迹无考。是书主要汇录了自朝鲜朝前期至仁祖十六年（1638 年）约二百年间朝鲜朝内外祸乱的相关史料。著者于一些条目之下附有按语、小诗、注释等，或评论、或谴责、或慨叹，鲜明地表达了自己的态度和情感。所录资料来源广泛，内容丰富，有很多为《朝鲜王朝实录》及当时同类著作所不载，或虽有记载而语焉不详者，有的资料甚至可以用来校正《朝鲜王朝实录》中的舛误，故而弥足珍贵。其写本原藏于朝鲜统监府秘库，1909 年，朝鲜古籍刊行会将该书与统监府秘库其他写本古籍，凡七十二册、五十九种汇为一编，名《大东野乘》（凡十三册）予以刊行，1968 年，汉城广熙出版社重刊《大东野乘》，改缩印本，成四大册，《乱中杂录》乃其中之第二十七种，跨三、四两册。

③ 赵庆男：《乱中杂录》，转引自潘喆等编：《清入关前史料选辑·三》，中国人民大学出版社 1985 年版，第 337 页。

佚名《燕中闻见》① 中所记仁祖十六年（1638 年）的一次使行，对清太宗皇太极赐宴朝鲜世子、大君、使臣及蒙古将领之描述亦与此类似：

"十月谢恩正使崔鸣吉，副使金南重，书状官李时梅……世子、大君坐西边，使臣等坐东边……中蒙古一人鼓琴唱歌，俄而进宴床行酒，侍坐诸将皆跏趺而坐，或戏笑或唾涕，略无畏惮。有巨犬六七在坐中行走吠吼，皇帝时时投肉馈之。皇帝项挂念珠，以手数珠而坐，所言皆是浮诞之言矣。汉人范文程者，称以承旨，传通言语，颇为亲近矣。请还、征兵两件事终始秘密，无探知之路，临罢时，使臣欲前进恳请，而左右挥却，使不敢发言，郁郁而退"。②

麟坪大君久质沈馆，数度出使，这种朝贺赐宴场面想必并非初历，而且他

---

① 《燕中闻见》（Ⅰ）非一人之作，而是一个"燕行录"的合集。韩国东国大学校林基中教授主编之《燕行录全集》第 95 卷有录。天津师范大学刘顺利教授在其所著《半岛唐风》一书中有基本的介绍，给后学带来了许多方便。但刘教授认为《燕中闻见》（Ⅰ）"是由赴北京觐见的使臣分别用毛笔写就的。时间是在清朝顺治、康熙年间。全书是由一个人抄写出来的"。（刘顺利：《半岛唐风》，宁夏人民出版社，2004 年版，第 339 页。）我们以为刘教授之论断似有不严密之处：1.《燕中闻见》（Ⅰ）里面的"燕行录"有个别篇章是赴沈阳的朝鲜燕行使团成员写就的。2. 既如此，《燕中闻见》（Ⅰ）里面的"燕行录"自然就包括满族人以沈阳为都时朝鲜人所著的部分在内。其第二十篇，即我们所引用的"十月谢恩正使崔鸣吉，副使金南重，书状官李时梅"篇即属此列。该篇于时间只书"十月"，再无其他，亦未指明所记"皇帝"为何人。刘教授认为，"从记叙的情况看，朝鲜使臣大约是在顺治年间来中国的"。如此，则所谓"皇帝"当为顺治。但我们认为，此系误断，这里的所谓"皇帝"当为清太宗皇太极。理由如下：满族人入主北京的当年（1644 年）十二月，摄政王多尔衮即招昭显世子、凤林大君李淏等传言曰："未得北京之前，两国不无疑阻。今则大事已定，彼此一以诚信相孚。且世子为东国储君，不可久居于此，今宜永还本国。凤林大君则姑留与麟坪相替往来，三公六卿质子及李敬舆、崔鸣吉、金尚宪等，亦与世子之行，并皆率还。""（1645 年）正月癸巳，世子及嫔宫自燕京到沈阳"。1645 年，二月"辛未，世子还，清使偕入京"。（以上三则引文见《朝鲜王朝实录》吴辑本第 3738、3739、3740 页）如果说此篇"燕行录"所记乃顺治朝事，那么，世子既已东归，则所记中何来世子？又何来"请还"（世子东归）之说？如果说是世子东归前的那个十月，则当时崔鸣吉亦在羁，又怎么可能出任谢恩正使呢？考虑到世子入质是在"丙子战争"之后，则答案只有一个：此次燕行当在满族人入关之前，"丙子战争"之后，即 1637 年～1644 年之间。而此次使行之正使崔鸣吉"丙子战争"时始终主和，"决出城之议，引进奸邪之徒，诬陷金尚宪，知其不见容于士类，图免他日之祸，奉使过箕城时，操文祭箕子庙，以伸自明之意"。（《朝鲜王朝实录》吴辑本第 3743 页）后鸣吉因此举被祸，与尚宪同羁沈馆。因此，他为正使之时间只能是"丙子战争"后不久，而鸣吉坚持主和，亦便于其与清人之外交。查《朝鲜王朝实录》吴辑本，则 1638 年正月壬午条载："遣谢恩使申景禛、李行远等如沈阳。先是遣崔鸣吉请寝征兵而还世子，征兵一事得请而来，遂遣景禛谢恩。九月丁丑条载："遣崔鸣吉等如沈阳"。十一月庚辰条载："领议政崔鸣吉始自沈阳还。上召见之，问清国事情"。（以上三则引文见《朝鲜王朝实录》吴辑本第 3616、3630、3631 页）以上所记正与我们所引用之《燕中闻见》（Ⅰ）中"十月谢恩正使崔鸣吉，副使金南重，书状官李时梅"篇内容相吻合，综合以上资料分析，我们判定：此次使行之时间为仁祖十六年（1638 年）；文中所描述之"皇帝"乃清太宗皇太极。

② 林基中：《燕行录全集》第 95 卷，韩国东国大学校出版部 2001 年版，第 150 页。

也一定知道此是满人习俗，然而此情此景还是使他感到唐突，失于礼数。分析起来，这里面应该有物质与精神两方面的原因。

对于满族人来说，这种招待贵宾的宴会乃其国俗，实在再平常不过了。据谈迁《北游录》①"国俗"条载，满族人款客：

"撤一席又进一席，贵其叠也。豚始生，即予值，浃月炙食之。英王在时，尝宴诸将，可二百席，豚鸡鹅各一器，撤去，进犬豕俱尽，始行酒"。②

另据"朝飨"条载：

"朝贺赐宴，三品以上铜盘，置大胾，牛羊豕之肠胃，不之遗也。四品以下木盘，其饼饵甚精。旗下降官，日趋再点。三品上红，四品绿顶。凡大宴执役，每二人舁一木盘，分割诸肉散之。……上御露辇，自殿侧东门出，黄盖由柄。二金鑪，导入太和殿。内大人二，传诸臣人，各手携坐毡，升自左阶，历太和中和二殿，至位育宫前，东侍。大学士范文程先入，传赐序坐。文程又传问各年贯宦履，转奏讫。于是进御几，几蒙袱，饰以金宝，去袱，俱黄金器。命诸臣馔，银器，米长粒甘香，不知所产。进满洲舞，凡二三十人北面立，衣文豹者持彩箕一，背画虎头，最西一人，少前而歌，箕人齐以杖杠其背，戛戛有声，作磬折状。以太常武舞，用干者又少前。衣貂锦朱顶金带者四人，结队舞，低昂进退有度，一队毕，辄更一队，四更队乃已。又进鱼皮舞，皮支部乐也。舞亦四人，旁四人佐以琵琶胡琴。又进高丽筋斗之戏。上大欢笑。又进关东乐，继以教坊司乐。每奏技，文程传谕，此某部技也。又优人演杂剧。偏酌金觥，薄暮撤席，赐诸臣携回"。③

满族人这种带有鲜明的游猎民族风格的宴会方式，可谓历史悠久，在中国古籍中亦多有所载，宋代史学名著《三朝北盟会编》卷四引马扩《茅斋自叙》，记其随金太祖完颜阿骨打出猎时的情景有云：

"遇阿骨打聚诸酋共食，则于炕上用矮抬子或木盘相接。人置稗饭一碗，加匕其上。列以茆韭、野蒜、长瓜，皆盐渍者。别以木楪盛猪、羊、鸡、鹿、

① 谈迁（1594～1658），明清之际史学家。浙江海宁枣林人，明诸生，终身不仕，毕生致力于编次明代史事。《北游录》记述了他顺治十年（1653年）癸巳到顺治十三年（1656年）丙申这四年时间去北京期间的经历见闻，以及他写的一些诗文。凡九卷，内纪程、纪邮、纪咏、纪闻各两卷，纪文一卷。从这些文字里，可以看到一个亡明遗民强烈的爱国思想。

② 谈迁：《北游录》，中华书局1980年版，第356页。

③ 同上书，第349页。

兔、狼、麂、獐、狐狸、牛、驴、犬、马、鹅、雁、鱼、鸭、虾蟆等肉，或燔或烹或生胾，多芥蒜渍沃续供列。各取配刀，脔切荐饭。食罢，方以薄酒传杯冷饮。谓之御宴者，亦如此。自过嫔、辰州、东京以北，绝少麦面，每日各以射倒禽兽荐饭，食毕上马"。①

这里几乎包括了所有的家畜和野味，并且以野味为主。宴中以刀解食亦是一种山林狩猎生涯的古风，带有浓郁的地域性及民族性特点。

这则记闻告诉我们，满族的先民女真人在宴会的时候，君主与臣子之间显得比较随便。而他们的饮食也比较简单实惠。满族及其先民的这一风俗，在十七世纪中叶日本人的记述里亦有所体现：

"他们那里，主人和奴仆的关系，好像父子那样亲密。对待奴仆像对待子女一样。仆人也关心主人，像侍候父母那样侍候主人。上上下下，表现出一番亲密的情景……吃的东西，有鸡、鱼，有猪、牛、羊肉。他们是把肉煮熟，然后加上盐酱。菜也是先是做熟了后再放酱油。他们也用大酱做菜，但和日本的大酱味道不一样，不合乎我们的口味。他们那里的酒叫烧酒，鞑靼人（按，指满族人）用高粱造酒，北京人用稻和粟造酒。吃饭的时候，坐在高腿桌前，把饭、菜先盛到碗里，三四个人在一张桌子上一起吃。按人先摆好筷子、匙子。这是一般人的情况，大臣们的生活是什么样，不得而知"。②

日本人的记述不带任何感情色彩，相对比较客观。

意大利人卫匡国在其所著《鞑靼战纪》③ 中述及满洲军旅生活时，对其饮食起居亦有描述：

"他们行军速度很快，因为他们从来不带行李，也不注意运输粮草，碰到什么就吃什么。他们惯常吃半生半熟的肉。假如找不到东西吃，就吃自己的马

<hr>

① 转引自王可宾：《女真国俗》，吉林大学出版社1988年版，第258页。

② 《汉译鞑靼漂流记》，辽宁大学历史系1979年版，第59页。《鞑靼漂流记》记录了顺治元年（1644年）日本三艘商船船民遇险的经过。船在日本海遭遇大风，漂流到图们江口以北海岸上，为当地清朝治下的瓦尔喀人误杀，全体五十八人中有四十三人遇难，幸存的十五人，受到清政府关照，先至沈阳，后至北京，时正值清军入关，他们在北京逗留一年之久，后经朝鲜转送回国。《漂流记》是他们归国后向德川幕府将军所作之报告。

③ 卫匡国（1614～1661），字济泰，意大利人，原名马丁诺·马蒂尼（MartinMartini）。1631年入耶稣会，1643年经印度来中国，先后流寓江南各地。1650年传教士起"礼仪之争"，耶稣会派卫氏赴罗马教廷申辩。在欧洲期间，卫氏出版《鞑靼战纪》、《中国新地图册》等书，向欧洲介绍中国地理及历史。1658年携传教士南怀仁再度来华，居留杭州，1661年卒于此。所著《鞑靼战纪》，记明清间战事，主要内容为清1644年入关后与南明之战争，讫于1650年卫氏离华。

和骆驼。在有空的时候，就带着专为打猎用的良种猎狗和猎鹰去捕猎各种野兽。他们围住一座山头或大片草原，把野兽赶入包围圈，然后缩小包围圈，愿意捕猎多少就猎多少，把剩下的放掉。他们把马衣铺在地上当床铺，有没有房子都无所谓。而不得不住在房子里时，就必须和马一起住，在墙上打很多窟窿。他们的帐篷十分美丽，可用灵巧敏捷的方法安扎和迁移，从不耽误军队的快速行军，鞑靼人就这样为战争训练坚强的士兵"。①

意大利人对满族人的尚武精神是持欣赏态度的。因为，"万历皇帝禁止臣民信仰基督教……当中国践踏和平的基督教，准备消灭所有的基督徒时，上帝就掀起了反对中国的激烈战争，让鞑靼人来动摇中华帝国的根基，后来发展到毁灭了明朝王室和国家。像过去惯常的那样，上帝给予传教事业有力的援助，基督教经过这场迫害变得更加昌盛、伟大，教堂的形象更加光辉，而庞大的中国却土崩瓦解了"。② 意大利人将女真人看成了上帝派来帮忙的"天使"，对其持欣赏之态度自然也就不足为怪了。

饮食结构是由生产结构决定的，生产结构制约着饮食结构，生产习俗制约着饮食习俗；反之，饮食习惯一旦约定俗成，又会反过来影响、干预生产活动。这种相互影响、相互干预、相互制约的结果，促使生产与饮食文化构成一个完美的循环，而一个民族的饮食文化也就在这种循环中自然而然地形成了。满族及其先人世代生活于北方艰苦荒寒的环境，以游猎经济为主，在长期的生产生活过程中，逐渐形成了具有自己民族特色的生产生活方式，并代代传承，以至成为传统，其特点即简单方便，崇尚自然。他们的食物都是取之于大自然，大自然就是他们的造物主。这亦是满族及其先民女真人崇拜大自然，信仰万物有灵的重要原因。同时，这种生产生活方式也是满族及其先民豪健质朴，磊落爽朗的民族性格的生动反映。而作为一个久居东北亚的北方民族，朝鲜民族在饮食文化方面却与满族人存在着强烈反差，反倒与中国南方汉民族的饮食文化传统颇多相似之处。就朝鲜民族而言，它在饮食文化上之所以能在北方民族中独树一帜，完全取决于它在农业生产上的稻作文化传统。正是稻作文化决定了朝鲜民族的传统生活方式及其独具特色的饮食习俗，奠定了朝鲜半岛农业文化的基本格局。而稻作文化的特点之一就是讲求精耕细作，反映在民族性格

---

① 杜文凯：《清代西人见闻录》，中国人民大学出版社 1985 年版，第 50 页。
② 同上书，第 7 页。

上则表现出委婉含蓄的一面，它恰好与满族游猎文化粗犷豪放的特点形成了鲜明的对比。

我们从下面所记两则朝鲜时代的饮食习俗即可知朝鲜朝饮食之精细程度：

洪锡谟（1781～1850）所著《东国岁时记》载曰：

"卖饼家造粳米白小饼，如铃形，入豆馅，捻头，粘五色于'铃上'，连五枚如联珠……又造五色圆饼"。①

金迈淳（1776～1840）《洌阳岁时记》"上元"条亦云：

"粘稻米，略蒸为饭，拌油、蜜、豉、酱、枣、栗，取肉细切收之，多寡视米，再蒸烂熟，荐祖，羞宾，邻里相馈遗，名曰药饭。东俗谓蜜为药，故蜜饭为药饭，蜜果为药果"。②

这两则饮食习俗虽说均与民俗相关，但从中亦可窥见朝鲜朝宫庭及市井饮食状况之一斑。

两个民族间文化上的差距不仅反映在饮食上，在服饰上亦同样有所反映。

据《朝鲜王朝实录》孝宗四年（1653年）秋七月丙寅条：

"上引见大臣及备局诸臣，特令领中枢府事李敬舆入侍。上曰：'彼中人衣服无章，卒伍之类，亦着龙袍。昭显世子及予之往沈也，彼给蟒龙衣使着之；今麟坪之往也亦然云，盖厚待之意也'。麟坪大君以使臣赴北京也，③ 彼以王弟优礼之，引入殿内，置酒与饮，又与黑色蟒龙衣，即于坐上衣而谢之。及其还也，人多有言者。大司宪金南重闻而欲论之。上闻有物议，虑其未谙彼国之例，乃于是日引前事而晓谕之。台臣知上意不敢发"。④

孝宗李淏（即凤林大君）与麟坪大君当年曾轮流陪昭显世子入质，且时日非短，应该说两人对满人习俗都颇有了解，故而孝宗在此以"彼国之例"为弟弟僭越事开脱。使本想参劾麟坪大君的台臣打消了念头。但这则记载亦同时显示了满族人之"不知礼义"与朝鲜人之"素知礼义"。申忠一《建州纪程图记》对女真人着衣之不分贵贱即有记载：

"佟羊才曰：'你国宴享时，何无一人穿锦衣者也？'臣（按，申忠一）

① 苑利：《韩民族文化源流》，学苑出版社2000年版，第101页。
② 同上书，第102页。
③ 此次使行是在孝宗三年（1652年）十二月至翌年六月间。时麟坪大君为谢恩正使。吴晗：《朝鲜李朝实录中的中国史料》第3831、3833页有记。
④ 吴晗：《朝鲜李朝实录中的中国史料》，中华书局1980年版，第3833页。

曰：'衣章所以辨贵贱，故我国军民不敢着锦衣，岂如你国上下同服者乎？'羊才无言"。①

李民寏《奴中闻见录》于此亦有所载：

"衣服则杂乱无章，虽至下贱，亦有衣龙蟒之绣者"。②

入关前后的满族与朝鲜民族在物质文化上的"差异"必然带给麟坪大君一种心理上的优越感，如果说这种表层的物质文化上的优越还不足以让麟坪大君蔑视满洲人的话，那么在更深的精神文化层次上的优越感则足以使麟坪大君拥有蔑视满洲人的理由。在麟坪大君看来，虽然"天子威仪，可谓盛哉"，自己甚至"恨不得瞻望"。但在其内心深处，仍然认为这都是一种表面的对"礼"的模仿，顺治王朝并没有领略到儒家之"礼"的精髓：

"夫礼者，所以定亲疏、决嫌疑、别同异、明是非也。礼，不妄说人，不费辞。礼，不逾节，不侵侮，不好狎。修身，践言，谓之善行。行修，言道，礼之质也……道德仁义，非礼不成；教训正俗，非礼不备；分争辩讼，非礼不决；君臣、上下、父子、兄弟，非礼不定；宦学事师，非礼不亲；班朝治军，莅官行法，非礼威严不行；祷祠祭祀，供给鬼神，非礼不诚不庄。是以君子恭敬、撙节、退让以明礼。鹦鹉能言，不离飞鸟；猩猩能言，不离禽兽。今人而无礼，虽能言，不亦禽兽之心乎？"③

"礼"是儒家基本思想之一，这一儒家基本思想对朝鲜的影响可谓极其深远，它甚至渗透于朝鲜人生活的方方面面，既为统治阶级所遵奉，又是其治理国家，教化人民的得力武库。我们从朝鲜肃宗为《大明集礼》所制序言即可窥其一斑：

"理也者，寓于至理，日用事物之所当然，而体用备具，大小由之。此所谓天理之节文，人事之仪则，而不可斯须去身者也。予于万机之暇，繙阅方册，得《集礼》一部书，乃大明太祖高皇帝之所撰定也。编帙总四十卷，而上自祀天、祭地、宗庙、社稷之礼，以至朝会、冠昏、朝贡、亲征、吊赙之仪，莫不昭载，纤悉赅博。夫以台小子之昧于礼学者，尚且一展瞭然，多所裨益，然后知是书实礼家之指南，而与我朝《五礼仪》相表里，为万世不刊之

---

① 《建州纪程图记校注》，辽宁大学历史系 1979 年版，第 20 页。
② 《建州闻见录校释》，辽宁大学历史系 1978 年版，第 43 页。
③ 杨天宇：《礼记译注》上，上海古籍出版社 2004 年版，第 2 页。

典也。惜乎其御府所藏，颇有脱落，不克成帙，爰命玉署，蒐取礼部，俾补其缺。又允可儒臣李允修之奏，精写一通，详加校雠，仍付二南，为之剞劂。广布臣邻而寿其传，以申予有庸五礼之意，庶几有补于治化之万一云"。①

朝鲜半岛早在三国时代就已经悄然兴起慕华之风，其主要表现就是对中国礼乐文化的学习和吸收，并由此进入了一个崇文尚礼的新世纪。而此时的满族先民还过着"无市井城郭，逐水草为居，以射猎为业"的生活。公元 731 年春，新罗圣德王遣金志良入唐贺正，唐玄宗降诏书云："三韩善邻，时称仁义之乡，世著勤贤之业。文章礼乐，阐君子之风。纳款输忠，效勤王之节。固藩维之镇卫，谅忠义之仪表。岂殊方憬俗可同年而语耶！"② 嘉许其为"仁义之乡"，盛赞其非"殊方憬俗可同年而语"者。"三国时代可以说是朝鲜半岛文化走向全面儒家化的滥觞期，中原王朝礼仪文明在此得到了初步的传播。尽管与数百年之后完全儒家化的朝鲜王朝相比，此时的礼仪文化显得零散、不成体系，但毕竟迈出了极为重要的一步"。③

"与三国时代相比，高丽一朝礼制最显著的特点，是仿照中国的五礼体系，陆续建立起礼制的基本框架"。④

高丽礼制的建立，始于成宗，至睿宗时，基本格局大体奠定。史家云："睿宗始立，局定礼仪，睿宗始立局，定礼仪。然载籍无传。至毅宗时，平章事崔允仪撰《详定古今礼》五十卷，然阙遗尚多。自余文集，再经兵火，十存一二。今据史编及《详定礼》，旁采《周官六翼式目编录》、《蕃国礼仪》等书，分吉凶军宾嘉五礼，作礼志"。⑤

至此，一代典制大体确立，且体系详备，规模宏大。"应该说，经过几百年的努力，高丽王朝的礼仪制度已经达到了儒家经典所论定的规模，并开始全面影响到高丽社会和文化精神的走向"。⑥

高丽朝末期，《朱子家礼》由赞成事安珦（1241～1306）传至朝鲜。"《朱子家礼》东传朝鲜，是中韩文化交流史上的重要事件，它对于朝鲜社会的儒

① 吴晗：《朝鲜李朝实录中的中国史料》，中华书局 1980 年版，第 4153 页。

② 《新罗本纪》卷八。

③ 彭林：《中国礼学在古代朝鲜的播迁》，北京大学出版社 2005 年版，第 42 页。

④ 同上书，第 42 页。

⑤ 《高丽史》"志十三"。

⑥ 彭林：《中国礼学在古代朝鲜的播迁》，北京大学出版社 2005 年版，第 50 页。

家化起了极为重要的作用，其影响深刻而久远，以至在今日的韩国，依然能强烈地感觉到它的存在"。①

朝鲜朝初，太祖、世宗表彰《家礼》，欲使之成为士庶之轨范。于是一方面革除原有陋俗，以《家礼》取代之，另一方面吸收朝鲜半岛固有文化传统及生活习俗中的有益成分，并使之与《家礼》的礼学原则对接，遂逐渐完成了《家礼》的朝鲜化或曰民族化过程。以至在朝鲜朝士林中，《家礼》已经成为公认的仪轨。以地理方位而论，朝鲜居华夏之东，乃古代中国所谓"四夷"之"东夷"，风气本与中原有所"差异"。但若以文化发展而论，则朝鲜对中国趋同性最强，受中国影响也最深。中国自古严"夷夏之辩"，而以胡风蛮俗为耻。这种观念对朝鲜士林之影响可谓至深且远。朝鲜朝朱子学巨擘栗谷李珥（1536~1584）在其所著《击蒙要诀》中纠正时俗弊端之议即关乎此："今俗多不识礼，其行祭之仪，家家不同，甚可笑也。若不一裁之以礼，则终不免紊乱无序，归于夷虏之风矣。兹抄祭礼，附录于后，且为之图，须详审仿行，而若父兄不欲，则当委屈陈达，期于归正"。

在栗谷看来，虽有仪，而不知礼，则终究不能脱却"夷虏之风"。

儒家是礼治主义者，儒家的理想蕴涵在礼制之中。礼有礼法与礼义，礼法是礼的外在形式，而礼义则是礼的灵魂与核心。朝鲜朝的礼仪，不仅在形式上严守儒家之"礼"的原则，而且在内涵上亦深谙其中精义。麟坪大君之所以对顺治王朝的朝贺礼仪在描述上显出一种蔑视的态度，觉得有失体统、不伦不类，盖缘于此。在麟坪大君看来，满族人的"礼仪"虽然形式上中规中矩，但其实践上的所作所为，却完全背离了"礼仪"的灵魂与宗旨。

因此，在麟坪大君的视野里，满洲人虽然在物质层面上凭藉"国语骑射"开创了一个辽阔的帝国，但其在精神层面上却依然是一个"蕞尔小丑"。

第四节　麟坪大君李㴭《燕途纪行》中的顺治皇帝

顺治皇帝是大清王朝的主宰，其一举一动皆事关重大，因此自然成为朝鲜方面格外关注的对象。历次朝鲜赴清使臣回国，国王都会询问清朝皇帝状况。清使赴朝，国王亦会趁召见之机了解跟皇帝有关的大小事情。孝宗五年

---

① 彭林：《中国礼学在古代朝鲜的播迁》，北京大学出版社 2005 年版，第 101 页。

（1654 年），孝宗大王李淏与清使韩巨源就有这样一段对话："'皇帝今年几何？'巨源曰：'十七岁也'。上曰：'北京兵甲尚精利乎？'巨源曰：'与前无异，而近日专尚学文，不事畋猎'。上曰：'皇帝所为者何事也？'巨源曰：'每游太液池，冬则戏于冰，夏则荡舟于水。且作木偶人以戏之'"。① 孝宗大王如此关心清朝皇帝顺治之行止，盖缘于其"恢复中原"的远大政治抱负。因此，赴清朝鲜使臣同时也肩负着搜集与皇帝相关之情报的重任。

一、"气象豪俊，既非庸流，眸子暴狞，令人可怕"的胡皇顺治

麟坪大君亦如其他朝鲜使臣一样，在其《燕途纪行》中描述了他朝觐顺治时所看到的皇帝形象以及当时的感受：

"细看清主状貌，年甫十九，气象豪俊，既非庸流，眸子暴狞，令人可怕"。②

麟坪大君对顺治的描述虽然比较简单，但却非常准确地道出了对这位皇帝既佩服又惧怕的心理。麟坪大君入质沈馆，偶亦随清军征战，他亲眼目睹了波澜壮阔的明清战争，亲眼目睹了一个蒸蒸日上的马背民族如何以十万铁骑席卷辽东，最后问鼎中原，因此凭他对满族人的了解，在对满族人进行描述时含有佩服的成分是不难理解的；而其对满族统治者的惧怕心理，不仅来自于自己是满族统治者的人质，自己的身家性命统统系于满族统治者之手，更来自于其内心深处关于女真人的沉痛记忆。朝鲜人对满族统治者进行描述时所流露出的这种既佩且惧的感情，早在入关前满族人尚称女真时期，即从其对满族第一代统治者努尔哈赤进行描述时就开始了：

"老酋坐于三间厅上，着黄袍锦衣，左右姬妾三十余人，珮环罗列者二千余人，盛设宴昊，先招两帅，立于五层阶下行礼。弘立曰：'吾等我国高官之人，不可阶下行礼'。往复再三，始许上级行礼。弘立等行揖，酋怒曰：'尔若使臣来则可以行揖于厅中，尔是投降之人，待我反不如经略，此不过侮我'。弘立等遂行再拜礼。因行酒杯，设男乐，三爵罢。是夜接置两帅于城内董姓家，董乃辽东人，犯罪举家逃来者也。十一日，北道胡人来言曰：'今日酋出往教场，以其俗制之，两帅不从则当杀'云云。老贼果出教场，招两帅，李永芳、董大海等相接。弘立指大海所佩刀曰：'此剑利乎？'大海变色曰：

---

① 吴晗：《朝鲜李朝实录中的中国史料》，中华书局 1980 年版，第 3836 页。
② 麟坪大君：《燕途纪行》，韩国民族文化促进会 1989 年版，第 40 页。

'何以问之？'弘立曰：'当初轻从汝之和好出送之言，隐忍至此，试观今日气色，殊异曩日，吾生则九族受刑，死则九族得全，吾之一死何关？欲借汝剑而引决'。永芳听之，画地而书曰：'我是不忠之人，汝看吾面，必以为丑'。弘立亦画地以答，地步稍远，不得见其答矣"。①

这是朝鲜人对萨尔浒战役时朝鲜朝降将姜弘立晋谒努尔哈赤的记述。记述者虽以浓墨重彩突出描写了姜弘立最后关头的气节操守，但一代雄杰努尔哈赤的形象亦跃然纸上。

"臣等详见汗之为人，拔扈之气，现于颜面，而沈重寡言，动止亦重。议论之间，或似识理者之所言，真是虏中之雄，而不可以禽兽视之。然其礼法之全昧，溪壑之无厌，既至如彼，而后房所嬖多至数十，衣服器具极甚奢侈，犯罪之人尽没家产，至夺其妻以与他人，为政若此，亦何能长久乎？且闻直辖之逃中原者连续，亦有所以然。若此不已，则渠虽众，其所日缩亦可想也。况今城内外所居者，蒙汉过半，主少客多，其势何长？不出十年，必有自中之变。为今之计，莫如羁縻以待胡运之自衰。喜人怒兽，朝情暮伪者，乃骄虏之常态。终身誓盟，各保封疆，使边上无警者，在我所恃；牲血不干，遽启衅端，使凶锋再动，亦在我所恃。臣等浅虑，不和则已，既与之和，则胡运已衰之前，似当示我信义，感彼之狼心也"。②

"汗为人拔扈之气，见于容貌，而沈重寡言，动止亦重，两目帘眼，常时有如眇细，或时展开烛物，闪烁有光，最以情外诱抚为能事。上下情无相间，最谨于天事，一事一政，必指天为证。而其下每追思奴儿赤，常曰前汗前汗，或语我人曰，前汗若在，待尔国人，必不如是草草云。刷还一事，我国则上下相持，朝野纷拏争诘，许久未决。彼则不过汗与数三王辈一、二言而决。虽文质不同，清浊相悬，而烦简之不等如此"。③

这是所谓"丁卯虏乱"后朝鲜人对满洲族第二代统治者皇太极的描述。既佩且惧的复杂心理更加明显。朝鲜人认为皇太极虽然"拔扈之气，现于颜

①　赵庆男：《乱中杂录》，转引自潘喆等编《清入关前史料选辑·三》，中国人民大学出版社1985年版，第270页。

②　赵庆男：《乱中杂录》，转引自潘喆等编《清入关前史料选辑·三》，中国人民大学出版社1985年版，第342页。

③　李肯翊：《燃藜室记述》，转引自潘喆等编《清入关前史料选辑·一》，中国人民大学出版社1985年版，第459页。

面"，但却又"沈重寡言，动止亦重"。尤其让他们惊讶的是，皇太极"议论之间，或似识理者之所言"，故此"不可以禽兽视之"，而当称其为"虏中之雄"。"丁卯虏乱"给朝鲜朝带来了深重的民族灾难，因此，"禽兽"成为当时朝鲜士林描述女真人时使用频率最高的词汇之一。明天启七年（1627年）丁卯正月十四日晓，朝鲜义州城破，时义州判官崔梦良为女真军所执，梦良即奋骂曰："禽兽犬羊，何为至此，邻国之道果如是乎?"① "禽兽"，犹言畜牲，乃恨极恶极时之骂人语。孟子《滕文公·下》云："无父无君，是禽兽也"。

朝鲜患于女真久矣，"侵略性"、"攻击性"、"负义忘恩"等是朝鲜人定位女真时首先想到的概念。在朝鲜朝语境中，女真一直是目无"君父"的化外野人，是"忘我大德，连年寇掠，其罪盈贯"② 的"蕞尔凶丑"。③

世宗十五年（1433年）夏四月，国王李祹命平安道都节制使崔润德往征女真时，特遣集贤殿副提学李宜，往教润德曰：

"用兵帝王之所重也，然高宗有三年之役，周宣兴六月之师，是皆为生民之害社稷之忧，不可得已者也。蠢兹野人，逼处我疆，鼠窃狗盗者屡，而谓兽心之俗不足与较，含忍包容久矣。今潜入边境，屠杀老弱，虏掠妇女，扫荡民居，肆行暴虐，讨罪之举，岂得已哉？惟卿禀忠义之资，兼将相之略，声闻素著，中外共知，兹命卿将中军，问罪野人。惟是副将以下大小军官士卒之在行者，卿皆将之，以赏罚用命不用命"。④

教顺蒙海山澄石恪孝诚等曰：

"君人之道惟在保民，将臣之忠，贵于敌忾。蠢兹野人，肆豺狼之心，逞蜂虿（按，指蝎子一类毒虫）之毒，侵掠我边疆，残虐我生灵，孤儿寡妻，起怨伤和，此寡人之所以哀痛恻恒之不已，而亦卿等之所共拊心切齿也，举兵声罪，乌可得已，肆命卿将某军往讨之，其悉同心协力，以听主将方略，克成折冲之功，以答边民之望"。⑤

教三品以下军官民军等曰：

---

① 李肯翊：《燃藜室记述》，转引自潘喆等编《清入关前史料选辑·一》，中国人民大学出版社1985年版，第439页。

② 许篈：《大东野乘》卷之七《海东野言·一》

③ 同上书。

④ 许篈：《大东野乘》卷之七《海东野言·一》，第580页。

⑤ 同上书，第580页。

"蠢兹野人，以枭獍（按，南朝梁任昉《述异记》上："獍之为兽，状如虎豹而小，始生还食其母，故名枭獍"。又名破镜。《汉书·郊祀志·上》："祠黄帝，用一枭破镜"。枭者，鸟名，食母。破镜者，兽名，食父。后世因称不孝者为枭镜。）之资，行豺狼之心，邻我疆场，常抱祸心，伺隙侵掠，防备之严，行成之劳，为尔生民之患久矣。今又凌犯边徼，杀害生灵，扫荡室庐，予实疾心为孤儿寡妇，命将讨罪，尔众士，其悉予宵肝之忧，谨将师节制之律，除老弱及妇女外，如能断首，以杀之多少，或超三等或超二等，超等赏职赏赉，如不遵军令者，虽成功而无赏，其尔各尽乃勇，以致果毅，勖哉！"①

这纸战时动员令，实乃一篇战斗檄文，辞气激烈，酣畅淋漓。文中历数女真之罪恶，反复重申己方之正义。"蠢兹野人"是世宗大王声讨女真的一个关键词组。它使用于指陈女真罪状之起始，反复出现者三，产生了一种正义凛然、一往无前、振奋军旅的效果。"野人"即未开化之人。《吕氏春秋·恃君》："氐、羌、呼唐，离水之西，僰人、野人，……多无君"。"蠢"则不仅指其愚笨，更言其狂妄悖逆之性。据《尔雅》释训："'蠢'，不逊也"。学者注曰"蠢动为恶，不谦逊也"。其他词频较高者尚有"豺狼"、"扫荡"、"虏掠"等。这些词汇出自朝鲜朝最高统治者世宗大王之口，应该算是官方的评价标准，它必然会左右朝鲜士林对女真人的描述和想象。或者反过来说，是朝鲜士林对女真人的描述和想象左右了世宗大王对女真人的评价。无论怎样，以上关于女真人的评价都是一个文化强势民族在一个文化弱势民族缺席的状态下做出的。世宗大王通过对"他者"女真形象的塑造，树立起迥异于朝鲜民族的"他性"，以此来证明朝鲜朝征伐女真的合法性及正义性。

一个意味深长的问题是，如果从影响与接受的角度考虑，则明朝统治者亦参预了朝鲜人关于女真文本的制作。据《朝鲜王朝实录》，太宗十年（明成祖永乐八年，1410 年），"九月丁卯，韩尚敬还自北京，启曰：帝（按，指明成祖朱棣）御奉天门早朝，宣问：'高丽北门上，不知什么人来抢人口？'尚敬等具奏其故。且奏本国差李玄、朴惇之二次来奏，适以大驾北巡，玄已还国。惇之欲启于东宫，如南京。帝曰：'朕不曾见尔国文书。这兀良哈真个这般无礼，我调辽东军马去，你也调军马来，把这厮杀得干净了'。帝又谓通事元闵生曰：'这野人受朝廷重赏大职，赐以金带银带招安，如此忘了我恩。打海青

① 许篈：《大东野乘》卷之七《海东野言·一》，第 580 页。

去底指挥，拿做奴婢使唤。又尝一来扰我边，有恩的尚或如是，你莫说了。料着你那里十个人敌他一个人，要杀干净'。闵生奏曰：'未蒙明降，不敢下手'。帝曰：'这以后还这般无礼，不要饶了。再后不来打扰，两个和亲'。又帝御奉天门宣谕曰：'这野人貌虽似人，实怀熊狼虎豹之心，可着好军马一举杀了。其中若有归顺朝廷的人，不要惹，他又来告，难决断"。①

明宪宗成化十五年（朝鲜朝成宗十年，1479 年），闰十月癸亥，明辽东指挥高清赍敕书致朝鲜，其所赍敕书与世宗大王派员往教润德等意旨如出一辙，其敕曰：

"朕诞膺天命，君主华夷。施惠行仁，乃朕素志。兴兵动众，岂所愿为！夫何建州女真，逆天背恩，累寇边陲，守臣交请剪灭。朕念戈鋋所至，玉石不分，彼中宁无向化为善者乎？爰遣大臣抚谕再三，贷其反侧之愆民，听其来京谢罪，悉越常例，升赏宴侍而归。会未期岁，贼首伏当加等复纠丑类，侵犯我边，虽被官军驱逐出境，但未大遭刿刜，守臣复请加兵。廷议皆谓此贼冥顽不悛，罪在不宥。已令监督、总后等官选领精兵，往彼会合镇守都御使，刻期捣巢征剿。惟尔国王，绍胙东藩，输忠于我国家，有隆无替，朕甚嘉悦。顾王国素称礼义之邦，接邻腥膻之域，亦有以敌之乎？我兵压境，贼有奔窜国境，谅必擒而俘献之。王如申遣偏师，遥相接应，大奋貔貅之威，同歼犬羊之孽，逆虏既除，则王敌忾功勤愈茂，而磐石岂不有以享于无穷哉！报酬之典，朕必不缓。故敕"。②

明成祖朱棣的敕书同样是一个掌握着想象领导权的强势民族对一个"不在场"的弱势民族的单方宣判。明朝统治者正是通过这样一个将女真人"文本化"的过程，使自己对女真人的征伐取得了合法性。而这些关于女真人的早期文本则在相当长的一段历史时期内为人们塑造女真形象，建构关于女真人的想象空间提供了逻辑起点。这个逻辑起点对于朝鲜人来说亦同样适用，因为"朝鲜人处理女真人的总体概念，基本上是从中国人（汉人）那里——特别是儒家思想那里承受过来"。③

我们拟将朝鲜民族对于满族人的这些原始描述及想象称之为"女真记

①　吴晗：《朝鲜李朝实录中的中国史料》，中华书局 1980 年版，第 247 页。

②　同上书，第 652 页。

③　黄枝连：《天朝礼治体系研究》下卷，中国人民大学出版社 1995 年版，第 29 页。

忆", 并将 "女真记忆" 作为研究朝鲜朝语境中的满族人形象时的 "轴心概念"① 之一。

"女真记忆" 是我们受 "原始意象" 的启发而发明的一个概念。"原始意象" 出自瑞士心理学家荣格 (1875～1961), 在荣格那里, "原始意象" 是一种先天的、完整的模式, 是遗传的、本能的。而我们所谓的 "女真记忆" 中的 "记忆" 则相当于 "原始意象" 中的 "意象"。它是 "'一种在瞬间呈现的理智与感情的复杂经验', 是一种 '各种根本不同的观念的联合'"。② "女真记忆" 同 "原始意象" 一样具有反复再现的性质, 这种反复再现即是在某种具体情境下的 "意" 与相对恒定的联想物 "象" 的契合。"它的反复性不是精神的遗传, 而是人与自然 (客观存在) 关系及其在人的心理上产生的感受的不断反复"。③ "女真记忆" 的瞬间再现是一种 "意" 与 "象" 的自然交融关系, 是一种后天的生成过程, 特指朝鲜人在同满族人的各种社会实践活动中出现的文化心理现象。

麟坪大君对清皇顺治的描述就带有这种 "女真记忆" 瞬间再现的意味。试想, "清主高坐", 麟坪大君是无论如何不能 "细看" 的, 最多也就是瞥上几眼, 因此, 清主顺治 "气象豪俊, 既非庸流, 眸子暴狞, 令人可怕" 的印象在很大程度上是一种 "女真记忆" 的重现而非实际之观感。

麟坪大君简单记述了自己朝觐顺治的印象与感受之后, 又以被掳至清朝的朝鲜人金汝辉④的 "外位" 视角对清皇顺治做了进一步的更加详细的描述:

"初七日辛巳, 阴, 留。……金汝辉来谒, 赠礼物, 详问阙中事情。渠云: 儿皇力学中华文字, 稍解文理, 听政之际, 语多惊人, 气象傑骜, 专厌胡俗, 慕效华制, 暗造法服, 时或着御, 而畏群下不从, 不敢发说。清人惑巫原来习性而痛禁宫中不复崇尚。然气侠性暴, 拒谏太甚, 间或手刃, 作威专事, 荒淫骄侈自恣, 罕接臣邻, 不恤蒙古, 识者颇忧云"。⑤

"初十日甲申, 晴, 留。金汝辉来谒, 细问燕京事情, 答以帝御新构天清

---

① "轴心概念" 一词, 从美学家苏珊·朗格之说: "理论体系中的基本概念也就是支撑着我们的艺术理论体系的轴心概念。理论流派之间的区别, 首先通过其 "轴心概念" 的不同而显示出来。

② 韦勒克等著: 《文学理论》, 三联书店 1984 年版, 第 202 页。

③ 程金城: 《原型批判与重释》, 东方出版社 1998 年版, 第 88 页。

④ "汝辉是龙湾右族, 丁卯之兵, 合家被掳, 今为清主亲兵哨官, 为人良善"。(《燕途纪行》第 41 页。)

⑤ 麟坪大君: 《燕途纪行》, 韩国民族文化促进会 1989 年版, 第 41 页。

宫，太后御慈宁宫，正宫皇后御翠华宫，椒闱寂寞，方拣东西两宫皇后，宫中贵妃一人，曾是军官之妻也，因庆吊出入禁闱，帝频私之，其夫则构罪杀之，勒令入宫，年将三十，色亦不美，而宠遇为最，其父兄赏赐累巨万，仍册封东宫正后，定日乃今月二十日也。西宫正后拣孔王有德女四贞，册封当在岁翻，而容色绝美云。正宫则无皇子，侧室有二男二女，总三、四岁也。明朝禁园为獐子苑，在城南二十里，周回一百六十里。一号海子里宫殿壮丽，麋鹿濯濯，是其游玩处。今月念后帝，令禁卫各赍四十日粮出园囿，仍猎近地云。馆中回期似不无因此迟滞之虑也。蒙王等季秋旬前入京，已过三旬，例当回征，而四公主中一人不唯琴瑟不调，见薄于其夫。带去乳夫暨管家不告朝庭，公主怨诉。是事帝盛怒，乳夫暨管家拟抵死罪，驸马父子东华门外席藁待罪，公主还，惧请解，以故迟留，将于望间发程。赏赐则例进马驼，回赠外银数百，缎数十，比前犹少，岁贡则重，赏赐则鲜，蒙人含怨"。①

金汝辉对顺治的描述概括起来有大致三方面的意思：一）、专厌胡俗，慕效华制。二）、荒淫骄侈自恣。三）、气象傑鷟，气侠性暴。

其中，"专厌胡俗，慕效华制"是朝鲜人过去的"女真记忆"中所没有的关于满族人的"新文本"。"气象傑鷟"，"气侠性暴"则是努尔哈赤与皇太极形象的延续。而"荒淫骄侈自恣"则介于新旧之间，这一形象既有"旧文本"的影子，亦是"新文本"的滥觞。为不致重复，我们只对与顺治相关的一、二两种形象进行分析。

二、"专厌胡俗，慕效华制"的顺治皇帝

顺治八年（1651年）正月，清世祖福临刚刚十四岁，即正式亲政。据《朝鲜王朝实录》：清顺治八年（1651年）二月戊辰，"知经筵李基祚曰：'臣才自北京回，敢陈闻见。清主年今十四，而坐殿上指挥诸将，傍若无人'。②清世祖福临上承父祖基业，下启康乾盛世，是一位颇有作为的皇帝。亲政伊始，即独揽皇权，进一步推进"满汉一体化"。官制是政治制度的集中体现，有什么样的政治制度，就有什么样性质的官制。清朝中央官制系统，已显示出它迅速而全面地恢复了明朝的政治体制，沿着专制政体继续运行。不仅如此，它还鲜明地体现出满、汉、蒙在这个中央政权中的各自地位和彼此关系。早在

---

① 麟坪大君：《燕途纪行》，韩国民族文化促进会1989年版，第41页。
② 吴晗：《朝鲜李朝实录中的中国史料》，中华书局1980年版，第3809页。

皇太极秉政时期，满族人就已明确了"满汉一体"的治国方略。至入关后，"国家混一华夏，满汉并重，惟京朝武臣，置有满洲专缺。其文职衙门堂官，皆满汉并用。如内阁四相，必两满洲、两汉人；六部十二尚书，满六人、汉六人是也。惟宗人府堂属，全用宗室，只汉府丞一人，汉主事二人；又内务府、理藩院，均不用汉人。太医院全用汉人，稍有不同也。外省官员，不分满汉，惟择贤而任。计自顺治四年至雍正十三年止，共九十二年，八旗人员之任督抚者，汉军则十居其七，满洲十居其三，蒙古仅二人"。① 清代官制，六部首脑之设，实行满汉复职制，实为历朝历代所无。出使清朝十余次的麟坪大君对清朝的这些典章制度当然是了然于心的，并在其《燕途纪行》中作了记载："闻六部尚书暨左右侍郎各房郎官，清汉各差一人，汉官掌规模，清官掌事务"。② 这种一职两人的编制体制对汉族官僚而言，其权力上的局限性是不言而喻的，虽曰"满汉并重"，实际还是"首崇满洲"。但它也确实在一定程度上体现了清朝统治者"满汉一体"，满汉并用的良苦用心。

顺治皇帝"专厌胡俗，慕效华制"还表现在其对孔子及其他古代"圣贤"之后人的优礼有加上。尤其对"至圣先师"孔子及其后人更是优遇独渥。除袭封孔子第六十五代孙孔允植为"衍圣公"，依明朝例兼太子太傅外，其子孔兴燮照例加二品官服，其弟孔允钰仍袭五经博士。孔氏族人孔贞堪仍任曲阜知县，孔允植第三子袭汶上县"圣津学院"的世袭太常寺博士。其他有关地方官员之任用，皆由"衍圣公"孔允植提名报吏部，悉数照准任命。孔子之弟子颜回后裔颜绍绪、曾子后裔曾闻达、孟子后裔孟尔玺等亦仍袭五经博士。③

更改官职的满文名称为汉文名称，亦是顺治皇帝"专厌胡俗，慕效华制"的一项举措。

后金立国之初，将领官员之职名为明朝固有名称与满文名称并用，后废汉名，皆以满文重新命名，包括爵位名，悉依本民族语言命名。这亦是清太宗皇太极为保护满族文化，大力普及满语，倡导满族民俗的措施之一。然而，满族人入关后，便发现满文职名与汉文化极不协调，不仅不利于行政，亦不利于消弭汉族人的抵触情绪。顺治十七年（1660 年）遂改满文职名为汉文职名。如，

---

① （清）福格：《听雨丛谈》，中华书局 1984 年版，第 57 页。
② 麟坪大君：《燕途纪行》，韩国民族文化促进会 1989 年版，第 43 页。
③ 《清世祖实录》卷九。

固山额真改都统；梅勒章京改副都统；甲喇章京改参领；牛录章京改佐领；噶布什贤按班改前锋统领；巴牙喇纛章京改护军统领等。职名的"一体化"，自然有利于满汉两个民族的"一体化"，进而达到"慕效华制"的目的。

清世祖顺治"专厌胡俗，慕效华制"的一个最有力度的政策，就是允许满汉通婚。在历史上，汉族人同少数民族通婚是被禁止的，无论是成文法还是习惯法，都没有规定民族间可以通婚。因政治外交原因与少数民族的"和亲"则是例外，并不是完全开禁。在那个时代，民族之间隔阂很深，文化传统差异鲜明，亦难以实施通婚。至清初，允许满汉通婚，且政策是由居于统治地位的满族统治集团提出来的，从政治上、文化上，都打破了千百年来的传统习惯，不能不说是一个重大的突破，它也同时说明了当时的满洲族是一个思想开放，与时俱进的民族。顺治五年（1648年），清世祖宣旨于礼部曰："方今天下一家，满汉官民皆朕臣子，欲其各相亲睦，莫若使之缔造婚姻。自后满汉官民，有欲联姻好者，听之"。同时，对满族官民还有一条特殊限制，即必须娶汉人之女为妻者，"方准其娶"，其意不准娶汉女为妾，这对汉女实是一种保护，亦可防止满人腐化堕落。清初始，即实行满汉通婚，对消除民族隔阂，促进民族融合，无疑是具有积极意义的。

"满汉一体"，本质上还是"首崇满洲"，对此，清世祖并不讳言，他明确地讲道："若以理言，首崇满洲，固所宜也"。[1] 也就是说，清朝最高统治者所倡导乃至实行的"满汉一体"是以"首崇满洲"为前提的一项根本方略。因此，并不能做到事实上的"满汉一体"，即真正意义上的民族平等。

清世祖福临如此煞费苦心，不遗余力地"慕效华制"，"力学中华"，其终极目的是为了将自己塑造成符合"中华道统"的圣明君主，将满清统治集团纳入礼治主义的轨范，以使大清江山传祚万世。

但麟坪大君是无论如何也不愿意承认顺治之正统地位的。尽管顺治皇帝"听政之际，语多惊人"。励精图治，继往开来。但在麟坪大君看来，他还是没有资格取代刚愎自用，爱慕虚荣，疑神疑鬼，走投无路而自缢煤山的明皇崇祯。就连顺治裁制龙袍都成了"暗造法服"，"时或着御"，更是将事实上已经成为皇帝的顺治描述成了鼠窃狗偷、觊觎神器的猥琐之辈。

意义是历史的，是随语境的变化而变化的，脱离了部分与整体的相互规

---

① 《清世祖实录》卷七十二。

定，便无意义可言。麟坪大君在此描述的"暗造法服"，"时或着御"，实非
"一派正统"的顺治形象，一方面受制于麟坪大君自己的"偏见"，另一方面
亦受制于朝鲜朝阐释顺治及其王朝的"霸权话语"。麟坪大君此次出使前后，
正是朝鲜国内"北伐论"甚嚣尘上之时。朝鲜国内"北伐论"之论调与麟坪
大君对"儿皇"顺治"专厌胡俗，慕效华制"的全面否定，从阐释学的层面
上来说，实际上已经构成了一种"阐释学循环"。二者之间是一种相互制约、
循环再生的关系。

"专厌胡俗，慕效华制"在朝鲜朝统治阶层看来，不过是徒有其表的形式
而已。因此，除了出于礼节上的考虑，朝鲜不得不对满清王朝虚与委蛇之外，
他们依然将满清统治集团看作是一群乌合之众，是十恶不赦的窃国大盗，并为
"直捣巢穴"，"扫清腥秽"积极作着准备。

"孝宗即位之初，大有待时雪耻之志"。①曾经任过孝宗师傅的学者宋时
烈②"揣知上意，密上封事以赞之"。在给孝宗的奏议中提出了著名的"北伐
论"，主张北伐中原，恢复明朝的汉家江山，其"北伐论"甫一出台，顿时应
者鹊起，使之成为主流舆论：

"孔子作《春秋》，以明大一统之义于天下。后世凡有血气之类，莫不知
中国之当尊，夷狄之可丑矣。朱子又推人伦，极天理，以明雪耻之义，曰：
'天高地下，人位乎中。天之道不出乎阴阳，地之道不出乎柔刚。是则舍仁与
义，亦无以立人之道矣。然仁莫大于父子，义莫大于君臣，是谓三纲之要，五
常之本。人伦天理之至，无所逃于天地之间者。其曰：君父之仇不与共戴天
者，乃天之所覆，地之所载。凡有君臣、父子之性者，发于至痛，不能自已之
同情，而非出于一己之私也'。臣每读此书，以为此一字一句或有所晦，则礼
乐沦于粪壤，人道入于禽兽，而莫之救也。

钦惟我太祖高皇帝与我太祖康献大王，同时创业，即定君臣之义、字小之
恩、忠贞之节，殆三百年不替矣。不幸顷者得丑虏肆凶，举国沦陷，堂堂礼义
之邦，尽污腥膻。彼时之事，尚忍言哉？继值甲申之变，皇京荡覆，天下无
主。是则，虽曰非此虏之所为，然乘时聘丑，凌夷我寝庙，奸污我皇族，已为
痛疾。至于弘光皇帝，建号南方，大统有存，我朝虽未有聘享之礼，然既是我

①　吴晗：《朝鲜李朝实录中的中国史料》，中华书局 1980 年版，第 3868 页。
②　宋时烈（1607～1689），字英甫，号尤庵。

神宗皇帝之骨肉，则君臣大义，岂以天外而有间哉？何意天不悔祸，逆虏复肆弑逆，日月所照，霜露所坠，凡有性命之伦，莫不有不共戴之义矣。况我国实赖神宗皇帝之恩，壬辰之变，宗社已墟而复存，生民几尽而复苏，我邦之一草一木，生民之一毛一发，莫非皇恩之所及也。……此虏者，君父之大仇，矢不忍共戴一天，蓄憾积怨，忍痛含冤，舁辞之中忿怒愈蕴，金币之中薪胆愈切，枢机之密死神莫窥，志气之坚贲育莫夺，期以五年、七年以至于十年、二十年而不懈"。①

孝宗内心深处依然对亡明一往情深，时刻盼望光复中原，一雪丙子国耻。因此，与宋时烈君臣相知，"志同道合，常如骨肉兄弟"。② 孝宗尝赐裘一袭与宋时烈，尤庵则坚辞不受，孝宗乃密谕尤庵曰："辽蓟风雪，将与同驱驰也"。其"俟其有衅，出其不意，直抵关外"③ 的宏图大略可谓彰显无遗矣。

孝宗八年（顺治十四年，1657 年）八月丙戌，宋时烈更进小册曰：

"臣窃闻丽氏于契丹时，请医于宋，密奏忠虑。而金虏之时，又有奔问宋朝之事。当时议之，后世韪之，皆以为丽氏五百年王业，是由于此，此时知言也。夫三纲五常，天之经，地之义，人所以为人，国所以为国者也。于其中又有最大而尤切者，所谓仁莫大于父子，义莫大于君臣是也。而君臣之中，受恩罔极，又未有若本朝之于皇明也，岂比丽之于宋哉！窃闻今日一派正统，偏寄南方，未知殿下已有丽朝之事，而机禁事密，群下有未得知耶？若然，则天怒自息，民心自悦，我国其庶几乎！如其不然，则未有大伦有亏，大义有坏，而天佑民服者也。万里鲸波，信息难传。而精诚所在，无远不届。一国军民文武之中，岂无忠信沉密而应募愿行者乎！伏乞殿下默运神机，独与腹心大臣密议而图之。臣虽驽劣，极欲怀符潜行，以达吾君忠义之心，以明祖宗诚恻之极。则圣上培养之恩，庶几少效。而假使未达，溺死于万丈层波，万万甘心，荣幸无穷矣。惜乎今病已矣，南望长恸，只自匪风之思而已。伏愿殿下潜留睿思无忽，则千万幸甚！"④

在这篇小册中，宋时烈首先以高丽王朝在契丹与金的统治下，仍能与宋相通为例，指出如今在满清统治下，朝鲜也应与明相通。并从"三纲五常"的

---

① 《宋子选集》，中华书局 1999 年版，第 110 页。

② 吴晗：《朝鲜李朝实录中的中国史料》，中华书局 1980 年版，第 3866 页。

③ 同上书，第 3865 页。

④ 同上书，第 3855 页。

角度，指出朝鲜朝与明有君臣之义、父子之恩，于理于情，都应与明相通。

"北伐论"不是一种孤立的、个人的言论，它代表了相当一部分朝臣及士林"反清复明，恢复中华"的僵化思想意识，这种潜在的思想意识无时无刻不支配着朝鲜朝统治阶层的思想感情。赞善宋浚吉转呈给孝宗的一篇其老师金长生的奏札就直接对满清王朝的"正统性"提出了挑战，其札曰：

"臣伏同丽史，唐明皇幸蜀，高丽遣使贡问，辛勤于陆海数万里之外，明皇喜甚，作诗以送。宋之南渡，丽方受制于金，而亦遣使贡问，以通虏情，至今为史家美谈。恭惟我朝三百年来，服事大明，其情其义，固不暇言。而神宗皇帝再造之恩，自开辟以来，亦未闻于载籍者。宣祖大王所谓'义则君臣，恩犹父子'，实是真诚痛切语也。呜呼！昊天降割，致有今日，思之肠割，岂忍言！岂忍言！窃闻帝室之胄，尚有偏安于广、福之间，天下大统，不全为魏贼之所窃。而我国漠然不得相闻，于今几年。虽缘形势之使然，而其视丽朝之贡问唐宋，岂不大有所愧？此实忠臣义士之日夕腐心，深有望于圣明者。仰惟圣上，亦岂一日而忘此心哉？臣伏闻先大王每与诸臣谋所以遣问者，亦尝累有所试云。今殿下聿追先志，奋发图功，日夜竢天下之有事。而彼之形势，亦已为天所厌，实有难久之兆。则虽以利害言之，我国之道，岂可不早知中原之事情，而豫为之所乎？臣窃闻中朝民士，逢我国之人者，必流涕而言曰：'大明之覆亡，专由于锦州之沦陷，锦州之沦陷，专由于你国之精砲'云。臣每念至此，心胆堕地！古语云：'楚虽三户，亡秦必楚'。盖言其痛冤之甚，报应之必然也。呜呼，尤可惧哉！尤可惧哉！臣窃闻之，济州一岛，遮据南海之中，凡汉舡行商，而往来海外诸国者，率多过济而去。遇风泊岸，淹迟数日者，比比有之。为守臣者，虑其难处，辄纵之使还云。以是观之，似可因此为便。而济又地远海隔，可以秘事密机，不烦瞻听。今须先择一从臣，才诚兼至，忠信可仗者，授以济任，俾令周旋营干，不限迟速，要得通其水路，然后朝廷继以使价，则我朝君臣上下数十年痛迫冤郁之诚意，或可一朝而达于天朝矣！"①

依宋浚吉的这位老师金长生所见，满清王朝就是三国时之曹魏，乃窃据神器之丑类，实非"天下大统"之真正秉持者。以北宋与金王朝而论，正统属于前者，而满族人乃女真之后裔，当然就不是什么"帝室之胄"了。因此，

① 吴晗：《朝鲜李朝实录中的中国史料》，中华书局1980年版，第3857页。

满清自然得不到上苍之庇佑，且"已为天所厌，实有难久之兆"，朝鲜应乘济州岛之方便，"通其水路"，与"偏安于广、福之间"的"天下大统"之真正承续者南明互通消息，以使朝鲜朝"君臣上下数十年痛迫冤郁之诚意"，"一朝而达于天朝！"

以此观之，在朝鲜朝朝臣及士林眼中，入主北京的满族人依然是"贼"，是"虏"，是"蕞尔凶丑"，而其"专厌胡俗，慕效华制"等种种举措，只不过是"小丑"跳梁而已。

"一切形象都源于对自我与他者，本土与异域关系的自觉意识之中，即使这种意识是十分微弱的"①。我们在朝鲜朝语境中的满族人形象背后，总是能感觉到与之对立的朝鲜人形象的存在。宋时烈即是在与满族人之形象的对比中凸显出来的朝鲜人形象之一。如同朝鲜国王孝宗被后世奉为"尊王攘夷"的楷模一样，宋时烈亦被朝鲜朝树立为恪守《春秋》大义之典范。朝鲜正宗十一年（清乾隆五十二年，1787年），"丁亥，（正宗）诣北苑行皇坛望拜礼，召见参班文荫武儒生。教曰：'明天理，正人心，使衣冠之伦得免为被发左衽者。赖有大老（按，指宋时烈）之力也。昔我孝庙以修复之大义，悉委先正（按，指宋时烈）。先正即皇朝荩臣，其功岂比殉节舍命者。自今先正文正公子孙，亦许参班'"②。一代名臣，果若泉下有知，想必亦应颇觉安慰吧。

《朝鲜王朝实录》赞宋时烈"家居怀德，天资刚毅，有大志。自丁丑后，为大明守义不出，金尚宪推许甚重"③。当年，尤庵"以大君师傅扈入南汉，上之出城也，直还乡里，不赴举，不赴召，闭门授徒，阐明程朱之学。又以扶世道，淑人心，伸大义于天下为己任。逮孝宗即祚，时烈承命入都，君臣同德，契合昭融，将有大展布。虏人闻之，遣使诇察，腹背相望，时烈遂退归。然或密疏论事，上亦手札答问"④。南明政权偏安一隅，同室操戈，不思进取，可谓风雨飘摇，朝不保夕。而宋时烈满腔热忱，将恢复"一派正统"的希望寄托在庸碌无为的南明桂王朱由榔身上。甚至不惜以老病之躯"怀符潜行，以达吾君忠义之心，以明祖宗诚悃之极"。即便"溺死于万丈层波"，亦"万万甘心，荣幸无穷"。其忠肝义胆，诚可鉴日月矣。孝宗末年，朝廷复召尤庵

---

① 孟华主编：《比较文学形象学》，北京大学出版社2001年版，第4页。
② 吴晗：《朝鲜李朝实录中的中国史料》，中华书局1980年版，第4787页。
③ 同上书，第4016页。
④ 同上书，第3864页。

造朝，"擢授铨衡，委以雪耻之事，契合如毅葛。未几孝庙宾天，以事不可成（按，指北伐事），即复退归。晚岁居清州华阳洞中，粝饭弊衣，人不可堪，而宴如也。先王亦待以师傅，礼遇无替。进拜右相，累召之，辞解相入朝，旋复归。国家自丁丑后，亡而仅不灭，时烈倡议，奋不顾身，不书清国年号，始终以除仇为己任。虽经营未就，而昭揭民彝，扶持国脉，君子大其功"。① 应该说，《朝鲜王朝实录》给予了宋时烈以极高的评价。这一形象是在对"他者"——顺治及其王朝——的否定中树立起来的。

任何时代都有一些思想先驱，他们意识超前，思想解放，当群众还在黑暗中摸索的时候，他们就已经窥见了黎明的曙光。朝鲜朝实学先驱者之一梁得中②就是这样一位高举思想火炬，照亮时代暗夜的伟大先行者。他以"实事求事"为自己的根本指导思想，支持其老师——"少论派"代表人物、一代硕学大儒——尹拯的立场，反对宋时烈的"北伐论"。认为此论是"以义理乱天下"，③ 是"假朱子明大义攘夷之说，以迎合圣祖大志之所向，因以为自己发身之赤帜"，完全是一种不切实际的"搅其名而济其私"④ 的有害之论。他提醒朝野应该明白"时与势移，各有其宜"的道理。如果"今日不量时势，轻绝强虏"，则会"仇怨未报，而祸败先至"。⑤

我们无意在此评判宋时烈与梁得中等所持立场孰对孰错，但以历史唯物主义的眼光来看，德村之说确实"实事求是"，并符合朝鲜朝之最高利益，是对脱离实际、日趋僵化的朝鲜朱子性理之学的反正，有利于缓和朝鲜与满清的紧张关系，有利于国计民生则是确定无疑的。惜乎德村之说在当时的时代语境之下，还不能得到足够的支持并成为"霸权话语"。不过，我们也实在没有理由苛责朝鲜君臣，因为，"什么文明的形式，固有其活力、潜力、优势、力量；可也有其劣势、盲点、暗角。有些弯，总是转不过来，这才有悲剧，也才有历史和新的文明之创造"。⑥ 此诚不刊之论也。

---

① 吴晗：《朝鲜李朝实录中的中国史料》，中华书局1980年版，第4016页。
② 梁得中（1665~1742），字择夫，号德村。肃宗三十二年（1706年）时始正式出仕，任怀仁县监，时年四十又二，英祖大王九年（1733年），累拜通政大夫承政院同副承旨并经籍参赞官，年七十八病卒。有《德村集》传世。
③ （韩）梁得中：《德村集》卷一，"辞召旨疏"己酉。
④ （韩）梁得中：《德村集》卷五，"明大义辨"。
⑤ （韩）梁得中：《德村集》卷五，"明大义辨"。
⑥ 黄枝连：《天朝礼治体系研究》下卷，中国人民大学出版社1995年版，第366页。

耐人寻味的是，如宋时烈、麟坪大君等如此强烈地否定顺治及其王朝的正统地位，雪崩般地"感戴皇明"，这里面的原因到底是什么？

一般而言，学界多将朝鲜朝"感戴皇明"、"诋毁满清"的原因归结为"壬辰再造之恩"或"两乱"（"丁卯虏乱"、"丙子胡乱"）对朝鲜民族的感情伤害。韩国著名历史学家李基白教授在其所著并享有盛誉的《韩国史新论》一书中即认为："与倭乱相比，清人的入侵历时较短，朝鲜仅有小部分变成了战场，遭到的损失也相对较轻。但清军所到过的朝鲜西北部地区，由于抢劫和屠杀却是满目疮痍。由此激起的不断蓄积的仇恨，在朝鲜文化优越感的作用下终于迸发成对清的强烈敌意"。①

有论者则更进一步，深入到"尊王攘夷"思想、"三纲五常"思想对朝鲜民族的影响这一更深层次的文化背景之中寻找原因。认为"强调'三纲五常'、主张'尊王攘夷'的中国儒学是朝鲜对'皇明'的'感戴'能够历清一代，经久不衰的强大的精神支柱与思想基础"。②

著名学者黄枝连教授在其所著《天朝礼治体系研究》一书中则认为：

"他们的逻辑是很简单的：

——礼治主义、'天朝礼治体系'以及明王朝，是'三位一体'；都是'天经地义'的事物，永恒不变的。

——满清在界外崛起，便是荒谬的东西，与那个'三位一体'是格格不入的。

——朝鲜既是'三位一体'的一个附属部分，所以，它同'界外事体'的满清的关系，必定是敌对性的。

在这样的逻辑之下，不管满清怎么改变，不管清廷对朝鲜政策如何改变，'义理派'始终认为，双方的关系都是不可能改变的。"③

这些观点走出了旧说对这一问题的表面化理解，从深层的文化学意义上对朝鲜朝"感戴皇明"、"诋毁满清"的原因做出了全新的阐释，言之成理，分析亦很深刻透辟。但我们总有一种言犹未尽的感觉。因为，上述结论都是从封建的宗藩体系出发考虑问题而得出的，完全没有从朝鲜民族追求民族主体性的

---

① （韩）李基白著、厉帆译：《韩国史新论》，国际文化出版公司1994年版，第205页。
② 王薇：《中朝关系史——明清时期》，世界知识出版社2002年版，第306页。
③ 黄枝连：《天朝礼治体系研究》下卷，中国人民大学出版社1995年版，第365页。

角度考虑这一问题。李基白教授所著之《韩国史新论》虽然在突出朝鲜民族之独立意识方面甚为自觉，但在对此问题的阐释上却没有贯彻这一思想。有鉴于此，我们愿意在吸收前辈时贤之优秀成果的基础之上，另辟蹊径，换一种视角，即不为传统的封建宗藩框架所囿，而是从朝鲜民族追求民族主体性的角度重新阐释这一问题。

我们以为，意识形态在民族国家之交往中虽然占有相当重要的地位，但决定民族国家间关系的最主要的因素归根结底还是现实的国家利益和一个国家的综合国力。我们在朝鲜朝语境中的满族人形象背后，看到的是一个综合国力处于劣势的弱小民族为争取自由和独立的坚强不屈和勇敢抗争，而"事大"，不改初衷，以大明为"天下正统"，始终奉亡明"正朔"只不过是朝鲜民族谋求自由与独立的策略及手段，是其走向终极追求——自由与独立——的一段艰辛旅程。朝鲜民族的这种反抗外来压迫，追求自由与独立的精神是有其悠久的历史传统的，并且在今天的现实生活中继续传承着。关于这些，学界已早有定论，我们不再赘言。

三、"荒淫骄侈自恣"的顺治皇帝

如果细读朝鲜朝关于满族及其先民女真人之文本，我们将会发现，麟坪大君所谓的"荒淫骄侈自恣"中的"荒淫"基本上是 1636 年"丙子胡乱"后出现的关于满族统治集团的"新文本"。此前，在关于满族统治者的描述中出现的更多的则是其"骄侈自恣"的一面：

（光海君元年辛酉，1609 年）"老酋（按，指努尔哈赤）本性凶恶，聚财服人，皆以兵威胁之。人人欲食其肉，怨苦盈路，所待者天降其罚"。①

"满（按，指努尔哈赤）之妻妾及诸子诸将，皆劝通好于我国，我国之物，最以为珍者：绵布、白苎布、白纸、画席、獭皮、粧刀子、食盐、大米云"。②（《姜弘立密启》）

"胡中相传，我国多送信物，大小胡人无不喜悦。酋（按，指努尔哈赤）谓诸将曰：'朝鲜送物，我岂独用，当分尔云'"。③

---

① 吴晗：《朝鲜李朝实录中的中国史料》，中华书局 1980 年版，第 2869 页。
② 《燃藜室记述选编》，辽宁大学历史系 1980 年版，第 40 页。
③ 赵庆男：《乱中杂录》，转引自潘喆等编《清入关前史料选辑·三》，中国人民大学出版社 1985 年版，第 273 页。

"差官之来，无一送物，酋（按，指努尔哈赤）之妻妾及诸子诸将家属，无不缺望。小弄耳之所得之于满浦者，纸束牛只等物，酋尽取之，只给绵布云"。①

"礼单则未开宴前先设朱红高足床于庭中，各色之物排置床上，使达海等人点阅，宴将开令撤去，只取长剑而来，拔鞘见之，以袖拂拭，颇有爱玩之色。览讫，诸王子传相见之，有自中私语而未知之矣。礼单所裹油芚，在前则尽为解去，只八物件而今则自同。日平明，开见物件，更考其数，如豹皮、獭皮等物，则挂风施鞭各样物件，精纳笥中，因以所裹油芚极精裹之，又以熟索结外，入送三十六笥，所见精齐，自汗（按，指皇太极）以下，皆有喜色，曰：'今番礼单异于前日，可知朝鲜真实之情'"。②

"骄侈自恣"这一形象是朝鲜人"女真记忆"中女真人"贪而多诈"、"恣行无忌"等形象的延续。而"荒淫"这一形象出自1636年"丙子胡乱"之后。因此，我们说"荒淫骄侈自恣"这一满族人形象既有"旧文本"的影子，亦有关于满族人之"新文本"的色彩。

麟坪大君在其《燕途纪行》中描述顺治皇帝的"荒淫骄侈自恣"时，即突出了其"荒淫"的一面：

"闻见则关内饥荒，草寇窃发，自渔阳东界至皇城东门，坊坊曲曲官军伏路，刀枪弓砲相望于道。畿辅州府方抄选良家美女以充后庭。厥额三千，计数分定，高揭榜文，人民愁叹。清主之荒淫概可想矣"。③

"帝御新构天清宫，太后御慈宁宫，正宫皇后御翠华宫，椒闱寂寞，方拣东西两宫皇后，宫中贵妃一人，曾是军官之妻也，因庆吊出入禁闼，帝频私之，其夫则构罪杀之，勒令入宫，年将三十，色亦不美，而宠遇为最，其父兄赏赐累巨万，仍册封东宫正后，定日乃今月二十日也。西宫正后拣孔王有德女四贞，册封当在岁翻，而容色绝美云"。④

"对特定文本的解读必须要把它放到同其他文本甚至非文学文本的关联域

① 赵庆男：《乱中杂录》，转引自潘喆等编《清入关前史料选辑·三》，中国人民大学出版社1985年版，第274页。
② 同上书，第337页。
③ 麟坪大君：《燕途纪行》，韩国民族文化促进会1989年版，第36页。
④ 同上书，第41页。

中"。① 从而"将一部作品从孤零零的文本分析中解放出来，将其置于同时代的社会惯例和话语实践关系中，通过文本与社会语境，文本与其他文本的'互文本'关系，构成新的文学研究范式或文学研究的新方法论"。② 麟坪大君此次中国之行前后，朝鲜朝使者所著之"燕行录"中关于满族统治集团"荒淫无道"的描述可谓连篇累牍，佚名《燕中闻见》（Ⅰ）所辑之"燕行录"即多关乎此。《燕中闻见》（Ⅰ）收录于韩国东国大学校林基中教授主编之《燕行录全集》第九十五卷。是由朝鲜使臣分别用毛笔写就的，但从字迹上判断，系由一人抄写。时间则在清顺治、康熙年间，有个别篇章完成于崇德年间。其第十八篇所描述的"荒淫"的顺治皇帝与麟坪大君的描述极为相类：

"丁酉（顺治十四年，1657年）十月，冬至正使尹绛，副使李袶，书状官郭斋华……十五日暮宿丰润县，是处适逢曹姓士人，从容接谈……且问关内外民情便否？则答云……清人辈恣意夺掠，居民之稍有田财者，鲜能自保，几至赤立，以是愁忿日深。苟有志气者，则每当长发又削之时，无不流涕云。此言则关外亦有云云者……二十五日留馆，译官卞忠一闻诸馆夫言：以皇太后上尊号事，今日有颁赦之举云。而董家女册封贵妃，在于十二月初六日。皇太后新加尊号在今日。而董氏即内大臣鄂硕之女，初为皇帝蝦③之妻，而皇帝闻其绝美，杀其夫夺入宫中，今乃封为贵妃，年今二十三云。所谓鄂硕乃真鞑云耳。以贵妃册封之故，有太后尊号之举。而因此两庆，今番颁赦。太后徽号则既称'昭圣慈寿恭简安懿'，而今以'章庆'二字加尊云。皇帝又宠尚可喜之孙女，今方贮之西宫内。翰林石申之女亦在其中。以此两女亦将有封贵妃之举云。蒙古女皇后则以其父有反乱之罪，今则废处冷宫云云"。④

更晚一些时候，即十七世纪末叶的"燕行录"在描述康熙形象时亦延续了麟坪大君对顺治皇帝的描述：

"甲子（康熙二十三年，1684年）三月告讣使李濡，书状李蓍晚……初七日抵玉河馆。闻清皇初六日与太子出猎于西山，时未还。西山去此四十里.

① 张进：《新历史主义与历史诗学》，中国社会科学出版社2004年版，第235页。
② 王岳川：《历史与文本的张力结构》，《人文杂志》1999年第4期。
③ 蝦，即侍卫。"天子、亲王、郡王左右曰蝦，曰白现。帽上俱孔雀翎。其翎文三钱形曰国公（贝子同），两钱形则固山额真，其文仅一钱则梅勒哈刺也。虽六卿逊席。其人尚少壮，过四旬，俱发旗下，所生子女听上选配，或听亲王，并不敢自主"。参阅谈迁著：《北游录》，中华书局1980年版第352页。
④ 林基中：《燕行录全集》第95卷，韩国东国大学校出版部2001年版，第144页。

而若欲增宫室，大苑囿，则分授富民，刻期以成之。如不称意，则辄令毁而改之，民以此益苦。取吴（三桂）、耿（精忠）等旧姬数百人贮置其中，往来流连，殆无虚月"。①

"己巳（康熙二十八年，1689 年）十一月冬至正使俞夏益，副使姜世龟，书状赵湜……庚午正月十七日，留馆。是日清皇幸长春院，院在城外十里许，选美女贮之，声乐玩好，穷极其侈。时时游幸，或十余日乃还云。清皇颇事游宴，科道有谏者，则辄流之于艾湖云"。②

"己巳（康熙二十八年，1689 年）九月正使东平君杭，副使申厚载，书状官权持……十二月初六日到中右所。朝饭有禹丁奉者来谒，问之乃我国永柔人，被俘而来，为贝勒庄头，年今七十六，其子山立尚在本县为吏云。仍问彼中事情，则答云：皇帝前年南行时，时时独出，变作甲军模样，望朱门巨室辄投入，见其美女仍载而归，一行掠得六、七女子云"。③

"庚午（康熙二十九年，1690 年）六月，谢恩兼进贺陈奏使全城君瀗，副使全愈，书状金元燮……其出猎之时，率侍从一人，突入民家，恣行淫亵。然是犹细故耳，朝臣之有美少妻者，辄以事遣去于外，即躬就而淫之。此皆彼人之所传说者也"。④

"任何一个文本都是其他诸文本的复合体之吸收与转化"。⑤ 就时间来说，麟坪大君之《燕途纪行》在前，而佚名之"燕行录"在后，文本间的互文性是显而易见的。"互文性"又作"文本间性"，作为后现代、后结构主义的标识性术语出现在上世纪六十年代，指两个具体或特殊文本之间的关系或者某一文本通过记忆、重复、修正向其他文本产生的扩散性影响。所谓互文性批评，就是放弃那种只关注作者与文本关系的传统批评方法，转向一种宽泛语境下的跨文本文化研究。这种研究强调多学科话语分析，偏重以符号系统的共时结构去取代文学史的进化模式，从而把文学文本从心理、社会或历史决定论中解放出来，投入到一种与各类文本自由对话的批评语境中。法国批评家克里斯蒂娃曾经说过：互文性概念虽不是由巴赫金直接提出的，却可在他的著作中推导出

---

① 林基中：《燕行录全集》第 95 卷，韩国东国大学校出版部 2001 年版，第 109 页。
② 同上书，第 124 页。
③ 同上书，第 36 页。
④ 同上书，第 99 页。
⑤ 周宪：《超越文学》，上海三联书店 1997 年版，第 201 页。

来。巴赫金将文本中的每一种表达都看作是众多声音交叉、渗透与对话的结果，提出要重视各种外文学文本的存在，将文本置于文本之外的社会语境中加以研究。以巴赫金的理论观之，则《燕中闻见》（Ⅰ）的互文对象不仅仅是作为前文本的《燕途纪行》这部游记本身，还应该有在意识形态领域中与之相伴随的巨大阐释系统，这一阐释系统内在地规定了朝鲜人对满洲族统治集团的理解。从朝鲜人描述满洲族时开始出现"荒淫"这一形象的时间来看，这一阐释系统形成的源头当在"丙子胡乱"后。"丙子胡乱"迫使朝鲜仁祖大王臣服于清，清军既达目的，遂撤离朝鲜，在北撤途中，对家财丰盈的朝鲜宗室及士大夫之家大肆劫掠，这其中亦包括他们的女眷。一时之间，"士大夫妻妾及处子，不忍露面见人，或以衣蒙头者，在在皆然"。① 就连当时的领议政金鎏，妾女亦被掳，更毋庸说他人了。这些深受封建礼教薰染的两班妇女为了不致"失节"，只有选择不归之路。罗万甲所著《丙子录》即对士大夫家族之死节妇女寄予了深切的同情："妇女之自决者，金鎏、李圣求、金庆征、郑百昌、吕尔征、金盘、李昭汉、韩兴一、洪命一、李一相、李尚圭、郑善兴之妻，平西府院君韩浚谦之妾母子，延陵府院君李好闵、郑孝诚之妾也。其余妇人之死节甚多，不可尽知，可惜。金震标迫其妻，使之自尽。金鎏夫人及庆征妻见其妇死，继以自决。新及第李嘉相，文章早著，家行冠人，厥慈亲宿病六、七年，暂不离侧，药饵饮食，不任婢仆，知其行者，莫不叹服。及是岛中贼兵之至，仅得藏其母，而身即被掳。贼退后，其妻代负其母以走，而不料其妻已先负逃，意其母必死于当初被掳之所，冒刃逸归，往来贼阵，寻其母尸，旋执旋逸，如是者六。一日逃入于岛中僻寺，又将向贼阵，士友避乱于寺中者，牵衣力止之，答曰：'我亦知其在此则生，归则必死，病母万无生理，不忍独坐'。仍裁书付僧，使传其父兄，以通必死之意。强入贼中，终至被害，死于孝。俱是死节，不避一家之嫌，并录于此。权顺长自焚后，厥妻即李久源之女也，先缢三女而后自缢死。顺长之妹，十二岁处子，亦自缢死。此皆妇人之能断者也"。②

当时的主和派代表人物崔鸣吉亦以自己出使路上之见闻，为被掳妇女叫屈

① 罗万甲：《丙子录》，转引自潘喆等编《清入关前史料选辑·二》，中国人民大学出版社1989年版，第488页。

② 同上书，第499页。

鸣冤："臣前往沈阳，出身士族为赎还随往者甚多。夫妻相逢，抱持痛哭，如见泉下之人，路观者无不悲涕。且厥父母厥夫钱财不足者，将次第往赎。若有离异之命，必无顾赎之人，是使许多妇女永为异域之鬼也。一夫遂顾百家抱怨。岂不足以感伤和气。臣反复思量，参以物情，终不知离异之可为。且韩履谦女子事无容别议，而臣之往沈阳也闻，清兵回还时，有一处女姿色颇美，清人诱胁万端，而终不听，及至沙河堡，不食而死。清人亦感叹为之，埋葬而去。臣在沈阳馆时，亦有一处女约价将赎，而清人后乃背约以求增价，厥女自知不得还，引刀自刎而死，毕竟买其尸以归乡。使二女者幸而前期赎还，则必不至于自处。虽有贞洁之操，谁复知之。以此推之，则兵尘驱迫之中混被名，而不能自白者，何限被掳妇女"。①

崔鸣吉此言虽有自我辩解之意味，但却十足道尽了被掳妇女的血泪辛酸！

清军之所以扣留那些家境优裕而又讲究礼教名分的士大夫家族的妇女，就是为了向其家族索取高额赎金，最终达到积累对明战争军费的目的。而朝鲜君臣对"荒淫骄侈自恣"的满清统治集团自是无可奈何，为了赎还关乎国家体面的被掳妇女，只好忍气吞声，支付巨额赎金。然而，被赎还的妇女毕竟只占被掳妇女的一少部分，大部分人则是无钱可赎。结果，这些无法赎还的妇女不堪忍受侮辱，只好铤而走险，冒死逃归朝鲜。清人得知后，自然不肯罢休，要求朝鲜政府将逃还妇女如数送归。起初，朝鲜国王尚能虑及"为民父母者，决不可忍为此"。② 但后来迫于清人威逼，又不得不将逃归妇女遣送回沈阳。不仅如此，"丙子胡乱"后，清人还以履行"和约"为名，强迫朝鲜内外诸臣与满清贵族、军官缔结婚媾，以固和好。朝鲜君臣无奈，只好在士大夫家中的"侍婢"或"养女"中，挑选乖巧有姿色者以代之。这些处于社会最底层，最可怜无助的弱女子，被迫远嫁异邦，最终成为满清与朝鲜之间政治交易的牺牲品。

"丙子胡乱"于朝鲜民族而言，诚如鸥浦老人所慨叹的那样："吁乎！丙子之祸惨矣，尚忍言哉！豕突之变，出于仓卒，旬日之间，三都荡覆，万姓鱼肉。大驾去邠，江都失守。抢掠焚爇，公私赤立，有甚于壬辰之乱。而至于二圣出城，东宫大君又絷异域，士族妇女之污蔑，上下贵贱之俘系，此皆前古之

---

① 《李朝仁祖实录》卷三十六，仁祖十六年三月甲戌。

② 《李朝仁祖实录》卷三十七，仁祖十六年七月癸亥。

所罕有也”。①

"丙子胡乱"使朝鲜朝蒙受了巨大的民族耻辱，而那些默默凋零的无辜女性更是为此付出了双重的牺牲。这场空前的民族浩劫在朝鲜人心中留下了巨大的挥之不去的阴影，它与并不遥远的"女真记忆"遥相呼应，使朝鲜人心中原有的女真形象又增添了新的"元素"，即"荒淫无道"。而这亦是麟坪大君等燕行使者在塑造满洲族统治集团形象时频繁使用"荒淫"这一语汇的根本原因。

耐人寻味的是，翻开一部《朝鲜王朝实录》，大明朝廷，尤其是明成祖朱棣向朝鲜索要处女的记载可谓比比皆是：

太宗大王九年（明成祖永乐七年，1409 年），"五月甲戌，太监黄俨、监丞海寿、奉御尹凤至，来赐礼物也。俨口宣圣旨：'去年你这里进将去的女子们，胖的胖，麻的麻，矮的矮，都不甚好。只看你国王敬心重的上头，封妃的封妃，封美人的封美人，封昭容的封昭容，都封了也。王如今有寻下的女子，多便两个，小只一个，再将来'。置进献色，禁中外处女婚嫁"。②

太宗大王十年（明成祖永乐八年，1410 年），"冬十月甲午朔，禁婚嫁，虑中使之来求处女也"。③

太宗大王十年（明成祖永乐八年，1410 年），冬十月"庚戌，内史以帝旨求处女，上与内史如郑允厚家见之"。④

太宗大王十七年（明成祖永乐十五年，1417 年），四月"庚申，禁中外婚嫁。贺正使通事元闵生回自京师，密启帝求美女也。甲子，设进献色提调，遣人于各道选处女"。⑤

太宗大王十七年（明成祖永乐十五年，1417 年），八月"己丑，使臣黄俨、海寿，以韩氏、黄氏还。韩氏兄副司正韩确、黄氏兄天録事金德章跟随，侍女各六人，火者各二人从之，路旁观者，莫不垂涕"。⑥

这些朝鲜少女来到明朝后宫之后，无论是获得荣宠还是遭受屈辱，实际上

---

① 罗万甲：《丙子录》，转引自潘喆等编《清入关前史料选辑·二》，中国人民大学出版社 1989 年版，第 518 页。

② 吴晗：《朝鲜李朝实录中的中国史料》，中华书局 1980 年版，第 237 页。

③ 同上书，第 248 页。

④ 同上书，第 249 页。

⑤ 同上书，第 269 页。

⑥ 同上书，第 275 页。

都避免不了最后的悲剧命运。

世宗大王六年（明成祖永乐二十二年，1424 年），十月戊午，"使臣言：'前后选献韩氏等女，皆殉大行皇帝'……及帝之崩，宫人殉葬者三十余人。当死之日，皆饷之于庭，饷辍，俱引升堂，哭声震殿阁。堂上置木小床，使立其上，挂绳围于其上，以头纳其中，遂去其床，皆雉经而死。韩氏临死，顾谓金黑（按，系其奶娘）曰：'娘，吾去！娘，吾去！……'语未竟，旁有宦者去床，乃与崔氏俱死。诸死者之初升堂也，仁宗（按，朱高炽）亲入辞决。韩氏泣谓仁宗曰：'吾母年老，愿归本国'"。①

一句"愿归本国"不知饱含了多少朝鲜少女的故园情怀、血泪辛酸！她们的家族因之或可得一时之宠，或赐爵，或受赏，但却是以自己的骨肉亲人魂飘海外为代价的。明朝皇帝索求朝鲜少女，无非是为了享乐，而朝鲜统治者甘心听命，亦是为了保住自己的王座。只不过，他们从来都没有正视过这些让他们送上政治祭坛，充当"牺牲"的朝鲜少女是有生命、有尊严、有感情的活生生的人。让后人不致彻底绝望的是，这些厚颜无耻的封建统治者行此"悖礼"之事时，总还顾及一些体面：

太宗大王九年（明成祖永乐七年，1409 年）八月，"甲寅，遣户曹参议吴真如京师，奏选就女子二名，待候进献，并为上王求药物。以黄俨尝言，若得绝色，即必托他事以奏故也"。②

"为上王求药物"是假，实则是为给明成祖朱棣派人回话找个托辞。永乐皇帝收到"选就女子"后，甚为满意，果然打着赐药的幌子派黄俨赴朝表示感谢：

太宗大王十一年（明成祖永乐九年，1411 年），"八月甲辰，朝廷使臣宦官太监黄俨来赐药材。俨传谕曰：'帝更求有姿容处女。其得郑允厚女不令朝官知，若托以答王求药物也。今赐药物，实报郑氏之赴京也'"。③

从朝鲜方面说，朝鲜国王更是谋划周全，颇能体察圣虑，在进献美女之时，亦是打着外交的幌子行此悖礼之事的：

太宗大王八年（明成祖永乐六年，1408 年），"十一月丙辰，黄俨等以处

---

① 吴晗：《朝鲜李朝实录中的中国史料》，中华书局 1980 年版，第 319 页。

② 同上书，第 238 页。

③ 同上书，第 251 页。

女五名——工曹典书权执中女、仁宁府左司尹任添年女、恭安府判官李文命女、护军吕贵真女、中军副司正崔得霏女，从者十二名，火者十二名，还京师，其父兄等伴送。以艺文馆大提学李文和为进献使，赍纯白厚纸六千张赴京。上不欲名言奏进处女，故使文和若赍进纸礼然。所进之女，其父母亲戚哭声载路"。①

太宗大王李芳远置所进之女"父母亲戚哭声载路"于不顾，断然行此绝情悖礼之事，固然有其难言之隐，我们姑且不论。奇怪的是，一部《朝鲜王朝实录》在记述明朝皇帝索要贡女事时，却几乎没有使用"荒淫"、"悖礼"等评价性的语汇，至多是使用"路旁观者，莫不垂涕"，"其父母亲戚哭声载路"等描述性的句子以表明史官之感情倾向。朝鲜国王如李芳远者甚至与明朝皇帝心照不宣，上下其手，共同导演过这种悲剧。如果同"丙子胡乱"时满清统治者之所为比起来，则前者是偷偷摸摸地"索要"，而后者是明火执仗地"抢掠"。虽然对朝鲜民族的伤害有轻重之别，但其民族压迫、阶级压迫的性质实则是一样的。所不同的不过是压迫方式及手段不同而已。

"朝鲜朝语境"在某种意义上亦可以说是一种"权力关系"。② 满族人形象的丰富内涵皆与"权力关系"这一概念相关联并受后者制约。《朝鲜王朝实录》里面既然几乎看不到言说明朝皇帝"荒淫"、"悖礼"等"霸权话语"，则明朝皇帝"荒淫"、"悖礼"等事虽在发生，但却并没有形成"历史的文本性"，更没有成为"效果历史"之一部分，朝鲜朝及其主导意识形态在控制文化表达的同时，亦控制了朝鲜朝关于明朝皇帝的"社会集体想象"。反之，《朝鲜王朝实录》里面关于满清皇帝"荒淫自恣"的记述则随处可见，更兼麟坪大君等人所著"燕行录"之推波助澜，则"丙子胡乱"这一历史事件很快便生成了"历史的文本性"，并成为"效果历史"之一部分，从而构成后来者阐释满洲族统治集团形象时之阐释链环之一。

有意思的是，孝宗李淏对清皇顺治的"荒淫自恣"怀抱的是一种"唯恐其不如此"的态度：

"己亥（1659 年）三月十一日，召对诸臣于熙政堂，临罢，上（按，指

①　吴晗：《朝鲜李朝实录中的中国史料》，中华书局 1980 年版，第 234 页。
②　"权力关系"是对历史中的各种力量或社会能量的总称，它是与"话语"交融在一起的，它必须结合历史社会能量的复杂性和异质性来获得说明。（参见张进：《新历史主义与历史诗学》，中国社会科学出版社 2004 年版，第 42 页。）

孝宗大王）命时烈独留。令中官洞开门户，悉辟左右，然后上曰：'每欲与卿从容说话，等待屡日，终无其便，故今日予决意为此举。予亦气幸苏快，庶几罄吾所怀矣'。上因喟然曰：'今日之所欲言者，当今大事也。彼虏有必亡之势，前汗（按，指皇太极）时兄弟甚蕃，今则渐渐消耗；前汗时人才甚多，今则皆是庸恶者；前汗则专尚武事，今则武事渐废，颇效中国之事。此正卿前日所诵，朱子谓'虏得中原人，教以中原制度，虏渐衰微'者也。今汗（按，指顺治）虽曰英雄，荒于酒色已甚，其势不久。虏中事予料之熟矣。群臣皆欲予勿治兵，而予固不听者，天时人事，不知何日是好机会来时。故欲养精砲十万，爱恤如子，皆为敢死之卒。然后俟其有衅，出其不意，直抵关外，则中原义士豪杰，岂无响应者！盖直抵关外，有不甚难者：虏不事武备，辽沈千里，了无操弓骑马者，似当如入无人之境矣。且以天意揣之，我国岁幣，虏皆置之辽沈，天意似欲使还为我国用矣。且我国被虏人不知其几万，亦岂无内应者耶？今日事惟患其不为而已，不患其难成"。①

朝鲜国王的这种情绪和感情倾向在麟坪大君的《燕途纪行》中亦多有反映：

"二十八日癸未，晴。……昔年清主在沈时，自沈至凤每五里置墩台以防东国，以故处处人家，谷谷耕耔，行旅甚便。清师入燕后，不复东忧，尽撤墩台。三义河以南每站只置庄头，换名千总，领壮丁四、五十以接吾东使价。所经道路蓬蒿蔽野，荻花如雪，麋鹿成群，人民萧条，剪径恣行，不遵法纲，征客颇苦"。②

"所过郡邑以铁锁项封罪人相望于道，意以为流窜远地，详问其概：凡民小罪，构以重辟，押送极北日可（按，瓦尔喀）地，换以黑貂、黑狐云。清国之政，无异剪径，生民涂炭胡至此，极可谓惨矣"。③

"（十一月）二十九日癸酉，晴。晓发，约行八里，副使陪行堂上译官朴而巘驰来告急，曰：先来军官李渺奴熖焆潜载车辆，雇来车夫乃通远堡人，因不善待，告计城将，事将发矣，愿思长策云。而事端已发，无以善后，只待侥幸。又行五里至栅门，则先到人马俱未得出，盘桓屯聚。乃卸轿于门前，城将

----

① 吴晗：《朝鲜李朝实录中的中国史料》，中华书局1980年版，第3864页。
② 麟坪大君：《燕途纪行》，韩国民族文化促进会1989年版，第18页。
③ 同上书，第32页。

手持熠熺小块曰：今因告讦禁物已捉，一行卜物决不可不一并搜验云云。其困已极，到此地头，计无所出，只以温辞开喻之际，先出人马大被搜验，无异白刃相接。禁物多露，列书名目，将报燕京，人人莫不失色，惊惶罔知所措。余以为近年所无之规不可任彼创开，一边挥却人马，卸鞍炊饭以掩其跡，且选译舌严辞辩斥，而终不少挫，益肆凶狞，令人不胜骇愤。被捉刷马夫五汉乃于轿前遽加重杖，不复与彼人接话。光禄卿及城将看此不平底辞色还自不安，缓其搜挟，计出人马，和色来慰曰：此物虽是禁令，皮张熟正、金银吹鍊率是要切，厥罪非重，唯冀勿虑云。更与光禄卿作别，赠以上品银粧刀，挥鞭出栅，此必湾市余崇横及使行，其怒甲移乙之状尤极痛叹。五罪人使差员熙川倅押去，午抵大龙山摊饭。……今朝景象尚今思惟毛发上指，此实辽行二十年所未有之辱境”。①

基于“忍痛含冤，迫不得已”的政治立场，朝鲜君臣对满清不仅心存蔑视之意，而且常怀恢复之心。孝宗李淏一方面卧薪尝胆，励精图治，希望有一天能“出其不意，直抵关外”；一方面寄望于满清统治集团“荒淫自恣”，不思进取而自毁长城。因此，“荒于酒色已甚”，“人民萧条，剪径恣行，不遵法纲”，“清国之政，无异剪径”等表面看上去是朝鲜君臣眼中真实的满族人形象，实则相当一部分不过是朝鲜君臣关于满族人的幻象。

孝宗李淏虽自诩“房中事予料之熟矣”，然而他却不知道自己之“料之熟矣”是一种混杂着观念和情绪的误断，是对“他者”之弱点或缺点的一种人为的夸大。它反映了孝宗李淏急于“殪蛇斩豕，扫清腥秽”的急迫心理，因此，可以说“荒淫自恣”这一满族统治集团形象只是朝鲜君臣关于满族人的一种期待和召唤。事实上，满清入关之后，很快便建立起对整个中国的有效统治。而且，从顺治、康熙、雍正到乾隆，在进行儒化政治上，可以说比任何一位明朝皇帝都更有见识，更有决心，亦取得了预期的成功。而孝宗李淏却对形势做了十足错误的估计，“一定要把‘天朝礼治体系’的领导权跟某一个政治集团（明室）等同起来——特别是与一个早已灭亡的集团等同起来，在思想上和逻辑上，可以说是荒谬的；而在实际政治上，更是无理和有害的”。②

---

① 麟坪大君：《燕途纪行》，韩国民族文化促进会 1989 年版，第 52 页。

② 黄枝连：《天朝礼治体系研究》下卷，中国人民大学出版社 1995 年版，第Ⅶ页。

第三章

十八世纪上半叶朝鲜朝语境中的满洲族形象

第一节　十八世纪上半叶朝鲜朝与清朝关系的一般状况

十八世纪上半叶，朝鲜朝先后历肃宗、景宗、英宗三代统治。①

历史唯物主义告诉我们，历史是客观的具有内在连续性的存在。对待历史和学术研究的正确态度应该是从客观的历史事实出发并得出科学的结论，而不是相反，即为了证明一个预设的结论而人为地割断或歪曲历史。事实上，"朝鲜对清的'忍痛含冤，迫不得已'的政治立场，作为整体的国民心理，肃宗以后，开始逐渐地发生转变"。②"至于朝鲜国王对清政治立场的转变当自英宗始"。③

显宗十五年（清康熙十三年，1674 年），云南王吴三桂乱起，当时，曾有布衣臣尹镌向显宗建议："因时乘势，审其机而急图之"。④ 鼓励朝鲜国王积极进取，恢复中原。不想就在这一年的八月，显宗升遐，十三岁的世子李焞即位，是为肃宗。肃宗听取了领议政许积的意见，考虑到"清国虽疲，制我则有余"。⑤ 因而没有采纳尹镌等人要国王趁机举兵，"除残去秽，扶弘义，洒大耻之图，以谢天下之咎，以迓天下之福"⑥ 的建议。对此，朝鲜史臣评论说：

---

① 肃宗（1674～1720），景宗（1720～1724），英宗（1724～1776）。
② 王薇：《中朝关系史——明清时期》，世界知识出版社 2002 年版，第 336 页。
③ 同上书，第 337 页。
④ 吴晗：《朝鲜李朝实录中的中国史料》，中华书局 1980 年版，第 3991 页。
⑤ 同上书，第 3998 页。
⑥ 同上书，第 3992 页。

"昔我邦运丁罔极，谋出不臧，负中朝三百年恩义，抱天下千万世羞辱，终至于助彼犬羊，伥于虎前，当世之事，尚忍言哉！肆我孝宗，以英武之资，奋发大志，旁招俊义，密务经营，越胆方悬，轩亏遽遗。中途之痛，天壤无穷。属天道悔祸于赤县，而人心未忘乎朱氏。三挂一呼于云南，群雄并应于海内。乘此之机，我若提兵渡辽，直捣巢穴，王室攻其南，我兵击其西，则可以殪蛇斩豕，扫清腥秽，庶几洒仁祖之遗耻，报神宗之至德，使天下万国，知三韩忠节，犹有不泯。而不幸喜报才至，先王奄弃群臣。主上冲年莅祚，老奸当国，群邪汇进，咀嚼儒贤，斥逐士类，何暇念及国家大计乎？噫！若孝宗初年而遭此会，则必仗忠烈，奋神威，以金戈白旗，鼓义气于中原。先王未薨，则亦必绸缪谋划，相时而动，不作此坐视而已。岂天之使我终抱羞而莫雪耶？呜呼！可胜痛哉"。史官的这番议论，代表了当时朝鲜朝相当一部分士大夫的心声和诉求。面对雪片般飞来的请求北伐之上疏，肃宗则表示说："予岂无雪耻愤惋之心哉！为其势之不敌，尤为恨叹"。① 应该说，肃宗的对清策略是务实而稳健的。

但肃宗在内心深处却始终没有忘却父祖"反清尊明"的遗愿，并时刻提醒朝臣们亦不要忘记。肃宗十九年五月丙辰，国王李焞在隆武堂引见大臣及从臣，并教之曰："此堂旧名'观聚'，试阅武士时，为其地狭，稍加恢拓，而改为'隆武'，顷制四首绝句，二首则揭日新轩，二首则揭此堂，诸臣其各和进"。② 其隆武堂御制诗之一曰：

"藩邦偏荷圣明恩，厚德深仁永不谖。可耐胡尘昏海内，欲言往事泪先吞"。

之二曰：

"薪胆于今二十年，壮心未遂若恫缠。尊周大义何时忘，快把龙泉定四埏"。

肃宗四十年（康熙53年，1714年）正月朔癸卯，肃宗下御制五言绝三首于海昌尉吴泰周。其一曰：

"新年何以祝？燕氛愿廓清！泰运从今启，皇朝业复明"。③

————————

① 吴晗：《朝鲜李朝实录中的中国史料》，中华书局1980年版，第4018页。

② 同上书，第4156页。

③ 同上书，第4322页。

肃宗三十年甲申（清康熙四十三年，1704 年），正值明亡六十周年。这年正月，肃宗召见朝廷重臣并与之曰：

"今年即甲申也。大明以是岁三月亡，历览前史，亡国何限，而独于崇祯皇帝革世处，有呜咽不忍读者矣。我邦自立国初，受皇朝恩，赐号'朝鲜'，视同内服。列圣相承，至诚事大。壬辰之变，宣庙远狩龙湾，至欲内附。神宗皇帝竭天下之力，东出兵救之，得以再造邦家。吾东方昆虫草木，何莫非皇灵所被也。丁丑之事，有不忍言。其时斥和三臣，以死争之，节义炳然，纲常不坠。到今年纪愈久，世道愈下，复仇雪耻，固非朝夕所可期，而至于疏章间慷慨之言，亦未有闻，已至于寝远寝忘之域，予尝慨然。今逢周甲，一倍感怆矣！"①

当时的领议政申琓亦附和曰：

"圣教及此，群下孰不感激。壬辰再造之恩，实万世不可忘也。丁丑以后，君臣上下，皆以句践之心为心，国小力弱，虽不能一洒深耻，痛恨之心，无时可也。而至于今日，则人心恬嬉，非但世无慷慨之人，并与大义都忘之矣。不独我国如此，中国亦然。曾闻汉人见东国衣冠制度，抚玩咨嗟，或至下泪。及臣赴燕，汉人皆已剃头，见使臣全无钦羡之意，反有嘲笑之色。盖人情久则易忘，后生多不知前事故也"。②

为了不致忘却，肃宗遂于甲申三月戊午自宜春门诣禁苑坛，以太牢祭崇祯皇帝。艺文提学金镇圭代肃宗所拟之祭文曰：

"崇祯七十七年，岁次甲申，三月庚子朔，十九日戊午，朝鲜国王臣李焞，敢昭告于大明毅宗烈皇帝。伏以于赫皇明，为华夷主，功隆德厚，丕冒率溥，传十四圣，式至我帝。惟帝初服，如日之揭，锄其蟊螟，励以宵旰，忧勤之极，累叹中朝。伊谁恬憘，召祸潢池，帝曰死守，义勿去之。殉于社稷，乃礼之经，高穹既崩，大鼎便轻。虏乘其衅，据我中原，礼乐衣冠，尽污腥羶，凡在迩遐，冤愤无穷。而其深痛，莫最小邦。念昔康献，实事高皇，首义回旗，绥厥宠光。自兹世世，齐宋于周，厥篚之共，天褒优优。祖系尝嶷，是控是诉，爰颁其典，我伦乃叙。寇来借道，辞以力斥，封豕遂逞，食我八域，乃命师征，以亡为存。惟昭敬忠，惟神宗仁。逮臣会祖，际帝御宇，誓赞外攘，

① 吴晗：《朝鲜李朝实录中的中国史料》，中华书局1980年版，第4215页。

② 同上书，第4216页。

以虔侯度。兵移于我，懔乎颠覆，寔由力屈，非敢负德。我帝我谅，曰尔可伤，使价之返，恩命出常。遥拜于苑，又牒军门，间关百惟，寸衷愈丹。粤我陪臣，死扶民彝，不以本朝，斯焉有斯。臣祖之时，皇纲已沦，春秋遗义，蚤夜图伸，亦有臣同，志在除雪，功之未集，繄心可质。先父勉勉，拟述其事。至臣缵绪，王风寝委，硕果不食，天理其无。寿山邈矣，红阁丘墟，遗传海外，蟒袍云章，于焉瞻拱，若对羹墙。噫嘻甲申，洪祚所终，年环日回，遍音余恫，相彼潢污，于海是流，嗟我下国，孰为缀旒？义根于性，恩函在心，于何寓哀，以展斯忱，乃治其壇，乃躬其祀，礼虽无文，可起以义。想帝陟降，临睨下土，故国为戎，谁奉笾豆？我邦虽陋，我诚则至，尚冀监格，右此大糦"。

公元1704年九月癸丑，肃宗再次引见大臣备局诸臣，议筑坛以祀大明神宗皇帝事。肃宗曰："神宗皇帝再造藩邦之恩，万世不可忘也。宣祖大王若当神皇升遐之时，则岂不欲立庙。予意非偶然，而今大臣诸臣皆以设坛为是，此亦可以少伸至诚。定以筑坛，春秋设祭"。①

随即命在昌德宫禁苑之西，曜金门外旧别队营之地筑"大报坛"。"大报"二字出于《礼记·郊特牲》，是郊天之义，更兼有报德之意。十二月丁亥，大报坛成。转过年来，即肃宗三十一年（清康熙四十四年，1705年）春三月癸卯，肃宗诣大报坛，亲自致祭大明神宗皇帝。艺文提学金镇圭制进之祭文曰：

"明承天命，诞抚四夷，惟帝御宇，我昭敬时，丕冒之化，覆帱同大，视要如绥，揆教奋卫。时有卉服，于我假道，抗议以斥，凶锋先刿。毁我七室，刘我八路，越在一隅，父母是愬，帝乃耆武，命将来援，十万其师，亿秭其运。皇威所振，若霆之击，妖祲旋豁，奄复疆场。廷议初贰，惟帝是断。谗说继腾，亦惟帝辨。既存我亡，又怜我诚，始终有济，由我帝明。凡此再造，伊谁之力？肆我侯度，益致其恪，誓期子孙，永效朝宗。云胡大历，三百而终。钟簴既移，冠屦遂倒，中间变故，盖不忍道。自伤力弱，恩岂敢忘！尚希夏靡，而志未成。尔来三世，一念靡懈，嗟臣不肖，寝远圣代。顾我属国，至今犹活，而其大德，未报万一，睠言西悲，述职何所？荒凉寝园，芬苾谁举？曷以荐享，我心斯展。爰筑灵坛，义取郊典，笾簠之式，奠献之礼，仿于皇制，意亦有在。噫兹春季，灵运攸穷，人情既感，神理可通，繄神于天，譬水在

① 吴晗：《朝鲜李朝实录中的中国史料》，中华书局1980年版，第4226页。

地，惟诚之格，奚间远迩。故国腥膻，于何陟降，昔所渐被，今宜畛蛮，龙旗凤旌，仿佛东指，谁其卫侍？有臣杨李，茫茫海域，犹戴皇仁，庶几扬灵，载笑不謷。矧伊明禋，非为稷馨，尊周之义，昭敬是程，想惟旧恩，不弃其后，冀鑑寸悃，以顾以祐"。①

肃宗祭罢，意犹未尽，更作御制诗以志之，并要求众文臣"其各和进"。其诗略曰：

"大报坛成肇祀亲，时惟蚕月属和春。衣冠济济班行造，磬筦将将醴币陈。昔被隆恩铭在肺，今瞻神座涕沾巾。追思岂但微诚寓，切愿宁陵圣志遵"。②

虽然肃宗煞费苦心，屡伸春秋大义，鼓吹反清复明，但必竟时过境迁，人心思定，就连当时的领议政申琬亦不得不承认，"人心恬嬉，非但世无慷慨之人，并与大义都忘之矣"。可见，至十八世纪初，朝鲜朝野的反清意识已远不如仁祖、孝宗、显宗时鲜明和强烈了。

但作为控制朝鲜朝社会官方话语权和掌握朝鲜朝社会之想象领导权的最高统治阶级，对满清政治立场的转变则相对迟缓得多，以至到英祖秉政时才打破坚冰出现转机。

据《朝鲜王朝实录》，朝鲜英宗元年（清雍正三年，1725 年），英宗"于待敕之际，克尽诚礼，敕使大感悦"。③ 当朝鲜臣僚建议"敕使回还时，郊外动驾，宜如旧例托疾"时，朝鲜国王英宗认为，"先朝每亲送托疾，有欠诚实"。④ 因此坚持送清使于郊外。英宗十四年（清乾隆三年，1738 年），国王李昑要到南馆慰问清使，这天风雨交加，清使让首译传言："风雨如此，请停临幸"。英宗不同意。朝鲜领议政及右相"亦奏请勿行"。英宗回答说："虽是期猎，不可以雨止，况待敕乎？"⑤ 遂驾幸设茶。敕使感谢。

对满清皇帝的态度，英宗以后，也由激烈诋毁慢慢转变为平和对待。英宗十五年（清乾隆四年，1739 年），国王李昑引见回还陈慰谢恩使时，副使徐宗玉曰："雍正有苛刻之名，而乾隆行宽大之政，以求言诏观之，以不论寡躬阙

① 吴晗：《朝鲜李朝实录中的中国史料》，中华书局 1980 年版，第 4239 页。
② 同上书，第 4240 页。
③. 同上书，第 4396 页。
④ 同上书，第 4396 页。
⑤ 同上书，第 4496 页。

失，大臣是非至于罪台谏，可谓贤君矣"。①

朝鲜对满清政治立场日渐转变的原因可总结为四点：1、清统治日益稳固，朝鲜反清复明无望。2、随着时间的推移，岁月的流逝，"世事久而易晦，人情远则易狙"。3、清对朝鲜"厚往薄来"、"抚藩字小"的政策，使朝鲜深感"上有河海之施，而下无丝粟之报，则实非礼意人情之所敢安"。4、清朝文化的日益进步。

需要指出的是，明、清两朝在朝鲜心目中的地位始终是有轻重之分的。据《朝鲜王朝实录》，英宗十三年（清乾隆二年，1737年），当奏请使徐命均建议奏请文"务主恳切"时，英宗表示："今此奏请，事体虽重，彼国异于皇明，何可以此藉重！"朝鲜史官对此评论说："奏文中藉重东朝之请，徒冀使事之得济，全昧事体之不敢，可谓无识之甚。异于皇明之教，足令大臣知愧矣"。英宗十九年（清乾隆八年，1743年）十月己巳，领议政金在鲁曰："使行所受来清皇所赐扁额二字，无可揭之所矣"。左议政宋寅明出主意说："别置他所，彼若来觅，则可出示也"。② 英宗亦表示同意。这对以书家自许的乾隆帝来说，实在是个绝妙的讽刺。没过几天的十月丙子，国王李昑派一内官接受了清朝所赐弓矢后，问："彼之所赐弓矢，将何以处之？"左议政宋寅明说："弓矢之赐，盖仿周王赐诸侯之意也"。英宗说："若是皇朝之赐，则予岂可使一内宫受之乎？即今善处之道，裹以黄袱，负之内侍，示敕使以皇赐之物，不敢佩服亦可也"。③ 相反，为表示对皇明的感戴，朝鲜特建"敬奉阁"珍藏"皇明列朝御笔御制及赐与之物"，并百般搜求亡明遗物，宝而贵之。英宗十八年（清乾隆七年，1742年），赴清译官韩重纲以重金购来一条明朝的玉带，回来献给朝廷后，英宗问大臣们该如何赏赐韩氏，领议政金在鲁建议道："加资则似过，徒取则不可。宜令地部厚给其值矣"。④ 英宗亦表示同意。

打破坚冰出现转机并不等于彻底的转变。事实上，朝鲜人心中对满族人的嫌隙终整个十八世纪亦未彻底冰释，只是越到后来程度越轻罢了。

就在双方关系如闪闪星斗出现转机的同时，英宗追思大明的活动亦一仍其旧，从未停止。

① 吴晗：《朝鲜李朝实录中的中国史料》，中华书局1980年版，第4504页。
② 同上书，第4517页。
③ 同上书，第4518页。
④ 同上书，第4514页。

英宗十九年（清乾隆八年，1743 年）七月己酉，国王李昑召见礼曹判书赵观彬，掌乐提调尹得和，教曰："荷皇恩旧词，不衬于今。予今新制三章，内宴时其用之也"。① 英宗所制荷皇恩词之序曰："国朝开创，受皇命于朝鲜，逮于中叶，再蒙恩于我皇，新制其章，永垂皇恩"。② 其词略曰：

"受命朝鲜兮，定都汉阳；九章辉映兮，八音锵锵；继继承承兮，垂恩东方"。（其一）

"再造藩邦兮，景受皇恩；朝宗屹然兮，遥拜五云；新制其章兮，续编应文"。（其二）

"重熙绵绵兮，于万其年；追慕圣德兮，继述光先；敬作歌诵兮，拜献礼筵"。③（其三）

一边是泣血枕戈，志复仇逆；一边是迫不得已，虚与委蛇。这就是矛盾中的朝鲜朝统治集团的典型心理。关于英宗所处的两难境地，著名学者黄枝连先生说得再好不过了："在知识上，一套是反清怀明，一套是正视清王朝的强盛；在道德上，一套是对亡明要感恩戴德，一套是对清廷'只迎如仪'、'克尽诚礼'；在政策上，一边痛哭流涕，'行皇坛香祗迎礼'，一边忙于接送清使和殷勤地派人去北京朝贡……"④

十八世纪上半叶的朝鲜燕行使们就是在这种矛盾复杂的历史语境中开始了他们对满族人形象的描述与塑造。

第二节　金昌业与《老稼斋燕行日记》

在中朝文化交流中起主导作用的，是朝鲜使团中的文士，他们通常不是使团主要成员，而是以朝鲜使臣的子弟亲属名义作为"伴当"随行来华的，金昌业就是最早随使团来华并产生巨大影响的朝鲜士人。

金昌业（1658～1721），字大有，号稼斋，郡望安东金氏。其"鼻祖讳宜平，高丽太师。曾祖左议政文正公讳尚宪。祖同知中枢讳光燦。考领议政讳寿

---

①　吴晗：《朝鲜李朝实录中的中国史料》，中华书局 1980 年版，第 4517 页。

②　同上书，第 4517 页。

③　同上书，第 4517 页。

④　黄枝连：《天朝礼治体系研究》下卷，中国人民大学出版社，1995 年版，第 450 页。

恒。妣贞敬夫人安定罗氏，牧使讳星斗之女"。① 以此观之，其家族是累世簪缨的名门望族，且以节操高尚，学问渊博名于当世。而其祖上最为世人所推重者，当属以恪守"尊王攘夷"之春秋大义而声名远播的文正公金尚宪。

金尚宪（1570～1652），字叔度，号清阴。《朝鲜王朝实录》称他"为人正直刚方，贞介特立。家居笃于孝友。正色立朝者，殆五十年。遇事必尽言无少回挠，言不用辄辞而退。见恶人若将浼己，人莫不敬惮"。② 时人金鎏尝谓人曰："每见叔度，不觉汗沾于背"。③ 丙子之难，金尚宪"扈入南汉，力陈死守之计。诸臣请以世子求成，尚宪痛斥之。及出城之议决，崔鸣吉撰降书尚宪哭而裂之。入见上曰：'君臣当誓心死守，万一不遂，归见先王无愧也'。退而不食者六日。又自缢，旁人救之得不死。上既下城，尚宪直归安东鹤驾山下，构数间草屋于深谷中，扁以木石"。④ 极度悲愤失望之余，尚宪回乡过起了隐居生活。然每念及国事，夜不安寝，夜中必独起彷徨于山野间，随意所之以至鸡鸣始还寝处，风露满身。家人为置酒壶于其侧，辄取酒自酌乃睡。翌朝家人见之则壶已空矣。其忧伤国事之情怀，于此可见一斑。又著《丰岳问答》，书中尚宪以自问自答的语气写道："'大驾出城之日，子不从何也？'余应曰：'大义所在，一毫不可苟。国君死社稷，则从死者臣子之义也；争而不用，则退而自靖，亦臣子之义也。古人有言，臣之于君，从其义不从其令。士君子出处进退何常，惟义之归。不顾礼义，惟令是从者，乃妇寺之忠，非人至事君之义也'……又曰：'子言大义不可苟则然矣，世禄之家，受国厚恩，独不念祖宗之遗泽乎？'余应曰：'吾之从义不从令，欲扶二百年纲常者，所以不负先王教育之泽也。我国素以礼义闻于天下，一朝遇难，不能誓心自守，争劝君父曲膝于寇仇之庭，何面目见天下士大夫，亦何以见先王于地下也！嗟嗟，今之人亦独何心哉！'"⑤

清朝向朝鲜征兵进攻明朝时，金尚宪又上疏，"极言其义不可从"。⑥ 其疏曰："近闻道路言朝廷从北使（按，指清使）之言，将发兵五千，助沈阳，犯

---

① 金昌业：《老稼斋集》，"附录"，"墓表"，韩国文集丛刊175，第115页。
② 吴晗：《朝鲜李朝实录中的中国史料》，中华书局1980年版，第3826页。
③ 同上书，第3826页。
④ 同上书，第3826页。
⑤ 同上书，第3826页。
⑥ 同上书，第3827页。

大明。臣闻之惊惑未定，不以为然。夫臣之于主，亦有可从不可从，子路、冉求虽臣于季氏，孔子犹称其有所不从。当初国家势弱力屈，姑为目前图存之计。而以殿下拨乱反正之大志，卧薪尝胆，今已三年于兹，雪耻复仇，庶几指日可望。岂意愈往愈微，事事曲从，终至无所不至之地乎？自古无不死之人，亦无不亡之国。死亡可忍，从逆不可为也。有复于殿下者曰，人有助寇仇攻父母，殿下必命有司治之。其人虽善辞以自解，殿下不赦，必加以王法，此天下之通道也。……太祖康献大王举义回军，建二百年巩固之基；宣祖昭敬大王至诚事大，被壬辰年拯济之恩。今若弃义忘恩，忍为此举，则纵不顾天下后世之议，将何以见先王于地下，亦何以使臣下尽忠于国家哉！伏愿殿下赫然改图，亟定大计，勿为强邻所夺，勿为邪议所怵，以继太祖、宣祖之志，以副忠臣义士之望"。①

金尚宪因其激烈的反清立场，被清军抓到沈阳后，"清人诘之甚急。尚宪卧而不起曰：'吾守吾志，吾告吾君，何问为！'清人相顾啧啧，曰：'最难老人！最难老人！'"② 尚宪"在沈中首尾六年，终不少屈。清人义之，称之曰金尚书，不敢名焉"。③ 满族人入主北京后，尚宪终被放归。时前主和派代表、领议政崔鸣吉亦在沈馆，鸣吉以诗求和，尚宪次以示之曰：

"成败关天运，须看义与归。虽然反凤暮，讵可倒裳衣。权或贤犹误，经营众莫违。寄言名利子，造次慎衡机"。④

当尚宪脱羁沈馆，即将东归时，有汉人名孟光英者向其乞诗，尚宪即为之题，并借以铭志：

"六载南冠今始归，丹心不改鬓如丝。他年尔到江南日，倘记河梁泣别时"。⑤

仁祖末年，尚宪"擢拜左相，来谢即还"。⑥ 孝宗李淏即位后，意图恢复，遂复召尚宪为相，清人以复用横议之臣责之，尚宪遂决意而归，竟不得展布其志，朝野惜之。尚宪"为文简严，诗亦典雅，有《清阴集》行于世"。⑦ 尝制

① 吴晗：《朝鲜李朝实录中的中国史料》，中华书局1980年版，第3827页。

② 同上书，第3828页。

③ 同上书，第3828页。

④ 同上书，第3744页。

⑤ 同上书，第3744页。

⑥ 同上书，第3828页。

⑦ 同上书，第3828页。

圹铭，其铭曰："至诚矢诸金石，大义悬乎日月，天地鉴临，鬼神可质。薪以合乎古，而反戾于今，嗟百岁之后，人知我心！"① 尚宪卒年八十三，谥曰文正。朝鲜史臣置评曰："古人谓文天祥收宋三百年正气。世之论者，以为天祥之后，东方唯尚宪一人而已"。②

由金尚宪之行状概略可知，安东金氏是有其爱国忠君，反抗侵略，维护民族独立与自由之传统的，如此祖先，如此光荣，亦必然对金昌业之人生观、价值观，尤其是对他认识满洲人的态度产生影响。

金昌业于1658年出生于汉阳，从小即受到良好的家庭教育，及长，如当时出身士大夫家庭的朝鲜朝青年一样，埋首读书，专事科举，年23岁，即荣登龙门，高中进士，然昌业素性淡泊，时有归隐山林之思。

金昌业所生活的朝鲜朝中期，朝局板荡，党争不绝，安东金氏于其时一门显贵，独昌业无意仕途，一心向往放浪山水。1689年，朝局遽变，"己巳换局"③ 发生，昌业时年31岁，历此变故，更觉宦途多舛，遂决心"废举务农"④，"寄情松菊也"⑤。自此，昌业绝意仕途，"相携一人白云去，从此仙主永劫春"⑥，移居永平，过起了心向往之的田园生活。

归隐永平的金昌业是孤独而寂寞的。他以诗抒写怀抱："抱病穷山百感并，寒宵耿耿梦频惊。空庭落月半松树，卧听前溪水碓声"。⑦ 由自己的失意落拓，他不由得联想到古之先贤五柳先生："行年三十五，今日知饿味。人言饥难忍，尝来殊不甭。一粥固自佳，否且高卧耳。冷冷岩下泉，佳名契妙理。箪瓢时酌之，一沃亦复止。冲虚含道腴，一气何曾馁。所以陶先生，啸歌乐不改"。⑧ 从这些发自肺腑的吟咏之中，我们不难感受到老稼斋清贫自守的操行及信念，亦不难体会到他远离世俗尘嚣，不为功名利禄所累的超迈情怀。盖缘

① 吴晗：《朝鲜李朝实录中的中国史料》，中华书局1980年版，第3828页。
② 同上书，第3829页。
③ 1689年，朝鲜国王肃宗欲立宫女出身的姬嫔张玉贞所出之王子为世子，时西人派持反对意见，未几，其中坚人物宋时烈、金寿恒（昌业之父）即被祸失势，朝政为南人派所秉。
④ 金祖淳：《枫皋集》卷15，"序"集之"老稼斋集序"，参见《枫皋先生文集·三》，韩国历代文集丛书2529，韩国景仁文化社1998年版，第328页。
⑤ 同上。
⑥ 金昌业：《老稼斋集》卷一，"马上载盆梅"，韩国文集丛刊175，民族文化促进会1996年版，第20页。
⑦ 同上，"不寐"。
⑧ 同上，"自遣"。

于此，当1694年老论派重掌朝权，安东金氏东山再起，并招金昌业出任内侍教官时，他依然故我，拒绝回到百变莫测的朝庭中去。

1694年，安东金氏一门情势好转之后，金昌业从永平迁至汉阳近郊的松溪居住，再未迁徙，直至1721年于此辞世。

1712年（清康熙五十一年，朝鲜朝肃宗三十八年，时昌业年54），昌业长兄金昌集以冬至兼谢恩正使赴清朝，昌业以"子弟军官"随行。安东金氏与中国素有渊源，家族里的很多人皆出使过中国，昌业之从曾祖、父亲、叔父及长兄等都曾先后以正使的身份去过中国，其后人亦多有出使中国者。① 这样的家庭背景，使金昌业从小即对中国心向往之，赴清之前，早已从父兄之谈话及前辈的"朝天录"和"燕行录"里对中国有了概略的了解。② 因此，他是带着对满洲的"前理解"前去实地考察满洲的。毋庸置疑，老稼斋对满洲的认识，除了历史与时代的语境之外，还带着强烈的家族的个性色彩。

据《老稼斋燕行日记》，金昌业启行前，族人曾劝阻："政伯氏为冬至兼谢恩使。时伯氏大病新瘳，子弟一人宜随往，且吾兄弟皆欲一见中国。于是叔氏欲行，已而止，余乃代之以打角。启下，一时讥谤哗然，亲旧多劝止。余诙谐曰：'孔子微服过宋，为今世通行之义，吾何独不可乎？'闻者皆笑"。③ 由此可见，金昌业的中国之行，亦是颇有阻力的，盖因其执着坚定，不以年事为意，才为后人留下了洋洋九卷，"近于编年而平实条畅"，④ 足以为后世楷范的使行文学杰作《老稼斋燕行日记》。其"日记"对清朝的富庶与繁荣进行了全方位的介绍，引起朝鲜朝野的极大震动，并因此使其著述得以广泛流传。

《老稼斋燕行日记》记载了金昌业一行1712年11月3日自朝鲜都城汉阳

---

① 安东金氏的燕行记录详见金泰俊：《旅行과体验의文学·中国篇》，民族文化文库刊行会1985年版，第71页。金昌业以后，去过中国之金氏子孙概有：金文行（从孙，书状官，1752）、金履素（从曾孙，正使，1791）、金文淳（从玄孙，正使，1797）、金履翼（曾孙，副使，1799）、金弘根（从五世孙，副使，1831）等。

② 金昌业在《老稼斋燕行日记》中提及的前辈使行录计有：父亲金寿恒之《癸巳日记》（1653）及《癸丑日记》（1673）、许篈之《河谷朝天录》（1574）、李廷龟之《游千山记》、《游角山寺记》及《游医巫闾山记》（1616）、白仁杰之《燕行日记》、宋玉汝之《丁丑燕行记》、《沈阳日记》、《沈馆日记》、《侍讲院日记》、《癸巳日记》等。以上据韩国全美子之博士论文："18世纪韩国游记文学中的中国形象——以三种'燕行录'为中心"。

③ 金昌业：《老稼斋燕行日记》，韩国民族文化促进会1989年版，第15页。

④ 金景善：《燕辕直指》，"卷一·序"，韩国东国大学校出版部《燕行录全集》第70卷，第246页。

出发，12 月 6 日到沈阳，12 月 27 日抵北京，在北京逗留凡 46 天，其间考察清朝各种制度，品鉴方物，并与清朝文士多有交往，于翌年 3 月 30 日回到汉阳的艰辛旅程。老稼斋随使团"往返五朔，共一百四十六日，去来路程，共六千二十八里，在燕京出入及在道迁行者，又六百七十五里，得诗四百二篇"。① 其《燕行日记》举凡中国之地理风光，风俗人情，历史人物，文物制度，外交关系等悉数描摹。尤其对当时的满洲人之诸般景况，更是关注有加，留下了大量鲜活且少为人知的形象学资料。下面，我们将逐次对其笔下的满洲人形象进行分析。

第三节　《老稼斋燕行日记》中的康熙形象
——兼与同时期欧洲语境中的康熙形象比较

　　"妖魔化"与"理想化"是《老稼斋燕行日记》之前及其以后的"燕行录"所描述的康熙形象的基本表现形式，而《老稼斋燕行日记》所勾勒的康熙形象则介乎上述两者之间，即表现出一种"复杂化"的倾向。老稼斋金昌业作为燕行使团的随行成员之一，未赴清前曾饱读诗书数十年，且阅历宽泛，广有交游，如前所述，其祖上多有出使清朝者，因此，他是带着对满洲族及康熙的"前理解"加入到康熙形象创造的历史链环之中来的，并以其过人的才识使自己所描述的康熙形象成为"效果历史"之一部分，从而进一步建构起后来者描述康熙形象的文本。他对康熙的认识时常处于得自历史与时代的"社会集体想象"与"个人体验"的张力之中。这种现象让我们认识到："社会集体想象"有多么坚实牢固，而挣脱其桎梏又是何其曲折艰难。

　　在中国传统的封建社会中，帝王是统治阶级最直接的代表，他们在治理国家上的作为如何，是最能直接地反映中国封建社会本来面目的晴雨表，因此，进行异国形象研究时，统治者形象往往是回避不了的话题。另一方面，也正是由于中国的封建帝王在封建的社会政治生活中所占据的唯我独尊的地位，他们也就自然而然地成了观察者特别留意的对象。康熙之于燕行使者，正是如此。因此，透过对他们的形象学分析，往往能显示出"燕行录"作者对"满洲族"这一"他者"的总体评价，并窥见他们评价背后的动机与思想。在清代中国，

　　① 　金昌业：《老稼斋燕行日记》，韩国民族文化促进会 1989 年版，第 188 页。

康熙帝以历史上少有的雄才大略，引导大清帝国摆脱明清之际的混乱与动荡，走向和平与安定，为持续时间长达一百三十余年的康乾盛世奠定了坚实的社会基础。后世史家谓康熙帝一生，"虽曰守成，实同开创"，评价可谓公允。即使今天我们反观康熙帝及其时代，也仍能为其杰出的人格魅力及所取得的辉煌成就而赞叹不已，并从中获得很多教益。那么，晚康熙几年出生（按，康熙帝生于1654年，老稼斋生于1658年），早康熙一年辞世（按，康熙卒于1722年，享年69，老稼斋卒于1721年，享年63）的老稼斋金昌业眼里的康熙皇帝又是什么样子的呢？让我们先从老稼斋之前出使清朝的朝鲜使臣之描述说起。

一、"神气清明"的康熙皇帝

在采用比较文学形象学的方法勾勒异国形象时，传统的文学史形象研究法并不与之发生矛盾，恰恰相反，它与比较文学形象学的方法有机结合起来以后，将成为其有益的补充成分。因此，对作为形象学研究对象的人物进行肖像分析亦是必要的。

康熙八年（1669年），闵鼎重作为朝鲜正使率使团出使清朝。据《清圣祖实录》载：康熙九年正月，"朝鲜国王李棩，遣陪臣闵鼎重等，表贺冬至、元旦、万寿节，及进岁贡礼物，宴赉如例"。此时，康熙帝应是十五岁左右的年轻人。闵鼎重在其《老峯燕行日记》中将他所见的康熙帝做了如下描述："清主身长不过中人，两眼浮胞，深睛细小无彩，颧骨微露，颊瘠颐尖，其出入辄于黄屋中回望我国使臣之列，性躁急，多暴怒，以察为明，惩辅政诸臣专权植党之患"。[①] 这是我们看到的较早的朝鲜人对康熙的正面勾勒。而老稼斋描绘的康熙形象则是："皇帝向西盘膝而坐，广颡，颐稍杀，疏髯犯颊而斑白，雌雄眼，神气清明。其衣帽皆黑，与凡胡无异……始见其身，长可七八尺"。[②]

1669年距1636年清太宗皇太极率清军第二次入侵朝鲜，并迫使之签订城下之盟去之不远，在闵鼎重的记忆中，这段惨痛的民族历史可谓记忆犹新。因此，闵鼎重笔下的康熙基本上是一个刻薄、暴戾的形象。描述者对其充满了憎恶与厌烦的感情。实际上康熙长得并不至于像闵鼎重所描述的那样难看。据《清圣祖实录》："上天表奇伟，神采焕发，双瞳日悬，隆准岳立，耳大声洪，

① 闵鼎重：《老峯先生集》，"卷10·闻见别录"，韩国历代文集丛书422，景仁文化社1991年版。

② 金昌业：《老稼斋燕行日记》，韩国民族文化促进会1989年版，第98页。

徇奇天纵。稍长，举止端肃，志量恢宏，语出至诚，切中事理"。① 这是康熙帝童年时的形象。无庸赘言，其真实程度究竟有多少，是颇值得商榷的，姑且将它算作另一种夸张的描写吧。康熙帝自己曾说："朕之生也，并无灵异，及其长也，亦无非常"。② 这应该算是一句老实话。对比闵鼎重与老稼斋对康熙的描述，后者显然较前者赋予了这一形象较多的正面因素，但时隔四十余年，这一形象却依然没有完全脱却凌厉的一面。

康熙的形象、气质果真如此吗？让我们看看当时相对客观的欧洲人是如何描述康熙的。

康熙三十六年（1697年），当法国传教士白晋③多次目睹了康熙之后，在其所著《康熙帝传》中写道："康熙今年四十四岁，执政已经三十六年。他一身丝毫也没有与他占据王位不称之处。他威武雄壮，身材匀称而比普通人略高，五官端正，两眼比他本民族的一般人大而有神。鼻尖稍圆略带鹰钩状，虽然脸上有天花留下的痕迹，但并不影响他英俊的外表"。④ 是为中年之康熙。另一法国人，耶稣会士李明⑤亦曾这样描绘中国皇帝康熙的风度："据我所见，皇帝身材比普通人稍高，堪称姿态优美，比我们稍胖些，但还达不到中国人所谓的'富态'的程度。脸也稍宽，有痘痕，前额宽大，鼻子和眼睛比中国普通人小些，嘴美、颐和蔼，动作温柔，一切容态举止，都像是位君主，一见便引人注目"。⑥ 而"关于今日君临中国的皇帝之人品，派往北京宫廷的荷兰的最后一个使节，在其日记中是这样写的：'皇帝中等人材，是位慈祥、稳重、举止端庄的人，他那威严的外表，无论从哪一方面看，即使放在千人之中，也与众不同，能够立即分辨出来，这是由于他想使自己的容态和举止，让人一看便是心地高尚的人所造成的。这一点，就我所见，任何王公权贵也没有超出其上者，最低限度，他能和这些人中任何人相匹敌的……今日君临于中国的鞑靼

① 《清圣祖实录》，卷1，第2页。

② 《清圣祖实录》，卷275，第11页。

③ 白晋（1656～1730），法国传教士，1687年（康熙二十六年）夏随法王路易十四派遣的传教团到达中国，次年入京觐见康熙，遂留清廷供职，1730年（雍正八年）病逝于北京。1693年，白晋曾奉康熙之命回国，《康熙帝传》是1697年他向法王路易十四递呈的一份秘密报告。

④ （法）白晋著、马绪详译：《康熙帝传》，转引自中国社会科学院历史研究所清史研究室编《清史资料》，第1辑，中华书局1980年版，第196页。

⑤ 李明（1655～1728），法国人，耶稣会士。这段话出自《中国现状追忆录》。

⑥ 杜文凯编：《清代西人见闻录》，中国人民大学出版社1985年版，第84页。

族君主，年近五十岁，身材魁伟，黑黑的大眼睛，鼻子稍高，黑色的连鬓胡须很厚密，几乎没有下髯，脸上有点痘痕，普通身材'"。① 于 1692 年～1695 年奉俄国沙皇彼得一世之命率使团出使清朝的荷兰人伊兹勃兰特·伊台斯②自中国回到莫斯科后在西欧发表的出使笔记，对康熙之肖像亦作了细致的描绘："博克达汗（按，指康熙）年约五十岁，中等身材，仪表令人肃然起敬，有一对黑色大眼睛，鼻子隆起，略歪，垂着黑色髭须，几乎没有胡子，脸上有麻点"。③

　　仔细对比朝鲜人与欧洲人塑造的康熙形象，闵鼎重的描写是最具负面色彩的，老稼斋则正面色彩与负面色彩兼而有之。而欧洲人则倾向于正面描写。康熙自 1662 年承继大统，至老稼斋出使中国的 1712 年，时间已经过去了 50 年，离"丙子胡乱"则已逾 70 余年。一方面，康熙帝以儒家思想为治国之本，励精图治，在加强皇权的同时，着手完善清朝官僚政治制度，基本完成了国家统一。清代国家的统一，不但初步奠定了近代中国的疆域版图，而且使各民族在和平安宁的环境中风雨同舟，共求发展，也为近代中国抵御外来侵略、追求富强提供了重要的历史前提，从康熙帝开始，清朝初步形成了剿抚并用、以德服人的统一方针，即"乱则声讨，治则抚绥"（《清圣祖实录》卷 180，康熙三十六年二月壬寅），"仰凭天道，俯惬人情，以万不得已而用兵"（《御制亲征平定朔漠方略序》）。这一方针在实践中收到了良好的效果，大大加强了边疆少数民族对中央政府的向心力，特别是其上层贵族，和清廷建立了比较和谐、融洽的关系。康熙帝说："帝王治天下自有本原，不专恃险阻"，"守国之道惟在修德安民，民心悦则邦本得，而边境自固，所谓众志成城者是也"（《清圣祖实录》卷 151，康熙三十年五月丙午）。康熙朝的统一事业，为乾隆中叶清朝最后完成国家统一打下了坚实基础。

　　康熙时期，国家主导意识形态的确立，政治体制的健全，国家统一的推进，从不同的侧面将中国引向繁荣。到康熙中叶以后，清朝社会已经呈现出一派"盛世"景象。时人称，"士敦诗礼，民安耕凿，萑苻夜息，桁杨昼静，行

　　① 杜文凯编：《清代西人见闻录》，中国人民大学出版社 1985 年版，第 84 页。

　　② 伊兹勃兰特·伊台斯（1657～1708），荷兰商人，曾作为俄国使臣出使中国。其出使笔记是世界地理文献的经典作品，主要记述西伯利亚各民族的生活习惯及经济情况。

　　③ （荷）伊兹勃兰特·伊台斯、（德）亚当·勃兰德著：《俄国使团使华笔记（1692～1695）》，商务印书馆 1980 年版，第 213 页。

旅歌于途，商贾嬉于市。即梯山航海，沐日浴月之乡，欣欣蒸蒸，无远弗及"（《清圣祖实录》卷300，跋）。而这一成就的取得，显然与康熙帝的个人努力密不可分。另外，清朝统治者有意对朝鲜采取了"抚藩字小"方针，在许多方面给予朝鲜格外的体恤照顾，在这种大的时代背景下，朝鲜人"反清复明"的意识已不及从前鲜明，老稼斋对康熙形象的描述正是这种大的时代背景在一般朝鲜士人身上的反映。

而白晋等欧洲人，身负传教及向东方殖民的双重使命，我们认为他们将康熙塑造成一个理想化的帝王形象的原因大致有两个：一是现实的利益需要使他们不得不在一定程度上接受异域文化的相异性，对康熙帝采取迎合的态度，以换取最大的现实利益，因此，他们的评价带有强烈的功利色彩。这是表层的原因。二是西方文化传统的影响，欧洲国家的主要文化源头之一是古希腊文化，即海洋文化，海洋文化的特征之一就是冒险、开拓、崇尚武力以及强者。这恐怕是白晋等欧洲人理想化康熙形象的深层原因。

以上就康熙形象的最直接的一面，即肖像进行了概略分析，下面我们将就老稼斋对康熙的行为所进行的描述做进一步的分析。

二、围猎讲武之康熙皇帝

老稼斋以前的"燕行录"往往将康熙描绘成一个举止轻浮，行为放纵，进退失据的荒诞形象。佚名《燕中闻见》（Ⅱ）中的描述就是如此。而《朝鲜王朝实录》中类似的记述更是俯拾皆是：（1685年）"三月丙寅，谢恩使南九万还到沈阳，启曰：'清主（按，指康熙）好畋猎，摈斥谏臣'"。① 同年八月甲辰，谢恩上使朴弼成、副使尹趾善、书状官李善溥回到弘济院……仍曰："皇帝荒淫无度，贿赂公行，政令大乖，动作无常。巡行之际，劫奸观光女子，怨声颇多矣"。② "燕行录"与《朝鲜王朝实录》常有暗合之处，盖缘于"燕行录"作者往往亦是三使之一，"燕行录"之内容即是三使向国王所递呈使行报告之内容，两种文本只是重点不同，详略各异而已。

佚名《燕中闻见》（Ⅱ），收录于韩国林基中教授主编的《燕行录全集》第96卷之280页~378页，含"燕行录"多篇，是由赴北京朝觐的朝鲜使臣分别写就的，时间约略为清朝顺治、康熙年间。全书虽作者不同，但从笔迹上

---

① 吴晗：《朝鲜李朝实录中的中国史料》，中华书局1980年版，第4103页。
② 同上书，第4104页。

看，系由一人抄就。

书之首页，即第一篇首页钤藏书印，故有些字已漫漶难认，但"壬戌七月，进贺兼谢恩陈奏正使瀛昌君（李）沉，副使尹以济，书状韩泰东"等字迹则依稀可辨。以此推断，《燕中闻见》（Ⅱ）第一篇所记的出使清朝时间当在清康熙二十一年（1682 年）。查《朝鲜王朝实录》，则朝鲜朝肃宗八年（1682 年）七月朔丙午有记曰："瀛昌君沉、尹以济、韩泰东奉使如燕"。① 可见，这个推测是对的。同年 11 月丁卯，"瀛昌君沉等归自清国。上召见，问彼国事情。副使尹以济曰：'彼人自谓南方已定，而太极鞑子兵力极盛，每请兵与皇帝会猎。清人畏之，岁给金三百五十万两弥缝之……沈阳则城郭完全，人民富盛。而山海关以北，抚宁、永平、通州等处，则城郭邑舍之颓毁者，全然抛弃。北京城门及太和殿亦皆颓破而不为修葺。盖将有退守之计，故关内诸处，置之度外。专意于沈阳、宁古塔，以为根本之地。以此观之，南方平定之说，未可取信……且闻皇帝将大猎于喜峰口，自北京离发，第三弟谏而不听云。盖喜峰口即蒙古地方，其意欲夸示兵威于蒙古也。彼国近甚凶荒，途路有贼患，禁人不得夜行。市价登踊，米贵如金。朝绅之贪风大振，奢侈无度'"。② 这是副使尹以济向朝鲜国王所递呈的出使汇报，与《燕中闻见》（Ⅱ）里面第一篇"燕行录"对康熙的描述多少有暗合之处，因此，我们推测递交报告者与《燕中闻见》（Ⅱ）第一篇的作者系同一人，即副使尹以济。我们来看《燕中闻见》（Ⅱ）中第一篇"燕行录"对康熙的描述：

"概闻皇帝虽无虐政暴举，（却）荒淫成性，盘游无节。姑以近事言之，夏间幸沈之时，不由修治正路，驰马射猎，上下山坂。及到辽东太子河，设打鱼之戏。皇帝身着拒水裤袜，戴小帽，入水叉鱼，应手辄获。大臣明珠及诸王以下皆令执罟，沾体涂足丧失威仪。近处军民许其饱观，不使拘呵。且称皇帝能炮善射，每当游猎，勇前当兽，发即命中云。可见其自轻无度之实矣。其在沈也，从其所带妃嫔，且选沈中清女三人，日与游戏，各设帐幕，不知皇帝在处。自沈将适兀剌地方，沈阳镇将安珠胡固谏不止，皇帝意甚不悦。其自兀剌还也，则谓珠胡忠直，赏赉颇优。还宫之后，又欲观鱼于永平滦河，因往抚宁看花果山景致而不果。行八月间，又率诸嫔行幸西山，留驻累日，仍往海子一

---

① 吴晗：《朝鲜李朝实录中的中国史料》，中华书局 1980 年版，第 4085 页。
② 同上书，第 4087 页。

带游猎"。①

第三篇，"丙寅（1686 年）十一月，谢恩兼冬至正使朗善君（李）俣，副使金德远，书状李宜昌……丁卯正月十三日留馆……大通官辈言：'内皇帝色荒虽不如前，而游戏无度，常时亦多招入力士，使之角力于庭中，以为戏玩之资矣。自初一日太平宴后，镇日招引戏子，设戏鼓乐，日夜游乐云'"。②

第四篇，"己巳（1689 年）十一月，陈慰兼进香使朴泰尚，副使金海一，书状成璀……二十五日关东驿察院止宿……仍问彼中事情，则答曰：'今年大失稔，百谷不成。皇帝喜田猎，且荒淫，出猎之时先使蝦（按，指侍卫）突入人家，知有其美女之后，皇帝变着蝦服，亲往其家，其女果美，则使之勿嫁，夺入宫中，民间以此甚苦云'"。③

正所谓上梁不正下梁歪，在燕行使眼里，皇帝如此，大臣们自然亦好不到哪里去，主子与奴才们沆瀣一气。第二篇里面记述朝觐康熙之情景时就有一段对大臣们的描写：

"己未（1679 年）八月，进贺兼谢恩使正使朗原君（李）偘，副使吴斗寅，书状李华镇……初五日留馆，四更头诣阙入三重门，候于五凤门外……在外班时，有五六大官坐于丈外，班次首坐者，以军功封王者也，其次则索阁老额图④，秉天下柄者也，其次则明阁老珠，其下则兵部礼部诸尚书云云。而俱无宰臣之气象。至于索阁老则年纪三十余，而为人轻浅不似大臣，与人言语时，必摇头动身，举手挥拳，多言喜笑，真一轻薄少儿也。辅相之任付诸如此人，乖异之作，无足怪也"。⑤

"我想言说他者（最常见的是由于专断和复杂的原因），但在言说他者时，我却否认了他，而言说了自我"。⑥ 朝鲜使臣言说清朝君臣举动轻佻，无非想证明自己之行止更加端肃，并合乎礼法。而这一点，甚至连清朝使臣亦是认可

---

① 林基中：《燕行录全集》第 96 卷，韩国东国大学校出版部 2001 年版，第 283 页。

② 同上书，第 312 页。

③ 同上书，第 319 页。

④ 索额图，清满洲正黄旗人，赫舍里氏。初任侍卫，康熙时渐升至保和殿大学士，与明珠同执权柄。康熙十九年（1680 年），任内大臣，旋授议政大臣。康熙后期，诸子夺嫡，各树派别，他与太子允礽结为一党。康熙四十二年，被执交宗人府拘禁，后幽死。

⑤ 林基中：《燕行录全集》第 96 卷，韩国东国大学校出版部 2001 年版，第 308 页。

⑥ （法）达尼埃尔－亨利·巴柔：《从文化形象到集体想象物》，转引自孟华主编：《比较文学形象学》，北京大学出版社 2001 年版，第 124 页。

并佩服有加的：（康熙十四年，1675 年）"三月朔己未……上往馆所时，金锡
胄伏于上榜。北使（按，指清使）问彼肥而佩符者，乃曾所未见之宰相云。
盖锡胄丰神动人故也。又相谓曰：'主上坚坐不动，言语时亦不动摇。我皇帝
则不能如此'云"。①

  对以上诸朝鲜使者所描述的康熙皇帝之行为动止，曾随侍过康熙的比利时
人南怀仁在其《鞑靼旅行记》② 里是这样描述的：

  "皇帝自身为了狩猎，常离开大道，在稀有人踪的山中，开辟小道前进，
就是和后妃们一道前进时，他为了不损坏大道，也带着他那一队人马，离开大
道前进……然后，乘坐金轿，在亲卫武官的簇拥中进入吉林城。

  他为了让任何人都能看见自己，如同在北京的惯例一般，禁令卫兵们，不
准不让百姓靠近。全体人民无论男女，都以为他们的主宰是降自天上，因为，
他们的眼光表明一切喜悦，是为迎接皇帝而跑来的。对他们来说，中国皇帝亲
临此地，是前所未闻之事。

  皇帝特别满意其臣民赤诚的真实表露，尽行撤去一切尊严的夸示，让靠
近，以此向臣众显示祖先的朴素"。③

  朝鲜使臣的几篇"燕行录"对康熙的描述非常鲜活，将康熙写成了一个
"不由修治正路"，威仪尽失，行为荒唐的小丑形象，根本没有君临万方的帝
王气派。非但如此，其大臣亦类主上。而比利时人则怀抱着仰慕的心情，将康
熙塑造成了一个理想化的君主形象。这个时候的清朝入关才 30 余年，兵燹之
后，百业待兴，大局初定，立足未稳。朝鲜上下"反清复明"之呼声甚高，
《朝鲜王朝实录》中有一则密疏，非常典型地反映了朝鲜朝野的这种民族心
理：朝鲜朝显宗十五年（清康熙十三年，1674 年）"七月癸亥朔，布衣臣尹鑴
进密疏曰：'臣闻除天下之忧者，必享天下这福，扶天下之义者，必受天下之

  ① 吴晗：《朝鲜李朝实录中的中国史料》，中华书局 1980 年版，第 4009 页。

  ② 南怀仁（1623～1688），字敦伯，比利时人，原名菲基南德·菲毕斯特。1641 年加入耶稣会，
1658 年来华，1660 年应召进京，1669 年被康熙任为钦天监监副。由于康熙对自然科学的兴趣，南怀仁
得以经常谒见皇帝，进讲天文、数学以及西方哲学、音乐等，并借机向康熙宣讲天主教教义。"三藩"
之乱时，南氏为清朝铸造了一批适合山地作战用的火炮，乱后，康熙因功特旨加南怀仁为工部右侍郎。
1682 年康熙东巡，为驱逐沙俄侵略者做准备，时南怀仁随行，写下了这篇《鞑靼旅行记》。这篇旅行
记记载了辽东沿途的风貌、庞大的随行队伍、途中的狩猎、南氏的宗教宣传及康熙之个人情况等。颇
珍贵。

  ③ 杜文凯编：《清代西人见闻录》，中国人民大学出版社 1985 年版，第 76 页。

名。其道在因时乘势审其机而亟图之。鸣呼！丙丁之事，天不吊我，禽兽逼人，栖我于会稽，厄我于青城，虔刘我赤子，毁裂我衣冠。当是时我先王忍一死为宗社，捐一耻为万姓，而沫血饮泣，含羞拊心，思一有所出，以至于今，天道累周，人心愤盈矣。今日北方之闻，虽不可详，丑类之窃据已久，华夏之怨怒方兴。吴起于西，孔连于南，鞑同于北，郑窥于东。薙发遗民，叩胸吞声，不忘思汉之心，侧听风飈之响，天下之大势可知也已。我以邻比之邦，处要害之地，居天下之后，有全盛之形，而不于此时兴一旅，驰一檄，为天下倡，以披其势，震其心，与共天下之忧以扶天下之义，则不徒操刀不割，抚机不发之为可惜，实恐我圣上遹追其承之心无以奏假于我祖宗我先王，而有辞于天下万世矣'"。① 朝鲜君臣确信"胡无百年之运"的儒家格言，寄望于中国之内乱，寄望于执政者的不理国事自掘坟墓，因此才有了这般描述，实际上这样的描述带有浓厚的主观色彩，与事实出入很大，在某种程度上是《燕中闻见》（Ⅱ）之作者一厢情愿的反映。至老稼斋时，金昌业已经能够对康熙的观鱼、游猎有一个正确而清醒的认识。

当其他燕行使者对康熙常在相对偏僻简陋的畅春园处理朝政百思莫解时，金昌业如此写道："且畅春园不设官府，百官入于僧庐，又使日日往来于二十五里之地，或以此为怪，而亦不无意思，盖胡人以马上为家，能耐饥寒，其长技也。入中国七十年，居处饮食渐奢侈，失其本色，以故使之朝夕往来以习其驱驰，不设其所居以警其安逸，其意可谓深远。其避暑于热河，观渔于霸州者，亦非徒为巡游也"。② 老稼斋已经不再把康熙的"观鱼"、"避暑"仅仅当作是一种寻求安逸的休闲活动，而是明确意识到了它的演兵讲武性质。不仅如此，老稼斋对康熙帝与部下同甘共苦的作风亦是持欣赏态度的。"曾闻朴得仁从皇帝往征阿鲁德，遂问其时事，得仁曰：阿鲁德乃蒙古种，而所居绝远，皇帝选精骑亲征，舍辎重，日夜兼行，至其地，阿鲁德举众迎战，男女老少者来，以橐驼为阵，清兵用鸟铳毙之，会日暮收兵，阿鲁德送一喇嘛僧到清阵请降，翌日见之，阿鲁德已远遁，遂不得殄灭而归，战士二十余日所食，通不过数升糜，而皇帝不食者亦六七日云"。③ 这样的描述是相对客观的，已经少有

① 吴晗：《朝鲜李朝实录中的中国史料》，中华书局1980年版，第3991页。
② 金昌业：《老稼斋燕行日记》，韩国民族文化促进会1989年版，第121页。
③ 同上书，第104页。

先入为主的成份，同康熙帝本人的自陈及来自其他各种途径的说法亦较为一致。《康熙家教庭训格言》有云："训曰：兵书云：'为将之道，当身先士卒'。前者，噶尔丹以追喀尔喀为名，阑入边界，朕计安藩服，亲统六师，由中路进兵。逐日侵晨起行，日中驻营。又虑大兵远讨，粮米为要。传令诸营将士，每日一餐。朕亦每日进膳一次。未驻营时，必先令人详审水草，或有乏水处，则凿井开泉，蓄积澄流，务使人马给足。竟有原无水处，忽而清泉流出，导之可致数里，人马资用不竭。一近克鲁伦河，即身率侍卫前锋直捣其巢，大兵随后依次而进。噶尔丹闻朕亲统大军忽自天临，魂胆俱丧，即行逃窜。恰遇西路于昭木多，一战而大破之。此皆由朕上得天心，出师有名，故尔新泉涌出，山川灵应，以致数十万士卒车马各各安全。三月之间，振旅凯旋而成，兹大功也"。①

另据《清史编年》："帝谓议政大臣等曰：'朕自幼时读书之余，常习骑射，因见满洲中挽硬弓者甚少，常以骑射鼓舞众人。朕自幼常习畋猎，身体强健，中路出征时，往来行走四月有余，日进一餐，五更起行，至晚始歇。遇沙地则下马步行，殊觉耐劳。宁夏出兵时，朕带领兵丁于鄂尔多斯、花马池、定边等处行围，每日杀兔数千，一日所获可作兵丁几日干粮。朕于花马池地方一日杀兔三百一十八只。自宁夏回时，至黄河渡口，因无大船，朕量带侍卫人等乘小舟顺流而下，以所带干粮甚少，每日往山间畋猎、河中网鱼而食，二十余日并未用及干粮。至湖滩河朔渡口，朕日御小舟，令新满洲四人棹舟追射雁鸭等物，一日可得数百只。彼时朕年方壮，兼之熟习水性，故毫不介意。迄今思之，转觉自惧也。然领大兵行走，事必率先，必能预料，始可服众，令其遵指授而行也。似朕帅领有方，身先士卒，嗣后将军大臣等，亦难仿效。盖天下事无有过于领兵之难者也'"。②（康熙四十七年，1708 年）"康熙帝本月初十日自热河行宫启程围猎，本日，于土城地方谓随从侍卫等曰：'朕自幼至今，凡用鸟枪、弓矢获虎一百三十五、熊二十、豹二十五、猞猁狲十、麋鹿十四、狼九十六、野猪一百三十二、哨获之鹿凡数百，其余围场内随便射获诸兽，不胜记矣。朕曾于一日内射兔三百一十八，若庸常人，毕世亦不能及此一日之数也。朕所以屡谕尔等者，以尔等年少，亦加勤学。凡事未有学而不能者。朕亦

---

① 唐汉译注：《康熙家教庭训格言》，中国对外翻译出版公司 2003 年版，第 164 页。
② 《清史编年》，"卷三·康熙朝·下"，第 305 页。

不过由学而能，岂生而能者乎？'"①（康熙五十八年，1719 年）在其遗诏里，康熙帝回首一生，还留下了这样的话："朕自幼强健，筋力颇佳，能挽十五石弓，发十三握箭，用兵临戎之事，皆所优为，然平生未尝妄杀一人。平定三藩，扫清漠北，皆出一心运筹"。②

昭梿《啸亭杂录》"卷一"，"爱惜满洲士卒"条，对圣祖康熙的体恤兵勇亦有所载："国初自定中原后，复遭三逆之乱，故八旗士卒，多争先用命，效死疆场，丁口稀少。上（按，指康熙）尝忧然曰：'吾廿年之久，始得获一满洲士卒之用，何可不厚恤也？'故当时时加赏恤，至为之代偿债务，凡抚字之术，无不备施。虽一时不无滥用，而满洲士卒感戴如天，凡征讨之所，争先致死焉"。③

又据清人吴振棫《养吉斋丛录》载："康熙三十五年，圣祖征厄鲁特噶尔丹。师次青城，雨雪交作，至驻营处，躬御雨具，立旷野，俟军士结营毕，始入行营。各营举炊，然后进膳"。④

在康熙励精图志这一点上，同时期的法国人白晋与老稼斋的认识是一致的：

"他（按，指康熙）极端仇视萎靡生活，并且从来不辞辛劳，所以他绝不忘记阻止他的部下——主要是满洲鞑靼人，被汉人的享乐生活所腐蚀。他很明白，一旦他的下属沉湎于汉族人的安逸生活，就难以维持他们这个帝国了。这个帝国是他们以少数人征服得来的，因为他们能吃苦耐劳，而他们的作战对手则是一批孱弱无能之辈。正因为如此，这个非常有政治识见的皇帝，只派极少的鞑靼人去南方各省做官。那些迫不得已而派去南方的人，他也不让他们在那里耽很长时间。这主要是那些省份萎靡成风。皇帝爱好打猎，他每年必须有一二次去鞑靼山区旅行，也主要是出于这个原因"。⑤ 白晋还认为康熙此举不光是砥砺意志，而且还是一种陶冶性情的行为："为了消除腐朽的恶习（按，指历代君王皆沉湎于女色），他找到了更高尚的消遣方式，从事各种身心锻炼，

① 《清史编年》，"卷三·康熙朝·下"，第 527 页。

② 《清史编年》，"卷三·康熙朝·下"，第 490 页。

③ 昭梿：《啸亭杂录》，中华书局 1980 年版，第 6 页。

④ 吴振棫：《养吉斋丛录》，中华书局 2005 年版，第 354 页。

⑤ （法）白晋著、马绪祥译：《康熙帝传》，转引自中国社会科学院历史研究所清史研究室编《清史资料》，第 1 辑，中华书局 1980 年版，第 215 页。

如旅行、打猎、捕鱼、赛马、练武、读书和研究科学等等。正是这个原因，他特别喜欢长途旅行而不带任何妃妾"。①

满洲人以弧矢定天下，当年满族先人，崛起于白山黑水之间，跃马弯弓，栉风沐雨，定关东，下燕京，入主中原，靠的就是骑射这一根本。早在1636年，有大臣曾建议皇太极易服改制，效法汉俗，皇太极断然拒绝，并诙谐地说："先时儒臣巴克什达海、库尔缠屡劝朕改满洲衣冠，效汉人服饰制度，朕不从，辄以为朕不纳谏，朕试设为比喻，如我等于此聚集，宽衣大袖，左佩矢，右挟弓，忽遇硕翁科罗巴图鲁劳萨挺身突入，我等能御之乎？若废骑射，宽衣大袖，待他人割肉而后食，与尚左手之人何以异耶？朕发此言，实为子孙万世之计也，在朕身岂有变更之理？恐日后子孙忘旧制，废骑射，以效汉俗，故常切此虑耳"。②

可见，满洲之崇尚骑射，素有传统。康熙帝不废祖制，常借东巡之机围猎以讲武事，在木兰围场、盛京围场等地，率八旗官兵，沿途行围狩猎，演兵习武。有大臣提意见，认为如此作法不但劳苦军士，且糜费饷银。康熙告诫说："有人谓朕塞外行围，劳苦军士。不知承平日久，岂可遂忘武备？军旅数兴，师武臣力，克底有功，此勤于训练之所致也"。③ 以此观之，康熙帝之打鱼行围只是手段，演习骑射，保持八旗劲旅的战斗力，使满洲人永远立于不败之地，才是其真实目的。而老稼斋能不为"成见"或曰"前判断"所囿，对康熙帝之打鱼行围有一个全新的"阐释"，不再寄望于满洲皇帝因"游戏无度"而自取灭亡，实属难能可贵。由此可见，理解者的"成见"并不是理解的障碍，恰恰相反，它是理解的必要组成部分。理解不是一个重建的过程，而是一个创造的过程，是包含理解者自身在内的"阐释学情境"的富有创造性的阐释过程。老稼斋不但破除成见，对满洲人的围猎讲武拥有一个全新的认识，而且还对自己民族的骑射进行了深刻的反省，为自己民族的骑射技不如人而羞愧难当。正所谓形象"制作者与形象的身份是经常在互换的。你在制作别人的形象，别人也在制作你的形象"。④ 其日记中有这样的记述：

① （法）白晋著、马绪祥译：《康熙帝传》，转引自中国社会科学院历史研究所清史研究室编《清史资料》，第1辑，中华书局1980年版，第235页。

② 《清太宗实录》卷32，第8页。

③ 《清史稿》，"圣祖本纪"，康熙61年9月甲申条。

④ 张弘：《比较文学的理论与实践》，华东师范大学出版社2004年版，第126页。

"二十五日癸卯，晴，日气甚暄，留北京。朝首译入来传通官之言曰，皇帝（按，指康熙）欲见朝鲜之射，可预选军官中善射者待之。俄而蝦一人已到，请见使臣，遂邀入，通官文奉先、洪二哥、朴得仁三人随而入，蝦上炕与伯氏揖而坐，通官皆立炕下传彼此言语。蝦曰，皇帝要见朝鲜善射人，遣俺迎来，仍问行中有能诗善写者否，文奉先曰政丞大监必善射，仍自大笑，答以俱无。又问有能摔跤者否，亦以无答之……与三裨相见，问射时事，言蝦之先入者复出，使通官引俺等立门外，以皇旨问曰：汝等能射片箭乎？答曰：片箭非人人所可射，且弓矢不适，尤难射也。蝦还入，良久复出，引俺等入门，蝦先导，通官次之，疾趋至三十步许，四宦者持弓矢而迎，谓曰：此乃你国弓矢，敕行时赍来者云。见其弓，制如长弓而非我国所造，筒儿与箭是我国所造而现有射痕。群胡络绎催进，俺等各操其弓，而箭则尚在胡手，疾趋可七十余步，抵皇帝坐处，通官挽俺等向南而跪，距帝座仅七八步，膝才到地，通官旋卢裨向西北立，授片箭使射，卢问向何而射，通官曰但向空远射，卢既发矢，通官即挽出，立初跪处，次引金裨，次引柳裨，又其次复引卢裨，其授箭进退之节一如初，后引金裨连授四箭射之，故金裨矢数独多。射已，即使向帝跪，问曰：若书字问尔等能对耶？俺等答曰：我辈武人不能文，然有问或可书对也。通官告于帝，帝有所云云，而俱是清语，不可晓……少顷，诸胡一行立迭相发，矢中者过半，皆鸣镝也。蝦来问曰：皇帝射法，诸武臣技艺何如？答曰：极善射，壮矣！……主人曰：今日之举乃皇上待朝鲜之意，诸君能会此乎？三裨同答曰：吾等亦岂不知。主人又曰：此事当归告国王乎？余曰：此诚异事，自当归告国王尔。但诸人不能中，是为无光也。朴得仁曰：皇帝见君辈之射有喜色，不中无伤也。此乃百年所无之事，奚但君辈之荣，吾辈与有光焉。至尊之前，无事出入，亦是大幸，缕缕为言，殊有誇矜之色"。①

面对满洲人的夸耀武力，老稼斋敢怒而不敢言。在汉阳时亲历"己巳换局"的老稼斋为自己的国家党争不断，国事日非，积贫积弱，武备松弛而感到难过。更为自己空怀一身"修齐治平"，"兼济天下"的抱负却英雄无用武之地而悒郁苦闷。在老稼斋心中，汉阳这个是非之地象征着争权夺利，政治腐败，只有乡村才是逃避一切的避难所和聊寄余生的世外桃源。金昌业归国后，又回到乡下，依旧过着淡泊名利的日子。1721 年（时昌业年 63），昌业长兄昌集再度被祸，

---

① 金昌业：《老稼斋燕行日记》，韩国民族文化促进会 1989 年版，第 98 页。

被贬谪到巨济岛，老稼斋心理上受到沉重打击，不久即愤而辞世。

关于康熙的崇骑尚武，法国人白晋在其《康熙帝传》里亦有生动的描述：

"事实上，自从他（按，指康熙）登极后，就一心想使他统治下的两个民族对他都有好感。一方面，由于作战所需，他努力学习鞑靼人所看重的武艺。另一方面，学习汉人做出了成绩的科学。由于体育锻炼，他很快就变得十分灵巧，竟没有一个王公能同他匹敌。因为鞑靼人对待力量如同技巧一样重视，所以，他们看到宫廷上下唯独皇帝能拉得开自己用的强弓，并能运用娴熟而为之神往。无论徒步或骑马，立定射击或快跑射击，他都能左右开弓。箭射飞禽走兽，很少虚发。各种武器，包括人们现在已不再使用的，他都件件精通。他应用我们的火器如同自己的弓和弩机一样。尽管鞑靼人生来善于骑马，但康熙皇帝在他们之中还是个杰出的骑手。他姿势优美，骑术高超，平地陡坡，上下自如"。①

来自"普罗旺斯抒情诗"故乡的法国人，以一种欣赏的态度，将康熙描绘成了一位优雅而潇洒的骑士。在中世纪的欧洲，骑士是个固定的阶层，11世纪末的十字军东征，极大地提高了骑士阶层的社会声誉与政治地位，并在同东方文化的接触中，逐步形成了"忠君、护教、行侠、尚武"的骑士信条。"骑士风度"毋庸说对当时的法国人，即便在今天的欧洲人生活中也依然发挥着其久远的影响。受这种先在经验制约，我们在法国人白晋的笔下，找不见任何朝鲜使臣描述康熙的流风余绪。

三、节俭惜财之康熙皇帝

帝王俭侈，事关国之兴衰，历史殷鉴可寻。康熙亲政后，披览典籍，颇有会心。读《国语·楚语》之"斗且廷见令尹子常"一章后，在《古文评论》中写道："积货蓄怨语，警切耸动，可为当官之戒"。② 要求臣下与皇帝共同参悟，以楚国令尹子常为前车之鉴。康熙对汉武帝之文治武功极为肯定，但对汉武帝的奢侈浪费、虚耗国力却颇不以为然。认为："武帝于稽古礼文之事，修举废坠，俾三代典制灿然复兴，有功世道不浅。乃不克遵文景之节俭，遂至海

---

① （法）白晋著、马绪祥译：《康熙帝传》，转引自中国社会科学院历史研究所清史研究室编《清史资料》，第1辑，中华书局1980年版，第197页。

② 《清圣祖御制文三集》卷27，第7页。

内虚耗，晚年悔悟已无及矣"。① 康熙的节俭自然引起了目光敏锐的老稼斋之注意：

"曾于太和殿前，十二炉烧沉香，今亦无此事，意皇帝尚俭惜费而然也"。② "又问殿庭鼓吹手所着红衣亦不一，有新有旧，此必皇上尚俭而然矣？答曰：皇上非俭朴，乃爱财是实。问万乘天子爱财安用？答这就不知道。问窃闻皇上亦不治宫室园林，然否？曰信然。然则俭德迥出前古？答我非以皇上俭德为不迥出前古，用于外者多，不得不自已俭朴"。③ "又言皇子脱渠笠子观之，临辞始还，与皇子所着衣服，衾枕甚俭，不如常胡之富者，如器用之类，亦无一奇物"。④ 老稼斋所耳闻目见的，都是康熙朴素节俭的一面，这与他赴清之前所得到的"前理解"可谓南辕北辙：

"旧闻皇帝于畅春园作离宫十五处，贮以北京及十四省美女，宫室制度及衣服饮食器皿皆从其地风俗，而皇帝沉湎其中。今来见之，与所闻大异，畅春园南北二百余步，东西百余步，岂容置十五处离宫乎？环其三面而终未见屋甍，其不高大可知。且观其门与墙，制度朴野，无异村庄，诚如事游衍奢侈，则弃太液、五龙之绮丽，而居乎此乎？窃意此处与西山玉泉相近，山水之景，田野之趣兼焉，似爱此而来耳。以此观之，其人性禀可概也。初往见时，北墙内有竹树，又此《群芳谱》有皇帝咏畅春园碧牡丹诗，即此可知不无花草之植。然引玉泉水入园中，而左右岸不用石甃，虽有池台园林，而终俭素耳……而以康熙之俭约，守汗宽简之规模，抑商贸以劝农，节财用以爱民，其享五十年太平，宜矣！"⑤

"宜矣"！老稼斋对康熙惜墨如金的这个赞美，是发自肺腑的。由康熙雅好"山水之景，田野之趣"推知他"性禀可概"，大有高山流水，惺惺相惜的味道。我们知道，老稼斋长期归隐，好桑麻之乐，在乡村恬淡自喜，五柳自喻，他或许由畅春园的景致联想到康熙皇帝也有同自己一般的散淡情怀吧。

老稼斋的这种矛盾心态，正反映了他在"社会集体想象"与"个人体验"之间的摇摆。朝鲜朝作为一个阐释集体对满清的认识具有一致性，但具体到一

① 《清圣祖御制文三集》卷28，第13页。
② 金昌业：《老稼斋燕行日记》，韩国民族文化促进会1989年版，第75页。
③ 同上书，第77页。
④ 同上书，第80页。
⑤ 同上书，第121页。

个个经验个体，又在这种一致性里面表现出不同程度的差异性来，而这也正是朝鲜朝语境中的满洲族形象之丰富性所在。

（清康熙五十二年，1713 年）三月"丁未，谢恩兼冬至使金昌集、尹趾仁、书状官卢世夏复命。上引见，慰谕之。问彼中事，昌集等对以清皇节俭惜财，取民有制，不事土木，民皆按堵，自无愁怨"。① 从这份使行归国后递呈国王的报告看，老稼斋与其兄昌集等人在节俭与浪费这一点上对康熙的看法是一致的。然而就在一年前，即清康熙五十一年（1712 年）的七月"丁未，谢恩使朴弼成、闵镇远、柳述入来……曰：'彼皇贪财好货，拜官皆以赂得，商贾之润屋者，辄授职级。民不聊生，怨声载路。往来馆中者，无不斥言如是矣'"。② 相隔仅半年余，两次使行得出的结论出入竟如此之大，甚至是完全相左，这里面有诸多复杂的原因，我们姑且不去探讨。仅从比较文学形象学这一角度来说，有一点启示是肯定的，即：一国文化中关于异国形象的表述，重要的不是复制一个经验事实，而是发掘其可资利用的价值，采他山之石以攻玉，应该说这是文化交流的一个潜在动机。同一文化背景下的不同经验个体虽受制于共同的"社会集体想象"，然而在对同一具体的认知对象做出阐释时，依然会不同程度地背离先在的"社会集体想象"，表现出一种离经叛道的勇气来。如果换作不同文化背景，对同一具体的认知对象的文化学阐释其差异性将更大。现代阐释学告诉我们，不同文化背景之间的理解难免误解，先在的民族文化心理与经验结构作为先在视野，总是制约着阐释者的理解与阐释活动。这再次说明，在不同文化的交流过程中，能否重现真实或许并不重要，而且也难以企及，重要的是文化的互为利用，取人之长补己之短，这在文化交往过程中实在是一种明智的选择。

就在老稼斋为如何描述自己所理解的康熙而彷徨于"社会集体想象"与"个人体验"之间时，法国传教士白晋则做出了这样的描述：

"中国皇帝，或者因为他拥有的无穷财富，或者因为他疆土的广阔富饶，说他是世界上一位最有势力的君主也许是没有人会反对的。尽管这样，他真正用于他自己身上的一切远远谈不到奢侈。在这一方面，他是帝国基本法律的一个严峻的维护者。达官贵人以至王公，凡不是为公众利益而额外花费的，都要

---

① 吴晗：《朝鲜李朝实录中的中国史料》，中华书局 1980 年版，第 4314 页。

② 同上书，第 4302 页。

受到他的谴责。

这并不意味着，康熙皇帝的皇室开支不大大超过欧洲最豪华的宫廷，因为他供养着为数众多的官员和无数依赖宫廷而生活的人。但是，就其个人有关的方面看，那种恬淡朴素简直是没有先例的……他满足于最普通的菜肴，从天有过丝毫的过度，他的淡泊超过了人们所能想象的程度……

他喜爱简朴，甚至在他的衣着和他的一切生活用品上都能看得到。他的衣着，除了几件宫廷里极为常见的过冬的黑貂、银鼠皮袄外，还有一些在中国算是最常见、只有小百姓才穿不起的丝绸服装。逢到雨天，人们有时看到他穿一件毡制外套，这在中国被视为一种粗制的衣服。夏天，我们看见他穿一件普通的麻布短褂，这也是一般人家常穿的衣服。除了节日大典的日子，我们从他身上发现的华丽物品就是一颗大珠子，那珠子，在夏天便照鞑靼人风俗佩在他的帽沿上。

他在宫内、宫外不骑马时用的那顶轿子，只是一件类似担架的东西而已，木质平常，涂漆，有几处包着铜片或者点缀一些镀金的木雕。如果他骑马外出，几乎也是同样简便。马具中较豪华的只不过是一件相当朴素的镀金铁质马镫，以及一副由黄丝绒编制的马缰绳而已。

总而言之，在他周围的一切，人们丝毫感觉不到那种其他亚洲君主处处都要摆出来的穷奢极侈的排场"。①

荷兰人伊兹勃兰特·伊台斯在其笔记里对康熙的衣着亦有类似的描述：

"皇帝穿着深底花纹绸缎的普通长袍和深蓝缎子的银鼠皮袄子。由颈至胸挂着用大粒珠子串成的朝珠或念珠。头戴貂皮镶边暖帽，帽上垂着红丝帽缨，向后垂着几根孔雀翎。皇帝的头发梳成辫子垂在背上。他身上没有佩带金饰物和宝石。靴子用黑色丝绒做成"。②

法国人白晋为了赢得法国国王路易十四的重视，以便增派传教士来华，难免夸大之辞，但他的描述颇有一些地方是接近史实的，据《清史编年》便可确证："十二月十一日甲辰，康熙帝谒孝陵返京，谕八旗护校、护军等：'此次官员兵丁，尽皆整肃，朕心甚为喜悦'。但'尔等喂马甚不加意，每致瘦

---

① （法）白晋著、马绪祥译：《康熙帝传》，转引自中国社会科学院历史研究所清史研究室编《清史资料》，第 1 辑，中华书局 1980 年版，第 211 页。

② （荷）伊兹勃兰特·伊台斯、（德）亚当·勃兰德著：《俄国使团使华笔记（1692～1695）》，商务印书馆 1980 年版，第 213 页。

乏。且尔等衣帽，好用貂缎贵物，不知一貂帽一缎衣其价值狐皮帽、羊皮袍数件。尔等何用此贵物？'"① （康熙三十三年，1694 年）另据《长白汇征录》："我朝太祖高皇帝，尝冬猎遇雪，撷衣而行，侍卫等私语曰：上何所不有，而惜一衣耶？太祖闻之笑曰：吾岂为无衣而惜之，与其被雪沾濡，何如鲜洁为愈，微物必惜。汝等正当取法耳。太祖躬行俭德，永垂家法"。② 可见，满族人崇尚节俭亦是有其优良传统的。法国传教士白晋之所以将康熙描绘成一位理想化的君主形象，除了现实利益动机的驱使及文化传统的影响之外，恐怕同样是欧洲关于中国的"社会集体想象"制约的结果。马可·波罗时代之前，欧洲就有关于中国的传说，只不过这些传说虚无缥缈、难以稽考，甚至经常难以确定其地理与国家所指是否就是中国。如果从《马可·波罗游记》（约公元1298 年）算起，那么至白晋 1697 年向法王路易十四递呈秘密报告，则欧洲关于中国的形象史刚好四百年。在这四百年里，欧洲语境中的中国形象，已经表现出某种套话性及文本性，因为在中世纪晚期的欧洲关于东方的游记中，《马可·波罗游记》实在是影响最大的一篇。它是最让欧洲人想入非非的一本书，从某种意义上甚至可以说是《马可·波罗游记》创造了欧洲集体记忆中的东方形象。其形象特征主要表述为：契丹蛮子，地大物博，城市繁荣，政治安定，商贸发达，交通便利。尤其是繁荣富庶，是欧洲人视野中的东方形象最有魅力的成分，几乎达到了传奇的程度。让法国人白晋惊奇的是，"国库也一样堆满了金银……物产丰富……使得他很容易在华丽和豪奢上超过任何其他的亚洲君主"③ 的这样一位鞑靼君主，竟是如此地简朴，"非常节制个人的开支，同时又十分慷慨大方地提供国家的经费。只要是为了帝国的福利，哪怕花费千百万他也在所不惜……他不为个人妄费分文完全是出于贤明的节约，以便把金钱用于帝国真正的需要，这位帝王是多么希望人们既把他看作绝对的君主，又把他看作自己的父亲啊"。④

　　法国人在描述十七世纪末的中国（即欧洲人所谓的鞑靼）形象时，完全没有脱离"社会集体想象"的制约，依然将中国表述为繁荣富庶的形象，但在描

　　① 《清史编年》，"卷三·康熙朝·下"，第 72 页。

　　② 李树田主编：《长白汇征录》，吉林文史出版社 1987 年版，第 110 页。

　　③ （法）白晋著、马绪祥译：《康熙帝传》，转引自中国社会科学院历史研究所清史研究室编《清史资料》，第 1 辑，中华书局 1980 年版，第 213 页。

　　④ 同上书，第 213 页。

述康熙形象时，则一反传统，依据自身的"个性体验"，并通过与传统文本的对话，扩大了自己的视野，改造、批判和发展了传统的"社会集体想象"，将康熙塑造成了一位带着传统的影子，又在某些方面出乎传统的形象，使之获得新的生命，并融入欧洲关于中国之想象的记忆当中去，使之成为"有效应的历史"之一部分。而在这一点上，老稼斋与法国人的工作同样出色。所不同的是，老稼斋背负的传统记忆更加沉重，而他所迈出的脚步亦更加艰难。

四、属意文翰之康熙皇帝

朝鲜朝仁祖十五年（清崇德二年，公元 1637 年），朝鲜国王仁祖李倧与清太宗皇太极在三田渡签订城下之盟，朝鲜自此沦为清朝藩国。鉴于当时形势，清朝对朝鲜采取的是高压手段，但当时皇太极即定下了"以威胁之，不如以德怀之"的策略，从此开启了对朝鲜的德化政策。至清定鼎中原，明朝复国无望，清朝与朝鲜交往中即以施恩为主。自康熙以后，对朝鲜国王及燕行使者更是优礼有加，弛其门禁，优其礼物，包括赐予书籍。1765 年，随任书状官的季父洪檍赴清的朝鲜士人洪大容对此颇有议论："贡使入燕，自皇明时，已有门禁，不得擅出游观，为使者呈文以请，或许之，终不能无间也。清主中国以来，弭兵属耳恫疑未已，禁之益严。至康熙末年，天下已定，谓东方不足忧，禁防少解，然游观，犹托汲水行，无敢公然出入也。数十年以来，升平日久，法令渐疏，出入者几无间也"。① 虽然如此，朝鲜方面却并不买账，而且一直心存戒备。老稼斋记述的康熙皇帝赐书一事即反映了朝鲜朝野的这种慎微心理。但也同时把一位属意文翰的封建帝王形象呈现给了我们：

"译官辈自畅春园还来告曰：礼部左侍郎即二格坐畅春园门外招渠辈问曰：你国有何书籍？即书'四书四经'而对之。又问曰：此外更无他书？又书'唐诗'、'古文真宝'而对之。又问曰：使臣必有持来书籍，皇帝要见，明日拿来。三使臣当待门进畅春园云。伯氏即呼烛起坐，副使、书状皆来会，时约二更许矣。方同议所对之辞，已而诸督及笔帖式常尊以皇旨腾送，其文曰：'伊等俱好读书，或有持来的文章，不拘何样书籍俱拿来朕览，晓谕伊等无得隐匿，尽皆拿来一览，并无妨碍。再问伊处无清朝何样书籍云'。使臣相议以为皇帝既问我国所有书籍，又以所无书籍为问，则惟系禁查。一概密讳，

---

① 洪大容：《湛轩书》，朝鲜社会科学院 1965 年版，第 304 页。

非诚实之道，如是恳叩之后必不以禁物为咎。设有所问，但以明朝所尝得来为对，事不打紧，以利害言之，使知禁书之出去亦得矣。遂以《四书五经》、《纲目》、《诸子》、《事文类聚》等书并书十余种刊录。译辈以《五经》中《春秋》为禁书故，去而对之，然不成事理，故以五经录之。至于兵书亦不可谓全无，故《孙武子》、《吴子》、《三略》等书并皆入录。现今带来书籍无他册，以伯氏《唐律广选》，副使陆宣公《奏议》呈纳为定。畅春园问答之辞更加细问，则礼部侍郎二格曰：使臣持来书是何书耶？首译曰：远路驱驰奚暇看书。通官曰：似闻使臣于轿内看书，何谓无书也。首译曰：使臣路中所看不过是日记也。日记中说话有不可使彼人看。若或收纳日记，事将可虑。余遂造一册'使遇文'，将渡江以后阴晴及宿歇程道连夜抄书，以备意外之事，待晓作行，皆秣马治饭，达夜骚扰，更不得接目"。①

康熙知道朝鲜朝上下"俱好读书"，本意是想赐书朝鲜，并了解一下朝鲜的诗词文章，朝鲜使臣却误以为康熙要稽查禁书，以至于"时约二更许"，伯氏尚"呼烛起坐"与副使、书状连夜商议对策。老稼斋亦捉刀代笔，熬了一个通宵，"造一册使遇文，将渡江以后阴晴及宿歇程道连夜抄书"，以备皇帝诘问时呈上敷衍。后来才知道是康熙念及"伊处书少，我处新著书籍甚多"②而"欲赏伊等几部"③。朝鲜使臣准备在先，在接受赐书时果然对答如流："小邦前后蒙被皇恩，蠲免方物非止一再，小邦君臣不胜感祝。今兹书籍之颁，实旷世盛典，此不但陪臣等荣感而已，谨奉持献于国王。东国诗文亦当以皇旨归告于国王云"。④虽然如此，朝鲜使臣还是虚惊了一场。

康熙在谈及自己之学习情况时曾说："朕自五龄即知读书，八龄践祚，辄以学庸训祜询之左右，求得大意而后愉快。日所读者必字字成诵，从来不肯自欺……至若史、汉以及诸子百家、内典、道书，莫不涉猎，触事犹能记忆"。⑤身为最高统治者的康熙，以勤学为乐事，以至于"年十七八岁时，读书过劳，至于咯血，而不肯少休"。⑥不仅如此，康熙还倡明学术，使清初的学术风气

① 金昌业：《老稼斋燕行日记》，韩国民族文化促进会 1989 年版，第 114 页。
② 同上书，第 117 页。
③ 同上书，第 117 页。
④ 同上书，第 120 页。
⑤ 《康熙起居注》，康熙二十三年十一月。
⑥ 萧一山：《清代通史》，"卷上"，"第二十六章"，"康熙之政要"。

焕然丕变，呈现出一种宏阔壮大的景象，为有清一代之学术走向乾嘉时期的专门精深作好了准备。康熙在倡导学术方面最有成效者，当推修史和编撰图书，其编撰图书，首重经史之外，还编纂了几部颇有影响的类书、工具书、文选等，康熙所赐朝鲜之书，即为此类书籍，对此，老稼斋亦有所记述：

"（二月）初七日乙卯，晴，留北京。昨自畅春园受来四部书，各抽其首卷视之，《渊鑑类函》以《唐类函》演成，盖类聚也；《佩文韵府》凡例一如《韵府群玉》而极其该博；《全唐诗》即尽取唐人之诗者；《古文渊鑑》即选自《左传》以至宋人之文者。其序皆皇帝亲制也"。①

康熙三十三年（1694 年）5 月，康熙令张英等依《唐类函》体例，编续集《渊鑑类函》。"自唐迄明，辑成完书，以资观览"。② 老稼斋一见之下，便知"《渊鑑类函》以《唐类函》演成，盖类聚也"。对其他各书亦一一道明版本源流，足见其对中国典籍已经达到了烂熟于心的程度。老稼斋本人博览群书，对中国古代典籍又是如此地了若指掌，而康熙这样一位在他的"前判断"里"只识弯弓射大雕"的"胡皇"居然也属意文翰之事，应该说多少让他改变了对满洲"蛮夷"的"成见"。

金昌业对"胡皇"康熙属意文翰之事的矛盾心态在比《老稼斋燕行日记》略为晚出的《庚子燕行杂识》③ 中亦有鲜明的体现。

陶谷李宜显等行至玉田，入察院，炕废不能住，遂移处馆直房，得以见到

---

① 金昌业：《老稼斋燕行日记》，韩国民族文化促进会 1989 年版，第 121 页。

② 《清圣祖实录》，卷 163，第 13 页。

③ 《庚子燕行杂识》（上、下）、《壬子燕行杂识》收录于李宜显所著之《陶谷集》。李宜显（1669～1745），字德载，号陶谷，本贯龙仁，乃左议政李世白子，昌业仲兄农岩金昌协门人。肃宗二十年，别试文科及第，累迁检阅、说书、正言、校理、副应教、承旨等，任礼曹参判时以冬至使赴清，后拜刑曹、礼曹判书。景宗二年（1722 年），受辛壬士祸牵连遭贬谪。复出后，任两馆大提学，英祖三年（1727 年）拜右议政，未几，复因丁未换局被流配，英祖四年，再度出仕任判中枢府事，1732年～1735 年任领议政。肃宗四十六年（1720 年），李宜显以冬至兼正朝圣节进贺正使，与副使李乔岳、书状官赵荣世赴清。《庚子燕行杂识》就是此次燕行的产物。《庚子燕行杂识》虽非日记体，但陶谷对于所经之山川形胜、寺观古迹等皆一一记录，对满族人之饮食、衣服、丧葬等亦一一罗列，并与汉族人之风俗一一比对，文风简洁，涉笔成趣。《杂识》的感情倾向是非常鲜明的，文中对满清皇帝的奢侈表示怀疑，对宫室建筑的宏大以及辽东山川的雄奇壮美则赞叹不已。此次使行自汉城至义州 23 天，鸭绿江至北京 32 天，在北京逗留 42 天，返程时北京至鸭绿江 28 天，义州至汉城 13 天，往返及逗留共 138 天。《壬子燕行杂识》则是陶谷以谢恩正使与副使赵最寿、书状官李龟休去北京的记录，此次使行距庚子燕行已去一十二年，陶谷对沿途山川没做什么记录，只是对前次使行时没有见过的吸毒石、书画等进行了记录和评说。

"胡皇"康熙亲制训饬士子文，陶谷悉数照录，其文略曰：

"国家建立学校，原以兴行教化，作育人才，典至渥也。朕临御以来，隆重师儒，加意庠序，近复慎简学使，厘革弊端，务期风教修明，贤才蔚起，庶几械朴作人之意。乃比来士习未端，儒效罕著，虽因内外臣工奉行未能尽善，亦由尔诸生积锢已久，猝难改易之故也。兹特亲制训言，再加警饬，尔诸生其敬听之：从来学者，先立品行，次及文学；学术事功，源委有叙。尔诸生幼闻庭训，长列宫墙，朝夕诵读，宁无讲究？必也躬修实践，砥砺廉隅，敦孝顺以事亲，秉忠贞以立志。穷经考义，勿杂荒诞之谈；取友亲师，悉化骄盈之气。文章归于醇雅，毋事浮华；轨度式于规绳，最防荡轶；子衿佻达，自昔所讥，苟行止有亏，虽读书何益！若夫宅心弗淑，行己多愆，或蜚语流言，胁制官长；或隐粮包讼，出入公门；或唆拨奸猾，欺孤凌弱；或招呼朋类，结社要盟。乃如之人，名教不容，乡党弗齿，纵幸逃褫扑，滥窃章缝，返之于衷，能无愧乎？况乎乡会科名，乃抡才大典，关系尤巨。士子果有真才实学，何患困不逢年？顾乃标榜虚名，暗通声气，夤缘诡遇，罔顾身家。又或改窜乡贯，希图进取，嚣凌腾沸，网利营私，种种弊情，深可痛恨！且夫士子出身之始，尤贵以正，若兹厥初拜献，便已作奸犯科，则异时败检逾闲，何所不至？又安望其秉公持正，为国家宣猷树绩，膺后先疏附之选哉？朕用嘉惠尔等，故不禁反复惓惓，兹训言颁到，尔等务共体朕心，恪遵明训，一切痛加改省，争自濯磨，积行勤学，以图上进。国家三年登造，束帛弓旌，不特尔身有荣，即尔祖、父亦增光宠矣！逢时得志，宁俟他求哉？若仍视为具文，玩愒弗儆，毁方跃冶，暴弃自甘，则是尔等冥顽无知，终不能率教也。既负栽培，复干咎戾，王章具在，朕亦不能为尔等宽矣！自兹以往，内而国学，外而直省乡校，凡学臣师长，皆有司铎之责者，并宜传集诸生，多方董劝，以副朕怀。否则职业不修，咎亦难逃，勿谓朕言之不预也。尔多士尚敬听之哉！"①

康熙之属意文翰，除去个人因素及儒臣的引导外，与他的祖母孝庄文太皇太后的教导与栽培亦颇有关系。康熙初，学士傅达礼等将《大学衍义》译成满文进呈，康熙将之交与祖母审阅后，"召学士傅达礼等至懋勤殿，谕曰：尔衙门所进翻译《大学衍义》一书，朕恭呈太皇太后御览。奉慈谕云：人主居四海臣民之上，所关甚巨。然代天理物，端在躬行；致治兴化，必先修己。此

---

① 李宜显：《庚子燕行杂识》，韩国民族文化促进会 1989 年版，第 7 页。

书法戒毕陈，诚为切要。尔特加意是编，命儒臣翻译刊刻，更令颁赐诸臣，予心欣悦。用是，特出予内帑白金一千两，可即赉予在事官员。朕仰遵慈旨，特赐尔等在事官员"。①

孝庄文太皇太后大力支持其孙康熙皇帝倡明文教，以至出内帑赏赐译书之官员，对康熙崇尚儒学，属意文翰无疑是个很大的激励。而康熙于1702年颁布的《训饬士子文》，则是他属意文翰之事的一个集中体现。由《训饬士子文》可以看出，康熙对于敦品励学格外重视，他要求文人士子们"必也躬修实践，砥砺廉隅，敦孝顺以事亲，秉忠贞以立志。穷经考义，勿杂荒诞之谈；取友亲师，悉化骄盈之气"。并希望他们远离"种种弊情"，"争自濯磨，积行勤学，以图上进"。对此，清史大家萧一山先生亦击节称赏，热情洋溢地赞许道："盖帝于文章学问之事，恂恂往复，不以訑訑之声色拒人，与朝士布衣共讲朴学，为励学而谆谆告诫士子，差等师表，实所罕见，自少至老，不改其初。由其勤学好问观之，孰知其力扫三藩，威行万里，番戎稽首，朔漠归心，为神武不世出之主哉？此则真兴文教，非浮慕开明之象者也"。②

"胡皇"康熙圣明如此，难怪连深受"女真记忆"影响的陶谷李宜显亦不禁"良足一慨"了：

"印板而颁示京外云。其言颇典严，得训谕体。胡而如此，亦可异也！且其论列士习，宛然摸出我国近日之弊。士风之不端，可谓天下同然矣，良足一慨！"③

"慨"则慨矣，"胡皇"康熙无论多么开明进步，在陶谷李宜显那里，也只能赢得个"胡而如此，亦可异也"的疑惑加感叹而已。

可见，无论老稼斋还是陶谷李宜显都深陷于"女真记忆"的泥淖而不能自拔，他们彷徨着，思索着，为"个体经验"与"女真记忆"的背离而苦恼着。

相反，虽然是教士，但却带着文艺复兴之狂欢文化余热的欧洲人则没有那么多的烦恼，面对康熙皇帝的勤勉好学法国人白晋毫不吝惜自己的赞美之词：

"他背诵了大部分被中国人认为是圣书的儒家著作或其他一些原著。为了

① 《康熙起居注》，康熙十二年二月十九日条。
② 萧一山：《清代通史》，"卷上"，"第二十六章"，"康熙之政要"。
③ 李宜显：《庚子燕行杂识》，韩国民族文化促进会1989年版，第7页。

更好地理解这些书，他请那些在他的帝国里最能干的学者，特意为他用汉文和满文做注释。其中有些学者，在十年或十二年期间，忙于写这些著作，同时，为他讲解这些著作。为了表示他对中国古代圣贤的学说的尊重，他亲自为这些注释写了序言，并用他的名义印行。

他还令人把《通鉴纲目》译成满文，他对初次翻译的译稿不满意，因为他感到这个译稿内容不够详尽，不够清楚。于是他让人家译出内容充实得多且附有注释的第二稿，以便对那些最难理解之处加以诠释。他对整部内容丰富的历史是如此精通，以致要指出一些他不能立刻回忆起来的史实是很困难的"。①

比利时人南怀仁在其《鞑靼旅行记》中，则对康熙渊博的学识表示赞赏的同时也对他的孩子般的虚荣给予了善意的调侃：

"到达对岸后，皇帝和西域诸侯的两位公子，以及他宠爱的鞑靼阁老一道坐在他的旁边。夜空晴澈，皇帝看着半圆形的天空，让我用中国话和欧洲话把主要的星一个不剩的读给他听。他通过这件事，表示他有着无限的知识。

他拿出来几年前给他制作的小型星座图表，依据星的位置说出时刻来。这样，他便在其周围的贵人面前，能夸示自己的学问而得意"。②

法国人白晋对康熙对待异族文化的"伟大胸襟"亦表示钦佩。在他看来，中原汉族长期蔑视外来民族，认为不值得与任何外来民族交往。而康熙"皇帝识见超人，早就看出了中国这种错误的偏见。长期来耶稣会士介绍给皇帝的有关欧洲各国及世界其他各民族的知识，以及来自这些国家的各个不同时期的精美艺术品，尤其是我们传授给他的艺术、科学知识，使他确信，文明的、擅长科学艺术的人才不仅仅在中国才有。这就是皇帝纠正民族不正确的习惯，对荷兰、葡萄牙、沙俄的使节特别尊重和安抚的原因之一"。③

法国人的殖民主义偏见难免影响他对某些史实的分析与判断。不过，他所倡导的对待异族文化的"伟大胸襟"在当时的时代条件下倒是难能可贵的。而这也正是老稼斋与陶谷等人不及法国人之处。因为，一种文化的真正生存领域应该是在同别的文化发生重要的对话关系之中，文化只有在对话中才能获得

① （法）白晋著、马绪祥译：《康熙帝传》，转引自中国社会科学院历史研究所清史研究室编《清史资料》，第1辑，中华书局1980年版，第218页。

② 杜文凯编：《清代西人见闻录》，中国人民大学出版社1985年版，第79页。

③ （法）白晋著、马绪祥译：《康熙帝传》，转引自中国社会科学院历史研究所清史研究室编《清史资料》，第1辑，中华书局1980年版，第203页。

活力，才能获得不断的生成与发展，一种文化如果将自己封闭孤立起来，拒绝同别的文化交往、对话，以至将自己"独白化"了，那么，这种文化就会退化，直至消亡。无数事实告诉我们：一种先进的文化总是在与其他文化的对话与交锋中产生的，当一种文化既能向别种文化挑战，同时又能接受别种文化挑战时，这种文化就总是生机盎然和活力四射的。相反，一种文化如果一旦将自己树立为绝对的权威，容不得别的文化，容不得别的声音，拒绝同别的文化交锋与对话，那么，这种文化迟早要走向僵化甚至死亡。

对于徘徊中的朝鲜朝文化来说，这个与其他民族文化对话与交锋的任务，将历史地由以洪大容、朴趾源为代表的北学派思想家们来完成。

最后，老稼斋综合他本人的实地考察以及采自别人的道听途说，对"胡皇"康熙做出了这样的总体评价：

"以康熙之俭约，守汗宽简之规模，抑商贸以劝农，节财用以爱民，其享五十年太平，宜矣。至若治尚儒术而能尊孔朱，躬修孝道而善事嫡母，则虽比于魏孝文金主雍无愧矣。第其为人明秀有余浑厚不足，才多故好自用，量狭故喜自矜。虽以今番事观之，颁书于我国，以示序文与题目，所以矜文翰也。招我国人试射，又亲射而鸣鼓，所以伐武艺也。似此举措，近乎夸张。又闻通官之言，恶闻谏净，峭直之臣不容于朝，此岂君天下之量也？其称我后之享国者与夸己力者先詡他人同也，其不受尊号者欲兼谦逊之名而取之也，俭德虽可尚，过俭而近于吝，官府坏弊而使其官自为修葺，试射远人而无所赍赐，此亦不足贵矣。见此数事，则其人长短得失可知也"。①

理性的老稼斋想根据自己所耳闻目见的实际经验表述出一个"理想化"的康熙，但感性的老稼斋却无法摆脱"女真记忆"以及"社会集体想象"对他的制约，这种矛盾的心态，两难的处境，使我们最终看到的是一个"老稼斋化"的充满矛盾与对立的康熙形象。如果我们将此情形套用英国著名小说家爱德华·摩根·福斯特（1879～1970）的话说就是：老稼斋想用最单纯的形式，按照一个简单的意念或特性创造出一个"扁平"的康熙来，但他却在此过程中不自觉地增加了新的因素，从而使他画的弧线趋于圆形，最后创造出来的是一个"圆形"的康熙。②

① 金昌业：《老稼斋燕行日记》，韩国民族文化促进会1989年版，第121页。
② （英）爱·摩·福斯特著、苏炳文译：《小说面面观》，花城出版社1984年版，第59页。

在朝鲜人的文化－心理结构中，潜在的女真形象的原型，比任何客观经验或外在经验都更坚定稳固，更具有塑造力与包容性。《老稼斋燕行日记》中的康熙形象实际上是朝鲜人关于女真人数百年历史中无数次典型经验的积淀和浓缩。其中有一些客观的知识，但更多的，尤其是在情感领域中，都是那些产生自独特的心理原型的幻想。老稼斋正是根据儒家精神或文化传统中关于"华夷之辨"的"宏大叙事"①来规划同满洲人的关系并进而"理解"或"阐释"满洲人形象的。这种关于女真人的文化原型是一种具有深刻渗透力与消解力的普遍模式，任何关于满洲人的外部知识都必须经过它的审视与重构，并与朝鲜人所有关于女真人的文化－心理结构相呼应，从而成为能被朝鲜人所认可与接受的满洲族形象。对于朝鲜人来说，女真形象这一在长期历史积淀中形成的异域经验模式，已经足以使任何满洲的"事实"本身失去自足性，从而必须在朝鲜人既定的原型框架中获得改造与重构，以充分朝鲜化的形象，来滋养朝鲜人的想象以及他们对满洲人的理解系统。满洲，这个飘浮在梦幻与现实间的"他者"或"异域经验"，只有在为朝鲜朝文化提供某种参照意义时，才能为朝鲜人所接受，对于朝鲜人来说，这也似乎是满洲族存在的唯一理由。

第四节　《老稼斋燕行日记》中的满洲族形象

一、"清人貌丰伟，为人少文"

金昌业在《老稼斋燕行日记》之"山川风俗总录"部分，对满族人进行了直接的正面描写：

"清人②貌丰伟，为人少文。少文故淳实者多，汉人反是，南方人尤轻薄狡诈。然或不尽然，清人亦入中国久，皇帝又崇文，故其俗寖衰矣。清人皆能汉语，而汉人不能为清语，非不能也，不乐为也。然不能通清语于仕路有妨，盖阙中及衙门皆用清语，奏御文书皆以清书翻译故也。闾巷则满汉皆用汉语，以此清人后生少儿多不能通清语，皇帝患之，选年幼聪慧者送宁古塔学清语云"。③

① 大叙事又称元叙事，指统摄具体叙事并赋予知识合法性的某种超级叙事，在一定意义上，它亦可称为主宰叙事。参见（法）让－弗朗索瓦·利奥塔著、岛子译：《后现代状况》，湖南美术出版社1996年版。
② 朝鲜人通常以胡人、满洲人或清人来指称满族人。
③ 金昌业：《老稼斋燕行日记》，韩国民族文化促进会1989年版，第11页。

这段描写为后来的许多燕行录所重复，"为人少文"在相当长的一段历史时期内几乎成了朝鲜人描述满族人的经典"套话"。李宜显《庚子燕行杂识》在描述满族人时就大体重复了老稼斋的描写：

"清人大抵丰伟长大，而间有面目极可憎者，膻臭每多袭人，言辞举止全无温逊底气象。汉人则颇加敛饬，外貌亦稍端正。而南方人轻佻狡诈，面形尖酸气禀然也。语操南音，与寻常汉人绝异，于自中言语亦不能尽通，如我国所谓遐方使土俚矣。清人皆能汉语，而汉人多不惯清语。道路所逢清汉相杂。而皆作汉语，绝无为清语者。清人则称满洲，汉人则称蛮子。满洲本女真之号，称之以此固其宜矣，而其称蛮子者，有未可晓也"。①

从老稼斋与陶谷对满族人的描述可以推知，满族人"为人少文"之"文"应当指"文化"，它包括礼乐典章制度、礼节仪式等。《论语·子罕》有"文王既没，文不在兹乎？"此处之"文"即指"文化"。老稼斋也正是在这个意义上使用"文"这个字的。"文"往往与"野"相对，《论语·雍也》有"质胜文则野"，此处之"野"即粗鲁、朴野之意，何晏《论语集解》引包咸曰："野，如野人，言鄙略也"。可见，老稼斋笔下的普通满族人仍然是"蠢兹野人"②这一原始的女真形象的延续。"野蛮、狡诈、骄狂、富有攻击性及侵略性"等在特定的历史时期内形成的关于满族人及其先民女真的"社会集体想象"仍然左右着老稼斋对满族人的认知态度：

"汉女避人，清女不避人"。③

"兀喇总管睦克登……为人小而眼有英气，语时如笑，甚慧黠。亦非雄伟人，曾于鸭绿江躬自刺船，跌而触其齿"。④

"五阁老在后殿月廊，余随裨将辈往见，清阁老二人同坐于北边一炕，汉阁老三人设椅炕下一带坐焉，各前置桌子，叠积文书。清阁老一松柱，一温达。温达短小，容貌古怪而有猛意，面赤黑须，髯少，一目眇。汉阁老一李光地，福建安溪人，容貌端整，眉目清明，须髯白。一萧永祚，奉天海州人，身短面长，前一齿豁。一王琰，江南太仓人，有文雅气而容貌丰盈，精彩动人。温达松柱相与语，汉阁老三人皆阅视文书，或俯而书字。李光地戴眼镜，左右

① 李宜显：《庚子燕行杂识》，韩国民族文化促进会 1989 年版，第 31 页。
② 许篈：《大东野乘》，"卷之七"，《海东野言·一》。
③ 金昌业：《老稼斋燕行日记》，韩国民族文化促进会 1989 年版，第 12 页。
④ 同上书，第 120 页。

无人，只一胡在前。……尚书清人而身小，眼有精神，举止轻率。侍郎在右者汉人，容仪魁伟，沉静有威，不轻瞻视。左者容貌平常，清人云。有一官过去，身大面黑，颇雄壮，问之乃工部尚书，清人也。又有黄衣官入来，体大几十围，举止异常，问之乃蒙古王，为皇帝婿者也。此处天下人皆会，而形容各异，使汉人清人蒙古海浪贼喇嘛僧及我国虽同服色决不相混，而惟清汉或不能分矣"。①

"阁老松柱过去，视之，身长面瘦，颐长须髯疏，眼有神采。此人以沈阳将军入为礼部尚书，为阁老云。译辈过沈阳时有识面者，进前谒见，松柱举手而去。又有一大官自后庭出来立于余辈所坐阶下……其人身短而容貌清明，有文雅气，官户部尚书，姓名张鹏翮也，乃汉人。……群胡来观，余辈不胜其纷闹，柳凤山出意思，招直山作胡歌一声，群胡闻皆大笑，遂令直山出门外，群胡随而出，笑声不止，盖直山作各种禽兽之音也"。②

以上四则引文在描述满洲人时基本上都是从满汉对比的角度出发的。在描述"清女"、"睦克登"、"松柱"、"温达"等满族人时，使用了"不避人"、"甚慧黠"、"亦非雄伟人"、"古怪而有猛意"、"举止轻率"、"容貌平常"等极富负面色彩的语汇。而在描述"汉女"、"李光地"、"王琰"、"侍郎在右者"、"张鹏翮"等汉族人时则使用了"避人"、"容貌端整，眉目清明"、"有文雅气而容貌丰盈，精彩动人"、"容仪魁伟，沉静有威，不轻瞻视"、"容貌清明，有文雅气"等正面色彩浓郁的语汇。李宜显在描述汉族官员时亦延续了老稼斋的传统阐释立场，二者间具有明显的互文关系：

"侍郎景日昣也，汉人，而方为右侍郎云。神采颇俊茂，须髯斑白，似五十余岁，人所谓礼部贴直哉。惟清四字堂不甚高大，不过如我国礼曹尔。但部内连构之屋颇多，门廊皆颓落。皇帝令其官员修葺，不曾给价，以致如此云，良可怪也。仍往鸿胪寺，行正朝隶仪，鸿胪寺堂官西佛，清人也，亦立于厅东阶下，胪传者立左旁，以清语呼唱兴拜，使臣依例行三拜九叩头之礼，裨译辈行礼于后，行西厅，北壁上贴咫尺天颜四字"。③

一边是"神采颇俊茂"的汉人侍郎景日昣，一边是"良可怪也"的满清

① 金昌业：《老稼斋燕行日记》，韩国民族文化促进会1989年版，第119页。
② 同上书，第116页。
③ 李宜显：《庚子燕行杂识》，韩国民族文化促进会1989年版，第11页。

皇帝康熙，在褒贬色彩鲜明的语汇对比中，陶谷毫不隐晦地表明了自己的情感立场。同时，对"使臣依例行三拜九叩头之礼"的厌恶情绪亦流露无遗。事实上，异国"形象是描述，它是感情和思想的混合物"。① 它以一个作家、一个集体思想中的在场成分（对异国的理解和想象），置换了一个缺席的原型（异国），而制作了这一形象的个人或集体，通过对异国的描述，显示或表达出了他们自己所向往的一个虚构的空间，他们在这个空间里以形象化的方式，表现各种社会的、文化的、意识形态的固有观念。陶谷李宜显笔下的康熙即是其潜意识里"胡皇"这一形象以及附于"胡皇"之上的固有观念之延续：

"译辈觅来唐报印本，即太学士九卿等以胡皇在位六十年请行庆贺事也。首译又觅来唐报一张，即胡皇因太学士九卿等奏下旨，大略言：朕幼以来，庆贺行礼之事甚是不愿，是以元朝免期宴筵，万寿日亦不受贺。且自幼时因避痘，移去禁城外，养于保姆，未获尽一日养于父母，此乃六十年抱缺处也，何敢受此贺礼。现今西域用兵尚未凯旋，官民运饷劳苦，山陕累年歉收，百姓流离。去岁陕庙地震，兵民受伤，今年沙城地震，即京畿亦震，此正君臣修省之际，何喜之有，不准行，钦此。太学士九卿等又上奏申请，极口称扬其诚孝。且言水旱偶愆圣世不免，广大幅员岂无一二歉收，地震亦因地气郁而不序，而蠲租散赈，仁政备至。若夫王师西征，屡奏大捷，蠢尔小丑，指日剿灭，更不足烦圣虑也。言言无非谄媚，而至以地震为非灾，可笑亦可骇也"。②

"胡皇"这一形象以及附于"胡皇"之上的固有观念虽然在陶谷笔下延续着，但从陶谷的描述里，我们一样能够感受到他在定义"胡皇"康熙时与老稼斋一样的矛盾心态。这种矛盾心态源于他实际面对新的满族人形象元素时的不知所措。

实际上，老稼斋与陶谷对满族人的描述来自共同的"前文本"。前文本亦称"先例文本"，即先于当下文本生成的、具有共同（主题）特征的元文本的总和。③ 前文本与当下文本之间是一种历时的原型与变异的关系，它们构成一条不断延展的文本生成的链条：当下文本从前文本那里获得某种"质"的规定性，并在主题、形式与表达上推陈出新。这样，前文本就成为某种历史语

① 孟华主编：《比较文学形象学》，北京大学出版社 2001 年版，第 122 页。

② 李宜显：《庚子燕行杂识》，韩国民族文化促进会 1989 年版，第 13 页。

③ 彭文钊：《俄语语言世界图景的文化释义性研究：理论与方法》，黑龙江大学博士论文，2002 年，第 150 页。

境，构成一种具有浓厚知识背景性质的文本之网，成为新的形象元素得以产生的物质及精神根据。

老稼斋在描述满族人形象时，即引入了一些新的形象元素，我们注意到，他在描述满族人时，常常对满族人的"眼部特征"格外留意："兀喇总管睦克登……为人小而眼有英气"、"尚书清人而身小，眼有精神"、"阁老松柱过去，视之，身长面瘦，颐长须髯疏，眼有神采"。

朝鲜朝语境中的满族人形象研究最终要落实到对文本的分析上，而文本是知识的载体，是对话的中介。每一个文本都是互文本，文本性即对话性。进入文本的满族人形象只有在对话阐释中才能获得真正的理解，因此，理解也是对话。老稼斋对满族人"眼部特征"的描述，我们完全可以从老稼斋之前的朝鲜朝文人关于努尔哈赤、皇太极、顺治等满洲族统治者的描述性文本中追溯到源头。因为，互文性阅读的过程也就是一个向历史阐释回溯，结合当下理解的视界融合过程，而个体理解的继承性与创造性再一次论证了阐释学循环的无限可能性。从这个意义上说，老稼斋对满族人的某些正面描述实际上反映了十八世纪上半叶朝鲜朝士人在塑造满族人形象时对朝鲜朝主流意识形态或曰"官方真理"在某种程度上的背离。

老稼斋对朝鲜朝主流意识形态的背离还表现在其对负面的汉族人形象不加掩饰的如实描述上：

"盖北京解文字者稀少，以南方之人为序班，而遣送玉河馆者凡六人，此皆南方人也，颜貌本不庞厚，虽有料亦凉薄。万里羁旅，生理艰难，贫窭之色见于面目。使行时，书册买卖，此属担当，以此有若干见利之事，且我国欲知此中阴事，则因序班求知，故此属大半为伪文书而赚译辈，虽无一事之时亦以为有事，事虽轻者言之若重，此属之言从来少可信，是日问答亦此中疵议，而其间亦不无真诈矣"。①

老稼斋赴清时期，朝鲜朝并没有完全放弃"反清复明"的计划，因此，始终密切关注着满清的动向，而清朝亦对朝鲜赴清使节的行动加以一定的限制，因此，朝鲜使节所能获得的信息相对有限，为了得到所需要的情报，他们有时不得不以相当的报酬向清朝官员套取，在此情况下，老稼斋以一种鄙夷的态度，将来自中国南方的汉族官员描述为见小利而忘大义的无耻之辈。

---

① 金昌业：《老稼斋燕行日记》，韩国民族文化促进会 1989 年版，第 78 页。

"至大凌河站，入汉人王姓家朝饭，主人兄俊公入来，自称秀才，以指书申之淳掌中，观其语势似海贼事，故遂给纸笔书之，其人使闭门而后方书云：高桥堡南十五里海岛中有号平康王者，作贼烧劫客人船九只，皇帝送大人招安不从，方其书也，频频回视外面，似恐人来者然。遂问其兵将数，则以为四五百人，兵器则藤牌扁刀火药罐云。索纸笔及扇与之。其年可六十许，而瞻观不定似有狂气。译辈言此人颇虚疏，所言不足信，曾前使行到此每呈如此之言，因求某物而去"。①

自古文人莫不以清高自许，粪土金钱，而这里的秀才俊公却连起码的礼义廉耻都丧失了，屡屡利用朝鲜人希图满清内乱的心理，故作神秘，以海贼事骗取钱物。老稼斋在此将他描述成了一个儒林败类的形象。

"有谷姓汉人家，自前使行宿处也。主人自称举人，门外悬榜，言是本县知县所书云。入其别堂，窗皆镂为文以纱涂之，画花鸟。庭中有花草怪石之属，其西墙内又有一堂，堂三间而尤宏丽，扁曰：燕翼堂。堂中置椅凳四五坐，更无他物，盖亦客堂也。庭前有大瓮，种莲之器云。夜，主人出茶具一桌，馔品与沙河略同，而酒则不及矣，既馈之后，索价多，可鄙。……夜矢轿马羁于谷家，下人辈谓主人匿之"。②

谷姓汉族，"自称举人"，家亦丰殷，却假借馈赠茶果，趁机向朝鲜使臣索要高价。不宁唯是，竟至连使臣的"轿马"亦藏而匿之了。在老稼斋笔下，谷姓举人被描述成了体面无存的负面的读书人形象。

使团去往北京路过宁远卫时，老稼斋想起十余年前书状官宋兄曾于日记中记一十四岁汉儿名王宁潘者，聪慧端秀，时已读过《四书》，遂问此人现今存否？观者答在城内，于是邀来笔谈。王宁潘对昌业言道："与宋公别久，渴想之怀，未尝少遗。今遇足下，欲送书一部，烦给宋公，但不知宋公所爱何书？"③昌业曰："足下欲送书宋公，乃不忘故之盛意，不必问所爱，只送一部经书或子史好矣"。宁潘曰："愚且回去，少刻即来"。已而宁潘复至，曰："仓促新书难求，今得《春秋》一部，旧弊不敢烦寄宋公，聊表寸意"。昌业曰："版本尽好，旧弊何妨，况义重乎物乎，当传致宋公"。老稼斋虑及往返

---

① 金昌业：《老稼斋燕行日记》，韩国民族文化促进会 1989 年版，第 39 页。

② 同上书，第 59 页。

③ 同上书，第 44 页。

北京携书不便，遂相约《春秋》一部暂寄留宁潘处，回来路过此地时再取。转过年来，二月二十六日这天，"阴寒风喧，欲雪而止"。① 老稼斋一行回国途中再过宁远卫，昌业为取一部《春秋》如约造访宁潘家，不料宁潘"适"外出，其侄眉祝出来相见，昌业问曰："尊叔曾以《春秋》一部要送宋老爷，君亦闻此事否？"眉祝答曰："我家叔未曾得此文稿"。随即起身，顷之复来，以一套书示之曰："此书我家祖叫拿来，送老爷见之，非前日所见《春秋》也，即今人诗文类抄之书，而无足可观"。又曰："此书也，是我家叔有言要拿，送宋公"。

昌业颇感失望，在他看来，王宁潘不但言行不一，缺乏信义，且贪求功名，没有民族气节。

一般来说，老稼斋笔下的汉族人都是正面形象，而满族人则是负面形象。但汉族形象群体里也有如南方汉族官员、秀才俊公、王宁潘这样负面色彩突出的；反之，满族形象群体里亦有正面色彩浓郁的：

"初九日戊午，微雪作霏，至晚始霁。……至小黄旗堡，有村四五十家，无店房，朝饭于佟姓清人家。屋新造，而三面为炕，甚敞豁，即其客堂也。炕下尽布砖，中央设土炉，爇石炭。自晓冒雪不用雨具，故衣笠尽湿，至此脱而挂之。壁有书画，桌上颇列器玩，而皆有村气，无可观。主胡兄弟皆鼻长貌俊，而其兄一目眇，自言是满洲人，其兄方为凤城带子，带子即章京之小者，问其俸银，一年支六十两，章京支八十两，章京中又有号牛录者，支一百两云。主胡皆不解文字，问答皆请人书之，然为人皆良顺"。②

这段记载就将"主胡兄弟"描述成了"貌俊"而"为人皆良顺"的正面形象。

老稼斋还特别在与满族人的形象对比中突出描述了南方汉族人的"轻薄狡诈"：

"清人貌丰伟，为人少文。少文故淳实者多，汉人反是，南方人尤轻薄狡诈"。

李宜显在赞赏"汉人则颇加敛饬，外貌亦稍端正"的同时，同样突出强调了南方汉族人的"轻佻狡诈"、"面形尖酸"。

---

① 金昌业：《老稼斋燕行日记》，韩国民族文化促进会1989年版，第151页。
② 同上书，第35页。

老稼斋描述的负面汉族人形象，一方面是他实地考察、亲身经历的产物，另一方面亦是他受朝鲜朝语境及个人"偏见"制约的必然结果。它来自朝鲜朝及老稼斋本人对代表儒家"忠义"精神的"皇明"的极度失望。当然，这种失望是非常情绪化的，是"爱之深，恨之切"之心理的反映。

早在仁祖二十二年（1644 年）八月，时明朝初亡，仁祖与刚从北京归来的使节议论天下之事曰："三百年宗社，一朝丘墟，宜有死节之臣，而至今无闻，良可叹也"。① 锡胤对曰："如有伏节死义之人，则虽愚夫愚妇必皆称道，而寥寥如此，必是皇帝不辟，宦寺执政，礼义扫地，廉耻颓废，士夫之有志节者先已去位而然也"。虽有锡胤为"皇明"开脱，但明朝的大臣们必竟降的降，逃的逃，这不能不让对"皇明"寄以厚望的朝鲜朝君臣大失所望。没过多久的同年十月丁丑，仁祖引见大臣及备局堂上、三司长官，对之感慨道：

"今观大明之事，不胜痛叹。人有自北京来者，皆云无一人为国家死节者。岂有二百年礼义之天朝，一朝覆亡，而无一人死节之理乎！至如宋朝寄寓于岛屿之间，而犹有忠臣义士抗义树节者，国家虽亡，而声名闻于千古。以此观之，人才岂不重欤！"②

右议政徐景雨应之曰：

"圣教诚然，岂知大明天下无一个男子，提一旅奉朱氏耶？试以宁锦之事观之，如祖大寿、洪承畴辈亦皆甘心屈膝，其余不难知也"。

仁祖又道：

"大明立国，最为正大。建文之时，死节者甚多，而今乃不然，良可怪也！"

朝鲜君臣不但对不能为大明尽忠的汉族人表示失望，更为其中的屈膝变节者感到愤慨和痛惋，同时也为流亡之君弘光感到遗憾。

仁祖二十三年（清顺治二年，1645 年）十二月辛丑，奏请使书状官赵寿益以北京闻见书启曰：

"弘光皇帝奔于海上，为清人所执，幽之一处。诸王及总兵以下大小将官降者亦百余人。汉人言弘光即位之后，荒淫日甚，良家女十五岁以上，皆选入

---

① 吴晗：《朝鲜李朝实录中的中国史料》，中华书局 1980 年版，第 3735 页。
② 同上书，第 3736 页。

宫中，人莫不愤慨"。①

孝宗二年（1651 年）二月戊辰，知经筵李基祚曰：

"臣才自北京回，敢陈闻见……清将之中，只巴讫乃时有顾护我国之色，明朝之人仕清国者，如洪承畴、冯铨、刘守涣诸人，皆怀害我国之意。承畴则专以大凌河之败，归罪于我；铨则累上书请令朝鲜一体剃头。在我之计，不可不出捐金帛，交结此辈矣"。②

"其时建房方肆，而大寿等身居戎阃，不以国事为念，争巧竞胜以夸耀一世，何哉？况其曾祖、镇祖、仁父承训俱为名将，而承训壬辰救我国有功，大祖、大乐以同堂兄弟力战凌河功亦不细，而末乃屈膝虏庭，隳其家声，惜哉！"③

与"大明天下无一个男子"相比，朝鲜朝恪守春秋大义的忠勇之士则代不乏人，老稼斋之曾祖，文正公金尚宪即以"正直刚方，贞介特立"而名于当世。"丙子虏难"之时，为维护春秋大义而以身许国的仁人志士更是比比有之：

"吏曹参判郑蕴，自分必死，同乡人曾有请铭者，即日构制，使其孽子传给其人。又制诗数首及衣带中赞，其诗曰：'生世何险巇，三旬月晕中。一身无足惜，千乘奈云穷。外绝勤王士，朝多卖国凶。老臣何所事，腰下佩青锋'。又曰：'炮声四发如雷震，冲破孤城士气汹。惟有老臣谈笑听，拟将茅屋号从容'。又赞曰：'主辱已极，臣死何迟。舍鱼取熊，此正其时。陪辇出降，臣实耻之。一剑得仁，视死如归'。即以佩刀刺腹中，流血满衣衾，尚不死。我往见之，则笑谓我曰：'读古书不解其意，今日我之不死，虽谓之诈死可矣。古语云：'伏剑而死'，伏则犯五脏，卧则五脏不犯，今而后始知伏剑之意'。略无戚戚之容"。④

"主薄宋时荣初与李时稷同舍，时荣先自决，时稷结项，使奴引之，奴不忍从命，以所制赞文及网巾付诸家奴，使遗其子。其赞曰：'长江失陷，北军飞渡，醉将怀怯，背国偷生，把守瓦解，万姓鱼肉。况彼南汉，朝暮且陷，义不容苟，甘心自决，杀身成仁，俯仰无祚。嗟尔吾儿，慎勿伤生，归葬遗骸，

---

① 吴晗：《朝鲜李朝实录中的中国史料》，中华书局 1980 年版，第 3754 页。

② 同上书，第 3809 页。

③ 李宜显：《庚子燕行杂识》，韩国民族文化促进会 1989 年版，第 5 页。

④ 罗万甲：《丙子录》，转引自潘喆等编《清入关前史料选辑·二》，中国人民大学出版社 1989 年版，第 481 页。

善养老母，缩伏乡关，隐而不起，区区遗愿，在尔善述'。士大夫自决者，李尚吉、郑孝诚、洪命亨、尹烇、郑百亨，后皆旌表"。①

"吴达济有寄家四诗。其思母诗曰：'风尘南北各浮萍，谁谓相分有此行。别日两儿同拜母，来时一子独趋庭。绝裾已负三迁教，泣线空悲寸草情。关塞道修西景暮，此生何日更归宁'。其思君诗曰：'孤臣义正心无怍，圣主恩深死亦轻。最是此生无限痛，北堂虚负倚闾情'。其思兄诗曰：'南汉当时就死身，楚囚犹作未归臣。西来几洒思兄泪，东望遥怜忆弟人。魂逐征鸿悲只影，梦惊池草惜残春。想当采服趋庭日，忍将何辞慰老亲'。其赠内诗曰：'琴瑟恩情重，相逢未二碁。今成万里别，虚负百年期。地阔书难寄，山长梦亦迟。吾生未可卜，须护腹中儿'。哀辞苦意，备载于此，闻者莫不悲之。或云与君集同时撕杀，或云幽于深处，而已经累年，尚无消息，想已见杀矣"。②

"尹集之兄棨，亦人才也。丙子，以应教乞郡，为南阳府使，谋举义兵，以为勤王，闻风赴募者，稍稍来集，事示反成。贼兵闻有募兵之举，猝至府中。尹棨庭树二令旗，端坐不动，及见被执，骂贼曰：'臊羯奴！何不速杀我乎？'贼怒，乱刀交下，身无完肤，剑抉两颊，断舌剔肤。其老奴及一僮，以身翼蔽，俱死于一处云，闻者莫不惨然。其祖父曾于壬辰死于尚州矣，一家祖孙三人，俱死于国事，诚可尚已"。③

老稼斋实际上并不了解或曰并不完全了解明清易代之际汉族人民为了恢复中原、光复汉室所进行的艰苦卓绝的斗争，亦不了解又有多少汉族知识分子为了坚守节操，宁愿归隐山林，终老江湖也决不与满清统治者合作。而是非常情绪化地认同"大明天下无一个男子"的判断。这不是老稼斋的错误，因为，"比较文学意义上的形象，并非现实的复制品（或相似物）；它是按照注视者文化中的模式、程序而重组、重写的，这些模式和程式均先存于形象。在一定程度上说，形象是一种语言，一种次要语言，它平行于'我'说的那种语言，与之同在，并在某种意义上复制了它，以便说出他者，说出其他的事物来"。④ 在此意义上我们可以说，老稼斋所塑造的一系列负面的汉族人形象，既是对朝

① 罗万甲：《丙子录》，转引自潘喆等编《清入关前史料选辑·二》，中国人民大学出版社1989年版，第499页。

② 同上书，第502页。

③ 同上书，第503页。

④ 孟华主编：《比较文学形象学》，北京大学出版社2001年版，第157页。

鲜朝"官方真理"的背离，亦是平行于"丙子虏难"前后舍生取义的朝鲜士人形象的"一种次要语言"，它源于老稼斋强烈的民族感情、深沉的忧患意识，表达的是老稼斋对祖先之光荣的深切缅怀，对渐行渐远的春秋大义之渴望与召唤。

二、"所谓抱腰一节，乃金国相爱之礼，而所见则可骇"

朝鲜素称"礼义之邦"，因此，朝鲜君臣每以轻蔑的口吻称清朝为"腥膻"、"腥秽"之国：英宗五十一年三月壬子，英宗行香祗迎礼，乃诣敬奉阁，曰："噫！彼中州尽被腥秽，一隅海东，独保干净"。① 正宗三年，国王李祘下教曰："噫！夷狄乱夏，四海腥膻。中土衣冠之伦，尽入于禽兽之域。惟此东土一隅，崇祀三皇，春秋之大义数十，赖是而不绝如线，于乎休哉！"② 在朝鲜朝君臣看来，"腥膻之国"是没有且不知礼义的：肃宗二十四年五月甲申，肃宗有言："夷狄禽兽，不可以义理责之"。③ 英宗二十四年（乾隆十三年，1748 年），承旨李衡万曰："胡人无礼义，而但以纪律维持，纪律懈弛，何能久乎？"④ 而一个没有且不知礼义的"腥秽"之国统治中原的时间则肯定不会长久，此即朝鲜朝君臣所谓的"胡无百年之运"是也。基于以上这些认识，燕行使们往往对满族的礼俗问题格外留意，老稼斋自然也不例外。

《老稼斋燕行日记》之"山川风俗总录"部分，对满族人的礼俗进行了详细的记述：

"凡相见之礼，揖而不拜，致敬则鞠躬，致谢则叩头，语必作手势。若遇相亲之人则就前执两手而摇之，致其欢欣之意，女人不然"。⑤

李宜显《庚子燕行杂识》在描述满族人之礼俗时基本重复了老稼斋的描写：

"燕中所谓相见之礼，有揖而无拜，致敬则鞠躬，致谢则叩头，语必作手势。若遇相亲之人就前执两手而摇之，致其欢欣之意，女人则不然"。⑥

谈迁《北游录》对满族人礼俗之记载与老稼斋、陶谷之描述亦颇相类：

---

① 吴晗：《朝鲜李朝实录中的中国史料》，中华书局 1980 年版，第 4627 页。
② 同上书，第 4679 页。
③ 同上书，第 4183 页。
④ 同上书，第 4539 页。
⑤ 金昌业：《老稼斋燕行日记》，韩国民族文化促进会 1989 年版，第 11 页。
⑥ 李宜显：《庚子燕行杂识》，韩国民族文化促进会 1989 年版，第 31 页。

"满人相见不揖，第举手右抱。妇女对客垂右手，则妇女亦引右手于面以为礼。西夷妇女囊发而垂于肩，不如满洲艳丽也"。①

无论朝鲜朝文人还是内地汉族知识分子，对满族人之礼俗的描述基本上是客观而冷静的，感情倾向已经不是很明显了。

而朝鲜人在十七世纪关于满洲人之礼俗的描述中，则完全是带着鲜明的感情色彩的：

"胡中之礼，绝无拜兴。将胡之见奴酋，脱笠叩头，卒胡之于将胡亦然。女胡之行礼，跪膝而坐，以右手指加于眉端。亲旧相见者，必抱腰接面，虽男女间亦然。婚娶则不择族类，父死而子妻其母"。②

"向晚赴宴，则设帐幕，器具杯盘馔品，一如前日。蒙将五人罗挥庭中，三叩头以次升平床，与汗接膝，又一叩头，仍抱汗腰，汗亦抱蒙将之腰，在坐诸王子处，亦各进抱腰。所谓抱腰一节，乃金国相爱之礼，而所见则可骇"。③

朝鲜使臣虽然知道满洲人之"抱腰礼"乃"相爱之礼"，但所见之下还是觉得"可骇"。杨宾《柳边纪略》卷四载："满人相见，以曲躬为礼，别久相见则相抱。近以抱不雅驯，相见与别但执手，年长垂手引之，少者仰手迎焉，平等则立掌平执，相抱者少矣"。④ 可见抱腰礼并不"可骇"，它既表亲热亦示尊敬。

满族旧有礼俗，有所谓"请安礼"、"抱见礼"等。请安礼在满族入关后一直实行，且广泛施用于君臣之间、官场之中及一般旗人之间。它具有鲜明的民族特点，而且是最普通的一种礼节。"对这种礼节，满语称为'bethebuk-dambi'，直译为'弯腿礼'，汉语形象地说'打踺儿'。由于这个'踺'字是生僻的字，一般人不会写，就写成'打千儿'或'打签儿'"。⑤ 满族妇女所行请安礼则曰"行万福礼"。满语称"domnombi"，汉语俗称"蹲安"。而抱见礼则"以抱不雅驯"而弃之不用，只在某些礼仪中保留少许形式，以为满族君臣在特定场合中的一种特殊礼节。据《清太宗实录》，凡远方归顺之酋

① 谈迁：《北游录》，中华书局1980年版，第352页。
② 《建州闻见录校释》，辽宁大学历史系1978年版，第43页。
③ 赵庆男：《乱中杂录》，转引自潘喆等编《清入关前史料选辑·三》，中国人民大学出版社1985年版，第341页。
④ 杨宾：《柳边纪略》卷四，辽海丛书本，第26页。
⑤ 赵展：《满族文化与宗教研究》，辽宁民族出版社1997年版，第263页。

长，与皇太极见俱行抱见之礼，以示庄重。"清中叶以后，行抱见礼者越来越少，而保留下来拉手礼"。① 从李民寏《建州闻见录》所记可知，入关前的满族，在礼节上也没有汉族、朝鲜民族那样严格的男女之别，"亲旧相见者，必抱腰接面，虽男女间亦然"。由此可见，女真妇女同男性一样，亦是行抱见礼的，而入关后的满族则逐渐循从汉俗，"若遇相亲之人则就前执两手而摇之，致其欢欣之意，女人不然"。"在后金及清朝的史籍当中，可以发现妇女行跪拜礼的记载逐渐替代了行抱见礼的记载，而在经过康熙、乾隆时代修撰的官书实录中，早期抱见礼的记录基本上被修改和隐讳掉了。这个变化多少反映出清代的满族统治者逐渐接受封建礼教观念，认为妇女行抱见礼，不大符合男尊女卑或'男女授受不亲'的伦理规范"。② 实际上，正是如抱见礼等这些已被遗弃、隐讳掉的礼俗，体现着满族不同于汉族及朝鲜民族的礼俗观念、情感表达方式以及男女之间原始自然的关系。满族这些礼俗的变化，应该说是受汉族礼俗及儒家伦理道德观念影响的必然结果。

汉族礼俗讲究含蓄内敛，热情而有节制，朝鲜民族之礼俗亦大抵如此。抛开各自的民族气质不论，则古代中国与朝鲜之礼俗的理论根基均在于儒家经典。《礼记》有云："君臣、上下、父子、兄弟，非礼不定"。③ 严格等级秩序，是中朝两国共同的伦理规范之一。汉民族向来讲究"男女授受不亲"：《孟子·离娄上》："男女授受不亲，礼也"。《礼记·曲礼·上》："男女不杂坐，不同椸枷，不同巾栉，不亲授。嫂叔不通问。诸母不漱裳。外言不入于梱，内言不出于梱。女子许嫁，缨，非有大故，不入其门。姑、姊妹、女子子已嫁而反，兄弟弗与同席而坐，弗与同器而食。父子不同席。男女非有行媒，不相知名。非受币，不交不亲。故日月以告君，齐戒以告鬼神，为酒食以召乡党僚友，以厚其别也。取妻不娶同姓，故买妾不知其姓则卜之。寡妇之子，非有见焉，弗与为友"。④ 为了厚男女之别，连寡妇的儿子也受了株连，如果不是人才出众，就连朋友都没得交了。其禁戒之严，乃至如此。同样，"从高丽末期《家礼》东传之后，朝鲜学者以一、二个世纪的时间，坚持不懈地躬行

---

① 赵展：《满族文化与宗教研究》，辽宁民族出版社1997年版，第265页。
② 周虹：《满族妇女生活与民俗文化研究》，中国社会科学出版社2005年版，第212页。
③ 杨天宇：《礼记译注》上，上海古籍出版社2004年版，第2页。
④ 同上书，第14页。

实践、极力推广，使《家礼》在朝鲜半岛深深扎根"。① 从根本上改变了朝鲜的文化面貌，并深深地影响着朝鲜社会的文化走向。朝鲜朝将儒家经典礼仪，引为日常言行轨范，早已蔚成风气。右议政李恒福（1556～1618）言及其家风时有云："虽盛暑，不敢裸袒"，"年过十岁，男女不同席，不同椸枷。夜行以烛，嫂叔不通问"。② 朝鲜学者普遍认识到，童蒙养正可收事半功倍之效。副提学李埈（1560～1635）有云："童蒙之学，以豫为先。物欲未萌，思虑未乱。如水未波，如鉴未尘。苟及此时，施其涵养之方，以发其向道入德之趣，则心志凝定，趣向端雅。耳目之所濡染，莫非嘉言。朝夕之所讲习，莫非善事。自非下品之资，必有上达之效矣"。③ 基于这种教育理念，儒生黄宗海（1579～1642）干脆将儒家经典文献中的常识性礼仪以诗歌形式汇为"朝鲜版"的"童蒙须知"，以便教学与记诵：

其"事亲"篇云：

> 养则致其乐，居则致其敬。昏定而晨省，冬温而夏清。
> 立不敢中门，行不敢中道。坐不敢中席，居不敢中奥。
> 父召唯无诺，父呼走不趋。食在口则吐，手执业则扱。
> 父母或有过，柔声以谏之。三谏而不听，亦当号泣随。

其"子女教训之方"云：

> 男女七岁时，读《孝经》《论语》。出入及饮食，教以谦让道。
> 子生择诸母，使为子之师。能言教以言，男唯而女俞。
> 男十年出外，就傅学书计。学乐学射御，学礼学孝悌。
> 女十年不出，母教婉娩从。执麻治丝蚕，观察纳酒浆。

其"夫妇"篇云：

> 命子迎妇时，勉其帅以敬。于女戒之曰：夙夜无违命。
> 母与女袷悦，戒勿违宫事。庶母亦施鞶，申告父母意。
> 男女不杂坐，嫂叔不通问。内言不出梱，外言不入梱。
> 男不言内事，女不言外事。临祭不交爵，非丧不授器。④

朝鲜朝对《小学》非常重视，肃宗二十年正月乙卯，肃宗"亲制朱文公

---

① 彭林：《中国礼学在古代朝鲜的播迁》，北京大学出版社2005年版，第137页。
② 《白沙集》，"别集"，"卷四"，"杂记"。
③ 《苍石集》卷十三，"谕童蒙师长文"。
④ 《朽浅集》卷一，"礼诗"。

《小学》序文，使之弁于篇首"。① 在许多朝鲜学者看来，倍受官方和儒林推崇的礼学大家朱子的《小学》、《童蒙须知》不仅是儿童启蒙教育的必修科目，而且是儒者修身养性的不二法门。刑曹左郎蔡之洪（1683～1741）提出的"大学工夫功效次第"，即将诚意、正心、修身、接人、言语、容止、践履、矫揉、操守、道德、文章、礼乐、书数、居处、衣服、饮食、辞受取与、出处进退、新民、齐家、明伦、刑妻、事亲、友兄弟、教子女、敦宗修族、接宾取友、隆敬师长、冠昏丧祭之礼，与治国平天下，止于至善直接勾连。朱子的《小学》、《童蒙须知》对朝鲜儒林之深刻影响，于此可见一斑。

如此浓郁的礼俗文化氛围，对形成朝鲜民族"温柔敦厚"、"含蓄内敛"的民族性格必然起到极大的推动作用，也正是基于这种"非礼不动"②、"动亦有节"的民族文化心理，面对满洲人热情粗犷的"所谓抱腰一节"，朝鲜使臣才会觉得犹可骇也。

实际上，满族亦是一个重礼的民族，正如清人震钧所言"八旗旧家，礼法最重"。③ 和其他民族一样，满族及其先人女真的礼俗，也是在原始的、朴素的礼俗形式基础之上发展与完善起来的。满族人重礼，是有其历史渊源的。据《金史·世宗纪》："女直旧风最为纯直……敬亲戚，尊耆老"。努尔哈赤继承并发扬了这一礼俗传统，天命十一年（1626年）八月二日，努尔哈赤下达文书规定了晚辈对长者应遵循的礼节："对尊贵的长者，在途中突然相遇，若骑马则下马叩头，并请长者先行；若遇长者坐着，晚辈要跪下叩头；如在宴会上相遇，跪下叩头。在路上突然相遇，则骑马要下马让路；若是他坐着，可以躲避过去；如果在酒宴上，可从坐处叩头"。④ 由于满族上层统治阶级的大力倡导，重礼尊老的习俗在满族人之社会生活中蔚成风气。清人震钧对此记述道："余少时见长上之所以待子弟，与子弟之所以事长上，无不各尽其诚。朝夕问安诸长上之室，皆侍立。命之坐，不敢坐。所命耸听，不敢怠。不命之退，不敢退。路遇长上，拱立于旁，俟过而后行。宾至，执役者，皆子弟也。其敬师也亦然。子弟未冠以前，不令出门。不得已而出，命老仆随之，故子弟

① 吴晗：《朝鲜李朝实录中的中国史料》，中华书局1980年版，第4159页。

② 吴晗：《朝鲜李朝实录中的中国史料》，中华书局1980年版，第4216页。

③ 震钧：《天咫偶闻》，北京古籍出版社1982年版，第209页。

④ 《满文老档》，东洋文库本，第1085页。转引自赵展：《满族文化与宗教研究》，辽宁民族出版社1997年版，第262页。

为非者甚鲜"。① 谈迁《北游录》"国俗"条亦云："满人极敬母，又善事挚友、长辈，命坐而坐，命食而食"。② 入关后，由于受汉族礼俗影响日深，满族人的礼俗中也融入了"三纲五常"等封建道德因素，形成了一整套繁琐、严格的礼俗。其礼俗的民族特色已远不如入关前鲜明了。

老稼斋、陶谷等朝鲜使臣所描述的满族礼俗，虽然还保存着关外时期粗犷、朴野的风格，但已经明显带上了中原汉族礼俗影响的印痕，因此，其对老稼斋等朝鲜使臣的心理冲击力也大不如前了。

三、"清人虽是胡种，凡事极为文明"③

古代朝鲜早在高丽时代就仿中国《周礼》并结合朝鲜民族传统礼俗制定了细密成熟的朝野通行礼仪，据《高丽史·礼十·老人赐设仪》：

"辛祸十四年昌立九月癸未，都评议使司据朝廷颁降仪注及本国旧仪参定：群臣见殿下稽首四拜。三品见一品，四品见二品，五品见三品，六品见四品，七品见五品，八品见六品，九品见七品，拜礼则顿首再拜，揖礼则躬身举手齐眼下致敬。上官居上、下官居下行礼：上官随坐随立，无答路次；下官避马，不及避马则下马；上官不下马，放鞭过行。宪司省郎所属六部官及师长亲戚不在此限。其上官从优答礼，亦许任意行私礼。自一品至九品，差一等者，拜礼则顿首再拜，上官控首答礼；揖礼则躬身举手齐口下致敬。上官举手齐心。答礼：路次下官避马，不及避则下马；上官亦下马，揖礼如上仪。诸官品相等者，拜礼则控首再拜揖礼则左右各举手齐口下致敬。东西相对，行礼路次，马上举鞭相揖。凡民间拜礼，子孙弟姪甥婿见尊长，生徒见师范，婢仆见本使，行顿首四拜；其长幼亲戚，照依等次行顿首再拜礼，答受从宜；平交者行控首再拜礼。凡民间揖礼，验尊卑长幼，行上中下礼。凡官民相见，不许行胡礼。跪见，路次不许拜礼，止行揖礼"。

由于存在着这种先验的判断标准，因此朝鲜使臣总是带着比较的眼光来看待满清的朝廷礼仪：

"官员之行，一骑持坐席在前行，盖以坐席别其品级高下故也。大小人员

①　震钧：《天咫偶闻》，北京古籍出版社 1982 年版，第 209 页。
②　谈迁：《北游录》，中华书局 1980 年版，第 356 页。
③　吴晗：《朝鲜李朝实录中的中国史料》，中华书局 1980 年版，第 4494 页。

遇皇子皆下马，阁老以下否。官高者皆乘轿，而清人不得乘轿"。①

"俄而通官导一行入左右掖门，门在午门之东西。东班从左，西班从右。余辈从西班而入，坐于太和殿庭西南隅，距殿上百余步也。望见殿上设大香炉五六只，状如钟，殿阶左右排水晶杖数只，竖黄盖于所谓御路上，石阶三层，俱设大香炉，左右烛笼各数十只，黄红黑白旗或金织成龙或画日月星辰，金椎金钺之属不知其数而远不能谛记。鼓声出而鸣鞭三，即所谓跸也。传言皇帝出就榻，东西班趋入内庭，一时跪坐。殿上有一人读文，似是陈贺表也。其声高大，在庭者皆闻之。读毕，乐作于楼上，东西班随胪声行三拜九叩头之礼，拜跪兴俯无一参差。礼罢，通官引我一行立西庭。八品前行礼，品牌皆以石斫成，体小头尖，插于砖石上，俾不得转移。跸声又三发，胡皇入内，坐远不见其出入，且闻诣太庙时于端门内开黄屋前面出首周视云，而亦不得细见其形状之如何矣。闻前日受贺表时多烧沉檀于殿上，香臭遍于阙庭云，而今无此事，未可知也。行礼时阁老以下皆不带傔仆，只一驺从持席而入，立班后，出送无一纷聒声，可见纪律犹未颓坏也。今年则我国使臣之外他国无入贡者，独蒙古累十人来参。我国使臣例坐蒙古之下。通官辈引余辈稍间之，曰：'例虽上下，聊坐，而彼秽甚，不可使衣裾相接也'。盖通官是我国人子孙，故凡事颇为我国，第其言如此矣。所谓蒙古，广颧隆额，容貌诡异，衣裳粗污，恶臭袭人，虽间席而坐，心中甚觉秽恶"。②

老稼斋对满清官员礼仪的描述基本持一种中性的态度。陶谷李宜显的描述虽未尽弃鄙视口吻，但朝拜"胡皇"的盛大庄严却给他留下了深刻的印象，以至他亦不得不承认满清"纪律犹未颓坏也"，字里行间甚至流露出一丝钦慕不已的情绪。对蒙古人陶谷则极尽鄙薄之能事，不但对与之"间席而坐"而"心中甚觉秽恶"，而且对"例坐蒙古之下"更是耿耿于怀，陶谷的这种心态，实际上等于承认了满清的权威。

朝鲜朝早在成宗二年（明成化七年，1471 年）即正式颁行了仿照《周礼》创制的《经国大典》。"《经国大典》是朝鲜半岛第一部官制文献，也是朝鲜王朝最重要的法典之一，它的诞生意味着朝鲜官政正在走向成熟，显示了

---

① 金昌业：《老稼斋燕行日记》，韩国民族文化促进会 1989 年版，第 11 页。
② 李宜显：《庚子燕行杂识》，韩国民族文化促进会 1989 年版，第 12 页。

朝鲜礼制建设所达到的新水平"。① 除《周礼》外，《经国大典》亦吸收了中国的历代典制，由于朝鲜与明朝的特殊关系，《经国大典》对明朝礼仪制度的依仿最为明显。朝鲜朝各级官员的冠服，即大抵依明朝例，只是在级别上有所降低而已。其一品官朝服冠用五梁绶织云鹤花锦、金环绶，与明朝三品官相同。其官员常服，则大君麒麟，王子君白泽，与驸马、伯服同。二品官朝服，冠用四梁，绶织云鹤花锦，金环绶，与明朝四品官相同。三品官朝服，冠月三梁，常服胸背，文官云鹤，武官虎豹，绶织盘鵰花锦，银环绶；常服胸背，文官白鹇，武官熊羆，与明朝五品官同。余此类推。与上述冠服搭配使用的还有带、笏、佩玉、袜、靴鞋、鞍具等。其颜色、质地、镶边、数目等各有等差，皆依明朝制度。②

同样，老稼斋也是带着比较的眼光来看待满清官员所着之官服的：

"胡人常时所服皆黑色，贵贱无别，至是日皆具冠带，所谓冠带，有披肩、接袖、马蹄胸等名，其帽顶、带版、坐席、补服，各以品级不同。盖帽顶以衔红石为贵，其次蓝石，其次小蓝石，其次水晶，其次无衔为下。带版，玉为贵，其次起花金，其次素金，其次羊角为下。坐席有头爪虎皮为贵，其次无头爪虎皮，其次狼，其次獾，其次貉，其次野羊，其次狍，其次白毡为下。夏则三品以上红毡，四品以下皆白毡云。补服文禽武兽，悉遵明制。里衣，其长及踝，狭袖而阔裾。表衣，其长至腰，两袖及肘，是谓接袖。圆裁锦幅，贯项，加肩，前后蔽领，是谓披肩。披肩及表里衣皆黑，而其绣以四爪蟒为贵。补服在表，束带在里，文武四品以上，方许挂数珠，拴马蹄胸、马蹄脑，未详其制。此等服色虽非华制，其贵贱品级亦章章不紊矣。我国自谓冠带之国，而贵贱品级之别，不过在带子与贯子，至于补服，不曾分文武贵贱，副使亦用仙鹤，与伯氏同，其纹紊乱可笑。此处人身材长大，姿貌丰伟者居多，而顾视我国，人本自矮细，又道路风尘之余，三使臣外率皆黧黑，所穿衣帽又多来此而赁者，袍则长短不中，纱帽宽或至眼，望之不似人，尤可叹也"。③

胡人"服色虽非华制，其贵贱品级亦章章不紊矣"；而"我国"虽"自谓冠带之国"其官服却"紊乱可笑"，且所着衣帽大多是为了出使而临时租借或

① 彭林：《中国礼学在古代朝鲜的播迁》，北京大学出版社 2005 年版，第 173 页。
② 彭林：《中国礼学在古代朝鲜的播迁》，北京大学出版社 2005 年版，第 177 页。
③ 金昌业：《老稼斋燕行日记》，韩国民族文化促进会 1989 年版，第 74 页。

赊欠的。再看满清官员，则"身材长大，姿貌丰伟者居多"；"而顾视我国，人本自矮细，又道路风尘之余，三使臣外率皆黧黑"，一眼望去，几乎"不似人"了。

老稼斋在出使中国的路上，经常向汉族人询问他们对自己所着之汉家冠服的看法，而且几乎到了不厌其烦的程度：

"余问你见俺们冠服如何？曰好"。①

"问俺们衣冠你见如何，好笑否？答不敢笑。实说无妨。答曰衣冠乃是礼也，有何笑乎？"②

"高丽虽曰东夷，衣冠文物皆仿中国，故有小中华之称矣"。③

"问我们衣冠与大国异制，可骇不骇？答老爷们衣冠甚可爱，我明朝衣冠是这样；问然则公辈即今衣冠非旧制否？答我们此时衣冠是满州"。④

不惟老稼斋如此，其他燕行使者对这一问题同样兴味盎然。这说明老稼斋等燕行使者对自己的衣冠文化充满自豪，它代表着对"皇明"时代的一种甜蜜回忆。如果说老稼斋在全面接触满清官服之前一直为自己所着之汉家衣冠而自鸣得意的话，那么在将自己所着之官服与满清官员所着之官服两相对比之后，他的这种自鸣得意已经开始在一种沉重的失望里逐渐消散了。

服饰是一个民族物质生活与审美情趣的重要标志之一，它往往能够具体而微地反映这个民族独特的民族气质与精神风貌。

据《啸亭杂录》"服饰沿革"条载：

"国初尚沿明制，套裙有用红绿组绣者，先良亲王有月白绣花裙，先恭王少时犹及见之。今吉服用绀，素服用青，无他色矣。花样，康熙朝有'富贵不断'、'江山万代'、'历元五福'诸名目。又有暗纹蟒服，如宫制蟒袍而却组绣者，余少时犹服之。袍裙皆用密线缝纫，行列如绘，谓之实行，袖间皆用熨，摺如线，满名为'赫特赫'。今惟蟒袍尚用之，他服则无矣。又燕居无著行衣者，自傅文忠征金川归，喜其便捷，名'得胜裙'，今无论男女燕服皆著之矣。色料初尚天蓝，乾隆中尚玫瑰紫，末年福文襄王好著深绛色，人争效之，谓之'福色'。近年尚泥金色，又尚浅灰色。夏日纱服皆尚棕色，无贵贱

① 金昌业：《老稼斋燕行日记》，韩国民族文化促进会1989年版，第37页。
② 同上书，第39页。
③ 同上书，第39页。
④ 同上书，第53页。

皆服之。亵服初尚白色，近日尚玉色。又有油绿色，国初皆衣之，尚沿前代绿袍之义。纯皇帝恶其黯然近青色，禁之，近世无知者矣。近日优伶辈皆用青色倭缎、漳绒等缘衣边间，如古深衣然，以为美饰。奴隶辈皆以红白鹿革为背子，士大夫尚无服者，皆一时所尚之不同也"。①

满族的服饰文化是在其所处的特定的自然环境、社会历史发展阶段和生产生活方式等综合因素作用下逐渐发展形成的。它直接承袭了女真人的基本习俗，同时融汇了汉族、蒙古族等服饰的某些形式，最终形成了独具风情的满族服饰文化。入关前，满族先民女真人大多生活于僻远荒寒之地，因此，长于御寒，便于射猎的皮裘袍服，紧身箭袖等构成了其服饰的主要特征。满族人入主北京并逐渐散居全国各地之后，物质生活与精神生活都发生了很大变化，生活条件的改善使他们的审美需求亦发生了相应的转变。昭梿之《啸亭杂录》所描述的满族人服饰文化的多样化、时尚化就是这种转变的标志性特征之一，它反映了康熙盛世社会安定、经济发展的社会现实。

因此，在华赡富丽的满清服饰文化背后，老稼斋看到的是一个生机勃发，繁荣昌盛的帝国。联想起自己国家的板荡仓皇，党争不绝，民生凋敝，老稼斋更觉"尤可叹也"。

其实，老稼斋在关于清朝街衢市肆的描述中，已经流露出了对于满清繁华盛世的感慨：

"从前门而出，路上车马阗咽，而两边列肆，旗榜相映，百货堆积，无非初见之物，左顾右眄应接不暇，有似我国乡客初到钟街中。自此以往，沈阳、通州、北京正阳门外所谓极繁华处，其规模则不过如此，特有大小之异尔"。②

"八门路纵横贯城中，如井字状，而南北两门路与上东、上西两门之路交界处，皆有十字楼，此处如我国钟街，人物辐辏，市肆繁盛"。③

面对清朝的市井繁华，老稼斋"左顾右眄应接不暇"，仿佛"乡客初到钟街"。"钟街"是当时朝鲜最繁华的街市，老稼斋在描述满清市井之盛况时，反复以钟街做比，意在突出满清一般市镇的商业活动亦盛极一时，其羡慕之情于字里行间尽显无遗。老稼斋出使中国的 1712 年，恰逢康熙盛世，其时清朝

---

① 昭梿：《啸亭杂录》，中华书局 1980 年版，第 455 页。
② 金昌业：《老稼斋燕行日记》，韩国民族文化促进会 1989 年版，第 30 页。
③ 同上书，第 32 页。

已进入历史上最鼎盛的时期，当时的手工业生产水平超过了明代，手工业生产能力与明朝相比相对提高，各种商品的产量不断增长，品种亦日益丰富，商品生产的发展促成了全国各地商业的繁荣。因此，老稼斋所描述的市井繁华景象非常接近历史真实。

陶谷李宜显同样感慨于满清的繁荣富庶，只不过他是通过"粗解医术"的"副使裨金重镒"的视角进行描述的：

"胡皇贵臣图纳有病要见我国医人，副使裨金重镒粗解医术，往见之。归言其家四面筑灰墙，当中设大门，而门之左右挂彩画，门内有厩，置鞑马六十余匹，橐驼五十余头，柴草积于外庭，其高如山，门内有近三百间行廊，女婢四十余人，头上遍插彩花，见我国人来各出廊房而见之。中门外有歇厅五六间，苍头四十余人充其中。入第二中门，门内又有二十余间行廊，其前有莲池，几数十余间达于河，水上一望渺然。入第三中门，门左右有家，家内杂置屋轿马鞍等物七十余件，其内又有歇厅十余间，厅内排列三十余椅子，又杂置碁局博弈管弦之属，其左右有华枏木桌，两头刻龙形，上积百余匣书册，其前有小桌，桌上杂置金银、玉器、画、瓷器，而皆非今制，乃古制也，俱极华侈。迤入外炕，炕之前后左右俱以华枏雕刻修妆以防灰壁冷气，其底设画彩五色毡，散置锦缎方席，文房诸具无不尽备，华彩眩耀人目。入小虹霓门，内庭几五百余间，左右月廊皆有炕，粉壁纱户，尽是女婢所居之处，当中有三十余间大家，阶砌皆用玉石，窗户皆雕刻异木，或刻寿字，或刻福字。入炕门，炕之四隅设豆锡绮花烛台，台上各置朱红烛，台其旁各排豆锡片铁以遮风，炕内所置器皿杂物及所排毛毡与外炕所排一样，而器皿则无非金银，且散置琉璃瓶、玉瓶、水晶瓶于炕之左右，又以席大，琉璃灯悬于前而以金银彩雕饰之，炕之一边设壁柜，而柜上积置宝器玉盘等物，其他玩好不可胜数。寝炕之边以沉香刻云形，涂以青纱，纱之四隅悬琉璃方面块，自此转入其子所居，美器华物又极侈靡，与右所见无异，处处有中门，或有窗户，内外寂无喧哗，若虚无人者。一处又有避暑之炕，四面设窗，皆涂以青纱，又有狮子香炉焚香于背后，则香烟由口中出，其旁有大鼓大钟，而皆是诸葛武侯时所用云，不可取信矣。此外奇奇怪怪之物不可以一笔尽记云。所谓图纳，不知何状人，而穷奢极侈如此，其能终始安享富贵否？"①

---

① 李宜显：《庚子燕行杂识》，韩国民族文化促进会 1989 年版，第 16 页。

"所谓图纳，不知何状人，而穷奢极侈如此，其能终始安享富贵否？"陶谷的疑问实际亦是朝鲜朝最高统治者的疑问。早在肃宗十二年（1686 年）十一月庚戌，肃宗就对玉堂官说过：

"自古匈奴之人处中华者，皆不能长久。而今此清虏据中国已过五十年，天理实难推知也"。①

尽管朝鲜朝君臣坚信"胡无百年之运"，但满清衰落败亡的迹象却始终不见到来，相反却日益走向了繁荣富强，以至于肃宗也不得不疑惑地感慨"天理实难推知也"。

英宗十四年（清乾隆三年，1738 年）二月丙申，英宗引见大臣备堂议事，领议政李光佐曰："臣于乙未（1715 年）以副使赴燕，虽无料事之智，窃谓此后中国，未必即出真主，似更出他胡，荡尽其礼乐文物，然后始生真人矣。盖周之繁文已极，有秦皇焚坑之祸，然后承之以汉初淳风。清人虽是胡种，凡事极为文明。典章文翰，皆如皇明时，但国俗之简易稍异矣。奢侈之弊，至今转甚，如舆台贱流，皆着貂皮。以此推之，妇女奢侈，必有甚焉。且巫风太炽，祠庙寺观，处处有之，道释并行，贵州淫祠多至于七十二座，至有杨贵妃、安禄山祠。蒙古雄悍，过于女真，若入中原，则待我之道，必不如清人矣"。②左议政宋寅明亦曰："清主立法简易，民似无怨，不必促亡矣"。③

可见，随着满清的日益强盛，朝鲜朝最高统治阶层已认识到恢复汉室之无望，与其让朝鲜人"甚觉秽恶"的"他胡"蒙古入主中原，还不如维持现状，而"不必促亡矣"。

"胡种""清人"的"极为文明"之处，还体现在老稼斋对普通满族人的一般性描述上：

"汉女皆敷粉，胡女则否。旧闻汉女有夫虽老皆敷粉簪花，今不见尽然。关外女多美者。

男女衣服勿论奢俭，其色尚黑。而汉女不然，穿青红袴者多。

男女衣服除富奢者外悉用大布，虽北京亦然。女子衣服贫寒者外悉用绮罗，虽穷村亦然。

① 吴晗：《朝鲜李朝实录中的中国史料》，中华书局 1980 年版，第 4125 页。
② 同上书，第 4494 页。
③ 同上书，第 4494 页。

男女勿论贵贱皆穿鞋穿靴，虽驱车者亦皆穿鞋。其鞋皆用布帛造，皮造者无，其麻鞋藁鞋亦无。凤城沈阳之间或穿皮袜，即我国所称月吾只者。胡女不缠脚，亦或穿靴。

少儿虽数岁者亦皆穿袜穿鞋靴，不见赤脚者。其着衣束带亦与大人无异"。①

"事实上，对形象的研究应该较为注重探讨形象在多大程度上符合在注视者文化、而非被注视者文化中先存的模式、文化图解，而非一味探究形象的'真实'程度及其与现实的关系"。② 因此，我们在此不必要去考证老稼斋这些描述是否翔实可靠，仅从他描述的"形象"本身而言，这些普通满族人展现给我们的是一种自然、健康、质朴、清新的气质。

"对民族个性的考察必须遵循历史发展的观点和个性的整体性、不变性原则"。③ 从这一点来说，老稼斋对满族人个性的认识起码达到了机械唯物主义的高度，再往前走一步，他就将变成一个彻底的辩证唯物主义者。沉重的"女真记忆"仿佛永远挥之不去的梦魇，始终束缚着老稼斋对满族人的认知态度，罗网般密集的"先例文本"屏蔽着老稼斋观照满族人的视野，他摇摆于满族人的"实像"与"虚像"之间，在"真理"与"谎言"的门槛上彷徨着，苦恼着，一个深受儒家传统影响的簪缨子弟强迫他远离真理，而另一个满怀良知的江湖文人却要求他道出实情。这就是充满矛盾与对立的老稼斋，充满矛盾与对立的老稼斋也决定了他所描述的满族人形象的矛盾与对立之品格。如果说，老稼斋之前的燕行使者从未在朝鲜朝关于满族及其先民女真人的文本丛林中迷失方向，那么，从老稼斋开始，随着朝鲜朝关于满族及其先民女真人的先例文本所带有的对于满族人的"质"的规定性的逐渐丧失，朝鲜朝燕行使者将不得不探索新的认识满族人的方向。而这个任务，将历史地落在朴趾源等朝鲜朝北学派思想家身上。

① 金昌业：《老稼斋燕行日记》，韩国民族文化促进会1989年版，第11页。
② 孟华主编：《比较文学形象学》，北京大学出版社2001年版，第122页。
③ 彭文钊：《俄语语言世界图景的文化释义性研究：理论与方法》，黑龙江大学博士论文，2002年，第150页。

第四章

十八世纪下半叶朝鲜朝语境中的满洲族形象

第一节　十八世纪下半叶朝鲜朝与清朝关系的一般状况

"历史是一个延伸的文本,文本是一段压缩的历史。历史和文本构成生活世界的一个隐喻。文本是历史的文本,也是历时与共时统一的文本"。① 在此意义上我们可以说,十八世纪下半叶的朝鲜朝与清朝关系史既是满洲族形象得以生成的语境,同时亦是满洲族形象本身。因此,我们描述十八世纪下半叶朝鲜朝语境中的满族人形象仍然要从当时朝鲜朝与清朝的一般关系说起。

十八世纪下半叶,朝鲜朝历英祖、正祖两代统治。②

英祖初年,朝鲜朝与清朝的坚冰关系已经打破,双方关系虽然远远谈不上密切,但却始终在曲折中向前发展着。至英祖末年,"貌合神离"虽然仍旧是双方关系的基本状态,但较之以前,朝鲜朝与满清离心离德的程度已大为减轻了。

英祖三十一年(清乾隆二十年,1755 年)八月辛酉,国王李昑驾临慕华馆,与满清使臣行宴礼,清使屡次请留,以至李昑亥时方才还宫。朝鲜史臣对此气愤至极,羞愧难当,评述道:"呜呼!吾君之拜犬羊,羞已极矣,又何可自损体貌,取彼之侮乎!舍馆匪所,而驻跸侵夜,咫尺驾前,侏离杂沓,而馈酒赐银,大失尊严,此何为哉?扈驾诸臣,只恐上心之激恼,恝视君违,任他

---

① 朱立元:《当代西方文艺理论》,华东师范大学出版社 1997 年版,第 396 页。
② 英祖(1724~1776),正祖(1776~1800)。

远人之观听，觇国者其可曰海东有臣乎？吁"！① 英祖却并不如史臣那般激烈，他甚至"以海西接待清使未尽善，罢监司金阳泽职，特授南泰耆以代之"。② 并且，对满清给予朝鲜的地位待遇亦显示出前所未有的关心："我国使于彼国，班行座次如何？"承旨蔡济恭回答说："我使居外国班首矣。昔在皇朝，以我使在僧人道士之下矣。文忠公柳成龙奉使时，言朝鲜即礼仪之国，使臣不当立于僧道之下，争之甚力，皇朝从其言，命我使遂居其上。先正臣李滉闻其事，贻书赞叹之，此语载其文集矣"。③ 可见，清朝"抚藩字小"的对朝策略已经使英祖对满清的态度发生了相当程度的转变。

英祖四十年甲申（清乾隆二十九年，1764年），时当明亡两个甲子，这年八月庚子，领议政洪凤汉提议道："我国之于彼人，诚有忍痛含冤之意，然但同朝之间，仇怨有浅深，嫌避有限节。而至于彼人接应之际，一例引义，殆无远近之别，苟非情理冤酷，可为世仇者，事多掣碍，亦是行不得者。先正臣宋时烈严于此等义理，而至引朱子五世之说以为证，此由于五世必报之义也。宜有定限矣"。④ 即对皇明的悼念和对清王朝的嫌恶，必竟事隔已久，总应该做个了断了。英祖批示曰："以五代为限可也"。⑤ 这说明，连朝鲜朝之最高统治者亦意识到，对满清王朝的"仇嫌厌恶"已经与现实严重脱节，仍然以之来处理满清与朝鲜朝关系实在是不合时宜了。

英宗五十二年（乾隆四十一年，1776年）春三月丙子，英宗薨。越六日辛巳，王世孙李祘即位于庆熙宫之崇政门，是为正宗。正宗即位之初，在如何对待满清上，朝鲜朝仍然存在着两种不同意见。

正宗二年（1778年）二月癸卯，曾经以书状官身份使行清朝的承旨李镇衡向国王李祘奏报这样的使行观感：

"常时有所疑讶者，盖中国天下之都会，人物之府库，而虽朝聘会同，无喧哗之声。我国则无论大小事，全以喧聒为事，此何故也？"⑥

在座的承文正字李家焕解释道：

---

① 吴晗：《朝鲜李朝实录中的中国史料》，中华书局1980年版，第4571页。

② 同上书，第4571页。

③ 同上书，第4572页。

④ 同上书，第4593页。

⑤ 同上书，第4593页。

⑥ 同上书，第4657页。

"风俗一成则难变。自唐、尧至周千余年，冀州独有陶唐之风。我国庆尚道至今有新罗务实遗风。东方自古素无纲纪，因成风俗，喧哗躁动，久而不变矣"。①

虽有李家焕引经据典为"东方"之"素无纲纪"开脱，但我们仍然能从李镇衡的感慨里面听出满清现在纲纪严谨，早已今非昔比，"东方"不该再以不知礼义之夷狄视之的弦外之音。

而坚持认为满清不知礼义的朝臣也大有人在。同年七月己丑，正宗召见回还谢恩正使蔡济恭、副使郑一祥，书状官沈念祖，问燕中事情。念祖奏报曰：

"乾隆盖英主，而近因年老，政令事为，间多苛严，故人怀不安矣……万里中土，尽入腥羶。所尚者城池甲兵，所重者浮屠货利。华夏文物，荡然扫地。甚至大成殿廊，便作街童游戏之场。檐庑荒颓，庭草芜没，而未见一介青衿之在旁守护，见之不觉于悒。而或逢江南士人之能文者，则虽在薙发左衽之中，识见赡博，辞令端雅。江南之素称文明，尽非过语也"。②

可见，正宗初年，满清不知礼义，华夏素称文明的观念在一部分朝臣中还是根深蒂固的。

正宗三年（1779 年）八月甲寅，正宗将展拜宁陵，次南汉行宫，遥想当年丙子虏乱事，不胜感慨：

"我国武备，近益疏虞。民不闻枹鼓之响，兵不解坐作之节。一日二三，玩愒以度。若念丙子时事，君臣上下，乌可若是恬嬉乎？日暮途远，圣祖所以发叹于中朝也。闭关绝约，先正所以屡陈于上疏也。我东以蕞尔鳀域，粗知礼义之方，世有中华之称。而今则人心渐至狃安，大义转益淹晦。北走之皮币，看作常事，不以为耻。思之及此，宁不心寒。汉官威仪，不可复睹。神州腥羶，不可复扫。惟此北苑尺坛，略寓执壤之诚，大明日月，只照一区之邦，庶可以有辞于后世。矧当此年，仰惟孝庙未就之志事，不胜慷慨激昂也。顾今民力凋残，经费匮乏之时，岂必作远道行幸？而逢此己亥之岁，不有宁陵之行，则是岂天理人情之所可出乎？然列邑供億之弊，各营撼顿之劳，何尝食息暂忘也"。③

① 吴晗：《朝鲜李朝实录中的中国史料》，中华书局 1980 年版，第 4657 页。
② 同上书，第 4665 页。
③ 同上书，第 4681 页。

领议政金尚喆等附和曰：

"今日殿下临御此地，乃丙子年经乱之地也。城下之盟，终古耻之。至今人士之经过此地者，莫不指点而伤心，扼腕而兴愤。则况兴感于宸衷，当如何哉！惟我孝宗大王，励薪胆之志，讲复雪之策，将以成仁祖未就之志事，伸天下既绝之大义。不幸大业未半，奄弃臣民，此忠臣烈士所以痛心泣血而不能已者也。今我殿下承丕大之基，讲继述之谟，所以继述之者，不出于修明刑政，收拾人才，养军兵而理财用，数件事而已。兴师往讨，纵不可轻议，而春秋尊攘之义，庶可以不泯于天下万世矣"。①

由正宗展拜宁陵事可知，朝鲜朝虽因武备疏虞，"民力凋残，经费匮乏"，以至不轻议"兴师往讨"满清事，但"义理派"却始终没有忘却"春秋尊攘之义"。

实际上，正祖国王本人对满清王朝的态度还是积极的，因为只有得到满清王朝的认可，正祖国王的承续宗统才能算是正统的，即合乎礼义的。但由于"义理派"的掣肘，在许多事情上正祖亦无可奈何。素知礼义的朝鲜，国王之地位是否正统，即是否合乎礼义反倒要"不知礼义"的满清王朝来裁定，这既是历史的喜剧，更是历史的悲剧。

正宗八年（乾隆四十九年，1784 年）秋七月乙卯，正宗立元子为王世子。遂以右议政金熤为奏请正使，金尚集为副使，李兢渊为书状官前往北京，奏请清朝"亟降恩典"，"特赐准许"，"以定国本"，"以系人心"。为慎重计，事先命诸大臣文衡各制奏文以进，以便国王"烂商择用"。最后，以左议政李福源所制"奏文"为最，故擢用其文。其"奏文"略曰：

"伏以海外偏邦，世被皇慈，获延宗绪，谨修藩职。至我皇上临御以来，视遇罔间于内服，宠眷多踰于常格，有吁必获，靡愿不遂。隆恩异渥，与天无极，顶戴感祝，铭在心肺。今臣有情私之至恳至切者，不敢自阻于仁覆之天，须至登闻者。小邦自祖先以来，继序之初，即请恩典，以定国本，以系人心。而臣叨守藩封，今已八载，年过三十，未有一子，每念宗事，懔然心寒。幸于再昨岁，上藉皇灵，下赖先庥，臣副室生男某，生质粹美，臣妃金氏，取以为子。国内臣民，咸愿亟请皇旨，豫建名号。而臣念其幼冲，未敢遽有陈闻。今则齿及三龄，知思言动，日觉长进。祖先基业之重，庶有所托，臣民期望之

---

① 吴晗：《朝鲜李朝实录中的中国史料》，中华书局 1980 年版，第 4682 页。

切，不可终遏。且臣祖母、臣本生母夙夜所望，惟在于遄蒙封典，获睹荣庆。臣之区区私情，亦愿因此为一分慰悦之方。仍伏念小邦情恳，莫切于建䄍，大朝恩眷，莫重于封典。前后祈请，多在冲年，而辄蒙皇恩，特赐准许。贱价才弛于奉表，天使已临于颁诰。荣动下国，恩出常典，旷绝之渥，非止一再。伏惟皇上字小之德，如天地之生成，万物视远之明，如日月之照临。四方车书所同，雨露惟均。至于小邦事情，最荷轸恤，凡于大小陈情，无不随事曲循。况慈所恳，有异寻常控吁，亦多前后恩例。倘蒙皇上曲垂谅察，特命有司亟䜋恩典，则奚但小邦君臣之铭心浃骨，陨结是期，将见普天率土，咸仰圣朝柔远之化，继世之仁，钦颂感服，无有纪极。兹敢不避猥越，悉暴衷悃”。①

乾隆皇帝览此奏文，“不令议奏”，即“特为准请”，颁旨曰：

“朝鲜于藩服最为恭顺，是以恩赉便蕃，叠加优厚。兹因诞育家嗣，恳请封号，殊堪欣庆。着准其所请，俾益绵宗绪，永守藩封”。②

九月二十六日，乾隆又颁旨，委派西明为正使，阿肃为副使，令其从速起程，前往朝鲜册封世子。乾隆还特意提醒他们：“凡干赆物，切勿滥受，以体朕爱恤东藩之至意”。③此外，乾隆之旨意里还有“朝鲜恪谨侯度，朕甚嘉尚。今番之赐，宜有别般赐物，以表朕意，兼期长寿”等语，并责成内库奉旨措办。朝鲜方面远接使赵时俊“拆见加赏别单”，则所谓“别般赐物”包括：

“大殿玉如意一柄，片金二匹，锦二疋，大彩二疋，漳绒二疋，大缎二疋，宁紬二疋，红洋毡一板；世子宫长寿玉佛一尊，玉如意一柄，湖笔二匣，贡墨二匣，歙砚二尊，绢笺十二束，玉插花器一件，锦缎四疋，裹缎四疋，纱罗四疋”。④

十二月甲申，清朝册封使抵汉城，正宗“迎敕慕华馆，仍还仁政殿庭，行受诏敕礼。礼讫，接见敕使于殿内，行茶礼，仍行宴礼。凡七爵，每爵各呈乐舞。至第二爵，敕使曰：‘《诗》云：既醉以酒，既饱以德。此之谓也’。宴罢，亲送至仁政门外”。

乙酉（第二天），正宗在太平馆设国宴招待敕使，宾主间进行了亲切友好的谈话。随后，正宗又遣领议政徐命善、左议政洪乐性分别造访两位清使，清

---

① 吴晗：《朝鲜李朝实录中的中国史料》，中华书局1980年版，第4741页。
② 同上书，第4742页。
③ 同上书，第4746页。
④ 同上书，第4746页。

求他们再多盘桓几日。正宗还把一年前乾隆所题赠诗句的摹刻本送给两位清使，清使甚是喜欢，称赞"刻法甚精，无异皇上手书"。丙戌，副使阿肃呈七言律诗二首给正宗，赞扬朝鲜文物之盛的同时，对正宗的热情款待亦称谢不已。其诗曰：

箕畴衍化凤敦仁，秉恪尤闻布治新；入境山川觇献秀，行程信宿坐如春。笃循礼义风存古，广教诗书学尚醇；此日自天申锡重，绵绵奕业庆长臻。

匝月星轺载路皇，开筵每令醉琼觞；邦华起凤腾文蔚，国瑞征麟衍绪长。重列珍羞隆敕使，精摹宝篆表宸章；归途回首瞻松岳，何幸东都得礼王。①

丁亥，正宗于仁政殿举行告别宴会。已丑，又到慕华馆为清使送行。

正宗十年（1786 年）五月癸丑，王世子薨。乾隆"深为之悼惜"，② 并派工部侍郎苏凌阿为正使，内阁学士瑞保为副使，前往朝鲜致祭。

从正宗请册封世子事及乾隆派员致祭世子事可以看出，清朝与朝鲜关系尽管暗存芥蒂，但表面已经是一团和气。

正宗十四年（乾隆五十五年，1790 年），时值乾隆"八旬万寿节"，双方关系出现了一个新的高潮。这年二月辛未，冬至正使李性源、副使赵宗铉驰启曰：

"……十三日，皇帝设灯戏于山高水长，礼部引臣等入内班，皇帝手招近前，侍臣以两黄函授臣等，臣等跪受叩头。皇帝曰：'朕手书［福］字以送者，欲国王遄得燊斯之庆也'。臣等又叩头。皇帝曰：'国王喜书大字乎？特送［福］字方笺矣'。臣等叩头领受。黄函所盛之物：皇笔［福］字一幅，玉如意一柄，玉器二件，玻璃器四件，磁器四件，绢纸大小四卷，笔三匣，墨三匣，砚二方，［福］字方笺一百幅，雕漆盘四个。如意玉器之属，曾有所颁，而至于手书［福］字以寓祈祝者，不但臣等万万荣感，彼人见者，亦莫不动色相贺。十九日，臣等又诣圆明园，入山高水长，皇帝令近前曰：'尔等归国，须以吾言问国王平安'"。③

昭梿《啸亭杂录》"赐福字"条载：

"定制，列圣于嘉平朔谒阐福寺归，御建福宫，开笔书［福］字笺，以迓

① 吴晗：《朝鲜李朝实录中的中国史料》，中华书局 1980 年版，第 4747 页。
② 同上书，第 4780 页。
③ 同上书，第 4803 页。

新禧，凡内廷王公大臣皆遍赐之。翌日，上御乾清宫西暖阁，召赐［福］字之臣入跪御案前，上亲挥宸翰，其人自捧之出，以誌宠也"。①

在古代封建礼治之下，帝王有无子嗣事关国运。乾隆手书［福］字以送正宗，一方面希望他早得"螽斯之庆"，以续国脉，另一方面亦为表示自己对朝鲜国王之格外荣宠。如此隆恩殊渥，不但朝鲜使臣"万万荣感"，而且"彼人见者，亦莫不动色相贺"。真可谓一时之盛事。

"万寿节"（9月21日）这天，先是满族侍郎铁保引导朝鲜进贺正使黄仁点、副使徐浩修等立殿陛下，接着和珅出传皇旨，令朝鲜使臣等近前：

"皇帝问：'国王平安乎？'臣等对曰：'赖皇上洪恩平安矣'。皇帝问曰：'国王有斯男之庆乎？'臣等对曰：'今年元正，颁降［福］字宸翰，国王惑戴铭镂，日夕攒祝，果于六月十八日举男矣'。皇帝笑曰：'然乎？是诚大喜大喜的事也'"。②

冬十月己巳，正宗召见回还使臣黄仁点、徐浩修等，嘉勉他们说："卿出万里稳旋，奏请如意，幸甚"。③ 并且就乾隆加赏之有御诗御铭的玉如意、犀文砚④等物感慨道："皇帝为偏邦祈丰祈寿，乃如此矣"。⑤ 左议政蔡济恭亦有同感："如此礼遇，史牒所未见矣"！⑥ 可见，朝鲜君臣对此次进贺之行取得的丰硕成果甚为满意。

"来而不往非礼也"。这年冬十月辛未，正宗再次派出使节，送内阁知制教李晚秀所撰的"八旬圣龄万寿庆节"之"别奏"于燕京，以达衷曲：

"臣僻处海隅，厚沐皇上东渐之化，礼遇迥超诸藩，眷顾冈间内服，爱之祈其福，劳之罄其弊，隆恩殊渥，简荣所旷。臣每一承奉，徒积铭镂，瞻天仰圣，报答无阶。乃者八旬圣龄万寿庆节，千载一有，溥天同欢，梯航毕至，庭

---

① 昭梿：《啸亭杂录》，中华书局1980年版，第376页。

② 吴晗：《朝鲜李朝实录中的中国史料》，中华书局1980年版，第4823页。

③ 同上书，第4827页。

④ "玉如意一柄（背有皇帝御制诗书双行：曰雨曰暘总时若，如山如阜齐高旻。旁镌：臣彭元瑞敬书）……砚二方（一方：松花石，面仿瓶形，匡镌犀文，顶隅楷书镌：仿宋德寿殿犀文砚。底镌皇帝御制铭：琴古之产兮星文徹端，异种足珍兮辟尘辟寒，他山可磨兮如瓶斯受，聊以寓意兮取诸德寿。阳镌：'几暇怡情'四字，'得佳趣'三字。二图章。一方：端石）"。——（参见吴晗：《朝鲜李朝实录中的中国史料》，中华书局1980年版，第4829页。）

⑤ 吴晗：《朝鲜李朝实录中的中国史料》，中华书局1980年版，第4829页。

⑥ 同上书，第4829页。

实惟百。臣谨差陪臣，恭修贺表，窃意照进恒贡，未足称惬微悃，另拟芹曝之献，以效冈陵之祝。而供献彝典，有不敢丝毫逾越，含诚莫遂，寸衷徒激。于本年十月十一日，陪臣黄仁点、徐浩修等还自京师，伏闻皇上屡接贱价，备加宠私。至以小邦举男之幸，天颜有喜，恩言郑重。又况如意文砚，颁自内府，昭回云汉，刻画琬琰，龙光万里，恍若亲受。臣与一邦臣民，荣动感极，百拜稽首。臣闻上之有施，下之有报，礼也。鹿鸣天保，谁昔然矣。非谓执壤之仪，可答觊心之渥，而区区享上之忱，终未获彻，则是自阻仁天，非所以仰体不我遐之宠。且准礼部移咨传宣皇旨者，谢恩方物，不许收受，闻命以还，不任悚惶。而正贡之永免，既荷特恩，土宜之荐忱，不至僭猥，藉此进献，窃幸有命，宿昔至愿，庶效万一。故兹谢恩方物，敬遵皇上旨意，著停例献，辄将数品薄仪，别具标单，斋沐缄盛，附进谢使之行。筼簜羽毛，中国之所有，而肃慎之砮，越裳之雉，史氏传之，物虽不腆，诚实由中。伏乞皇慈特命进御，以备外供，俾小邦殚诚事大，遇庆祝寿之至恳，得以少伸，不胜万幸"。①

同时送达的弘文提学洪良浩所撰之"别咨"则略曰：

"以海外小邦，偏蒙皇上焘覆之恩，前后宠数，愈往愈挚，感戴祈祝之诚，何岁不然。而况当八旬大庆万寿圣节，普天含生之伦，莫不鼓舞蹈抃，每诵海屋之筹，思献冈陵之祝。则如小邦最沐隆渥，自同内服，区区愿忠之忱，窃拟内贡之外，另具土宜，少伸享上之仪，用附祝嘏之诚。而体异典常，迹涉僭越，趑趄未敢，耿结在中。乃兹贺使之回，伏闻眷顾之意，温谆之谕，优渥郑重，迥出常格，至于如意文砚之特颁，重以御诗御铭之殊宠，云汉昭回，海隅生辉。前春〔福〕字之宝墨，已蒙敷赐之至仁，而今此非常之渥，尤是往牒之所未有，偏邦小藩，何以得此！谨与大小臣僚，擎玩荣感，北望攒稽。语曰：'无德不报，无言不酬'。上有河海之施，而下无丝粟之报，则实非礼意人情之所敢安。值此千一难逢之会，荐蒙今古旷绝之数，而徒怀严畏之小嫌，未遂献御之至愿，则非所以仰体皇上字小之隆眷也。且伏念今兹所被恩数，若是隆挚，义当别遣一价，恭进土贡，而谢恩方物，既命停减，如礼进献，表诚无路。兹将数种不腆之品，附进陪臣年贡之行。而虽出献芹之微诚，有异执壤之常仪，惟唐突是惧，兹敢另进奏文，又谨具别咨，辄此仰渎，烦乞金大人俯

① 吴晗：《朝鲜李朝实录中的中国史料》，中华书局 1980 年版，第 4830 页。

谅远恳，曲为转奏，俾小邦感镂报效之忱，得以上达"。①

从这两篇"别奏"与"别咨"可以看出，至十八世纪末叶，朝鲜朝对满族及其先民女真人的延续了数百年的官方立场已经发生了根本性的转变，这个过程虽然困难重重，但朝鲜朝还是迈出了接受满清的艰难步履。"胡人"、"胡皇"等套话在统治阶级的文本中已经不复存在，朝鲜朝重又回到了"事大"的轨道上去，只不过这次的所谓"大"是取代了明王朝的满清王朝而已。

但是，我们也不能忽略，在朝鲜朝步履维艰地接受满清王朝的同时，"义理派"的声音始终存在，只不过，他们的声音随着朝鲜朝与清朝关系的日益密切已经越来越微弱了。

第二节　朴趾源与《热河日记》

朴趾源（1737～1805），字仲美，号燕岩，本贯潘南，其家族以"冠冕大族"闻名一时，乃老论派名门世家。父朴师愈，祖章简公朴弼均（1685～1760）。燕岩祖上既有著名学者，亦不乏卫国功臣，其八世祖文康公绍和六世祖忠翼公东亮向为国人所重。至燕岩出生之后，潘南朴氏已家道中落，加之燕岩幼年丧父，故而生计维艰。燕岩遂由祖父抚养长大，其祖章简公正直刚毅，曾因避党争之祸而归隐，英祖即位后，应英祖之请而出仕，此后虽三十余年高居朝廷要职，但清廉自守，不谋私利。潘南朴氏与朝鲜朝王室亦有渊源，燕岩叔祖乃孝宗驸马锦平尉，燕岩三从兄朴明源乃英祖驸马锦平尉。受祖父影响，朴趾源亦狷介孤高，不合俗流。

及长，燕岩并无多少财产，其全部家当，仅价值不及白银百两的田地一块，位于汉城的价值白银三十两之房屋一所。1752年，16岁的燕岩娶李辅天（1714～1777）之女为妻，并从任弘文馆校理的妻叔李亮天（1716～1755）学文。从此，燕岩在岳父和妻叔的指导下迈进了浩瀚精深的学术殿堂，其学问、思想受二人影响甚深。

燕岩18岁（1754年）作《广文者传》，20岁（1757年）作《闵翁传》。

① 吴晗：《朝鲜李朝实录中的中国史料》，中华书局1980年版，第4831页。

30 岁（1767 年）作《放璃阁外传》，皆名动当时。自 20 岁起，燕岩即准备科考，34 岁时在两场监试中夺魁，其才情学问连国王英祖亦称赏有加。由于他文章特出，更兼英祖赏识，考官们已内定取他。但燕岩对当时党争激烈的政治现实和虚伪的两班社会深感失望和厌倦，遂决心放弃科举，布衣朴服，淡泊一生，故而没有参加会试。燕岩子宗采对其父之"不屑"科举事描述甚详："时先君文章之名，已喧动一世，每有科试主试者，必欲援引。先君微知其意，或不赴，或赴而不呈卷。一日，在场屋，漫笔画古松老石，一世传笑其疏迁。然盖示其不屑之意者"。① 朴趾源对朝鲜朝社会现实的强烈不满，使他的文章充满深刻的批判意识，从青年时代起，朴趾源即以文学为武器，讽刺和批判日益堕落的世态人情。

燕岩三十岁时与洪大容（1731～1783）交游，并开始接触西学。

1768 年，燕岩迁至汉城白塔附近居住。时白塔周围尚有李德懋、李书九、徐常修、柳琴、柳得恭、朴齐家、李喜庆等寓此，遂相与交游，并逐渐形成以燕岩为中心的"北学派"。

正祖即位后，权臣洪国容滥用权势，潘南朴氏因抵制其专横跋扈而受排挤，先后数人被罢职，朴趾源亦因讽刺洪国容之权势熏天而遭迫害，为避祸，燕岩被迫隐居于黄海道金川郡之燕岩峡，继续潜心学问，其涉猎之广，钻研之深，时人多不能及。1780 年，洪国容失势被逐出京，燕岩方重返汉城。

1780 年，44 岁的朴趾源以进贺别使正使、三从兄朴明源子弟军官身份随团出使清朝。此次使行的副使为郑元始，书状官为赵鼎镇。使行之主要目的是为乾隆之七十寿辰祝寿。

使团一行 5 月 25 日出发，8 月 4 日抵北京。8 月 4 日至 9 月 17 日办理各种外交事宜。10 月 27 日回至汉城。回到汉城后，朴趾源将此次燕行作了全景式记录，记录之初稿完成于 1783 年，后复经多次修订，最后定稿于 19 世纪 20 年代初，其时燕岩已殁。此记录，即为韩国游记文学的巅峰之作——《热河日记》。《热河日记》极富文学色彩，史料价值亦高，且充分表达了燕岩进步的北学思想，被韩国学界公推为朝鲜朝文化的代表性著作。

《热河日记》凡二十六篇，是一部百科全书式的游记。举凡风景名胜、历史古迹、政治经济、社会习俗、文物制度、人情世态等悉为采录。并载有燕岩

① 朴宗采：《过庭录》卷一，韩国石枕社 1998 年版，第 281 页。

同清朝文人学者探讨经义考据、诗文书画、天文历法、金石曲律等笔谈记录。内容详赡，学问赅博，显示了一代北学大师深湛的学术功底。

其《渡江录》、《盛京杂识》、《驲汛随笔》、《关内程史》部分记录了朝鲜使行于 1780 年 6 月 24 日自义州启程渡鸭绿江，经辽阳、盛京、山海关，于 8 月 4 日抵北京期间的旅行见闻。

其《漠北行程录》、《太学留馆录》、《还燕道中录》记录了使行抵北京后，始知乾隆已去热河，使行遂于 8 月 5 日自北京东直门出发，经顺义、怀柔、密云，自古北口出长城，渡河川抵热河，在太学馆停留六日，于 8 月 15 日离开热河，复经古北口、德胜门回到北京期间的一路闻见。

其《倾盖录》乃对于停留热河 6 日间所结识的汉族人、满洲人及蒙古人之印象记。

其《黄教问答》记录了使行停留热河期间燕岩与汉人郝成、蒙人破老回回图、满洲人奇丰额等人之间的谈话。话题则是西藏的黄教和班禅。燕岩从乾隆厚待班禅的举动中，得出清朝致力于怀柔远人的结论。

其《班禅始末》是关于班禅喇嘛的传略。燕岩从清朝翰林院庶吉士王晟及敬旬弥处听到的故事成为记录的中心。

其《札什伦布》是关于使行停留热河期间谒见班禅喇嘛的记录。西藏之西有札什伦布寺，历代班禅喇嘛乃其法主。乾隆于热河仿札什伦布寺建须弥福寿庙，以示对前来庆贺自己七十寿辰的班禅喇嘛之荣宠。故此须弥福寿庙又有札什伦布庙之名。

其《行在杂录》乃使行停留热河期间中朝双方往还文书之辑录。

其《忘羊录》乃燕岩与清朝文人尹嘉铨（号亨山）、王民皥（号鹄汀）之间的笔谈记录。亨山蒸了一整只羊款待燕岩，但因双方陶醉于关于乐律的对谈之中而忘记了蒸羊之事，故此记录有《忘羊录》之名。

其《审势编》论述了朝鲜士人对中国的误解，中国人的三难以及清帝乾隆的思想控制。

其《鹄汀笔谭》是王民皥与燕岩关于宇宙观、特别是地动说与天主教的笔谈记录。

此外，《热河日记》还包括记录各种闻见的《山庄杂记》、《避暑录》、《杨梅诗话》、《铜兰涉笔》、《玉匣夜话》、《金蓼小钞》、《幻戏记》、《口外异闻》、《黄图纪略》、《谒圣退述》、《盎叶记》等诸多内容。称其为百科全书，实不为过。

1786 年，朴趾源出任缮工监监役，1789 年任司仆寺主簿，1790 年任义禁府都事、齐陵令，1791 年任汉城府判官、安义县监，1797 年迁沔川郡守，1800 年拜襄阳府使。

1805 年，燕岩因病辞世，葬于长湍松西面大世岘，享年 68 岁。有《燕岩集》传世。

第三节 《热河日记》中的满洲族形象

一、"蔼然有春风和气"的乾隆皇帝

乾隆皇帝在位六十年（1736～1796），禅位后又当了三年太上皇，掌握最高权力达六十四年之久，将近清王朝的四分之一，是中国封建社会执政时间最长的皇帝。他励精图治，锐意进取，上承先祖余绪，仰仗全盛国力，与父、祖共同开创了中国历史上著名的"康雍乾盛世"，是一个很有作为的封建帝王。但由于时代、阶级的局限，他也实行了许多错误、反动的政策，是一个颇有争议的历史人物。从中国历史发展的角度纵看乾隆，他还不失为一位好皇帝，但若从世界历史的角度横看乾隆，那么他不过是一位保守落伍的封建帝王。乾隆秉政之时，朝鲜朝正值英祖、正祖执政，因此，英、正两朝的燕行录里留下了大量的关于清帝乾隆的记录，燕行录的代表性著作《热河日记》自然也不例外。那么，朝鲜人是如何描述乾隆的，朝鲜人为什么如此描述乾隆，乾隆形象较传统的满洲族统治者形象而言，有哪些继承和发展，我们将以燕岩之《热河日记》为中心文本给予回答。

燕岩在其《热河日记》里面，对乾隆作了多角度的描述：

"其姓曰爱新觉罗，其种曰女真满洲部，其位则天子也，其号则皇帝也，其职则代天莅物也，其自称曰朕，万国尊之曰陛下，出言曰诏，发号曰敕，其冠曰红帽，其服曰马蹄袖，其传世维四，其建元曰乾隆"。①

"已而皇帝出自正门，而仍坐门中，砖上不设椅榻只设平床铺黄褥，左右侍卫皆衣黄，佩刀者不过三四双，黄伞分立者只二双，肃然无哗。先令回子太

---

① 朴趾源：《热河日记》（Ⅰ），"关内程史"，韩国民族文化文库刊行会 1985 年版，第 604 页。

子进前，未数语而退，次命使臣及三通事进前，皆进前长跪，长跪者，膝地也，非贴尻坐也。皇帝问国王平安，使臣谨对曰平安。皇帝又问有能满洲话者乎，上通事尹甲宗以满话对曰略解，皇帝顾视左右而喜笑。皇帝方面白晰而微带黄气，须髯半白，若六十岁，蔼然有春风和气"。①

"皇帝方以六岁皇女，约婚于（和）珅之幼子。皇帝春秋高，多躁怒，左右数被挞。而最爱此女，故帝方盛怒时，宫人辄抱置幼女于帝前，帝为霁威怒云"。②

与燕岩同行的副使郑元始在以承旨入侍国王时，与正宗亦有这样一番对话：

"上曰：'皇帝出行时，威仪何如？'元始曰：'仪节太简率，自皇帝至从者，各控一骑，初无骖御之仪，只卫仗数十，相对前行，从官百余人拥后。而御马数双，无牵分队而行。皇帝面方体胖，小须髯，色渥赭。所着衣章，初无贵贱之表矣'"。③

"理解是与其他文本相互比照，并在新的语境（我的语境、现代语境、未来语境）中重作思考。……理解的对话运动分为几个阶段：出发点是该文本，向后运动是过去语境，向前运动是对未来语境的预感（和开端）。

文本只是在与其他文本（语境）的相互关联中才有生命。只有在诸文本的这一接触点上，才能迸发出火花，它会烛照过去和未来，使该文本进入对话之中"。④

如果我们将燕岩对乾隆的描述置于历时与共时统一的文本网络之中，我们将能够更加充分地阐释燕岩笔下的满洲族帝王形象。因为，"任何一个文化文本都是与其他文化文本相互交涉的"。⑤ 也即是说，任何一个文本都是其他文本的镶嵌、组合和回响。而从"对话"的意义上说，燕岩对满洲族形象的描述只是朝鲜朝关于满洲族形象的无限的对话绵延中的一个短暂片断。

让我们将目光转向较燕岩略早三年（1777）出使的吏曹判书李坤之《燕

① 朴趾源：《热河日记》（Ⅰ），"关内程史"，韩国民族文化文库刊行会 1985 年版，第 628 页。
② 同上书，第 629 页。
③ 吴晗：《朝鲜李朝实录中的中国史料》，中华书局 1980 年版，第 4703 页。
④ 巴赫金著、白春仁等译：《文本 对话与人文》，河北教育出版社 1998 年版，第 380 页。
⑤ 张进：《新历史主义与历史诗学》，中国社会科学出版社 2004 年版，第 252 页。

行纪事》① 从侧面为我们描述的乾隆皇帝：

（皇帝）"即命持入奏文，览后以为，朝鲜本来恪勤侯度，况且新王年纪虽少，奏文字画极为精细，此亦尊敬待朕之意。顷闻两次敕使言，新王容动周旋，有仪有节，一邦无忧，朕甚嘉之。今此奏文中谋逆者，想以权贵专恣之类，惮王英明，潜怀异图也。谋逆之恶，岂有大小国之别乎？朕今眼昏，未能细视，更为改书以入云矣"。②

"于是皇帝乘步辇以入，夫舆之由端门而入，辇舆军卒之服色如我国扈辇队，皆衣黄，插黄羽。黄凉伞一柄在前，礼官侍卫前引，王公驸马公卿作队乘马后跟而来，威仪整肃，不闻喧聒，只有马蹄声而已。卤簿仪仗及煌煌角灯两行排立于午门之外，龙凤伞扇在前，其次各色幢幡旗帜，其次各项金银爪钺及铁枪大刀，其次棍棒。而金玉杖朝天镫鸾章金干玉戚之属数为九百云，而多不能尽记。仪仗军卒则身着红纹绣衣，头插黄羽。辇舆之制，天盖帷帐皆用黄色，外垂珠帘，帝座隐隐，未见其颜面，而近至两使，垂手跪坐，依例行三叩头，仍为退出"。③

李坤将乾隆描述成了一位对朝鲜友好的"威仪整肃"的帝王形象。

再看以子弟军官使行清朝的炯庵李德懋之《入燕记》④ 为我们描述的乾隆皇帝：

戊戌年（1778 年）五月。"二十七日丙戌，大风，留馆。朝日，上副使还

① 英祖末年，围绕世孙（即后来之正祖）储位问题，朝臣分为"时派"与"僻派"两股政治势力，时派当时是拥立派。侯正祖即位（1776 年），时派得势，僻派代表人物洪麟汉、郑厚谦被赐死。第二年，其余党亦纷纷被祸。1777 年 9 月 20 日，朝廷起草了"讨逆奏文"，以河恩君李垧为冬至兼陈奏正使，吏曹判书李坤为副使，兼执义李在学为书状官前往北京送达。《燕行纪事》记录的即是此次燕行。其书凡两册，丁酉年（1777 年）事为上册，戊戌年（1778 年）事为下册，其成书年代已不可考，作者是否真的即为李坤亦无从考证，但从所书笔迹看，作者系一人当无疑。1962 年，成均馆大学校大东文化研究院影印出版《燕行录选集》，《燕行纪事》方得以面世。

② 李坤：《燕行纪事》，韩国民族文化促进会 1989 年版，第 42 页。

③ 同上书，第 48 页。

④ 《入燕记》，著者李德懋。李德懋（1741～1793），字明叔、懋官，号炯庵、青庄馆、蝉橘堂、敬斋、亭严、寒棲幽人、鹤上村夫、端坐轩、注虫鱼斋、学草木堂、香草图、雅亭、东方一士等，乃定宗子茂林君善生后，曾任奎章阁检书官，广兴仓主簿，积城县监等小官，卒年 53 岁。李博涉经史，学贯古今，有洋洋 71 卷之《青庄馆全书》传世。正祖二年（乾隆四十三年，1778 年），朝鲜以蔡济恭为谢恩兼陈奏正使，以郑一祥为副使，以沈念祖为书状官出使清朝，时炯庵以沈念祖随员随往。《入燕记》即为此次使行之记录。据《入燕记》，此次使行于 1778 年的 4 月 12 日渡江，5 月 15 日抵北京。在北京逗留一个月后，于 6 月 16 日离京，闰 6 月 14 日渡江归国，7 月 1 日返抵汉城。

馆。以为平朝皇帝乘黄屋轿，威仪简率，执仪仗者皆羽笠，诸亲王亦乘轿而从之。二象驾大轿前后，若我国双轿而从焉。皇帝见上副使俯伏路旁，轿过，而犹回头熟视焉。面白皙，甚肥泽，无皱纹，须鬐亦不甚白，发光闪烁云"。①

清史大家戴逸教授经详密考证后认定："乾隆帝身材匀称，丰腴而略矮。身高约1.6公尺（据觐见他的英国使团人员说身高五呎二吋、约1.6公尺）。脸庞呈长方同字型，两腮稍削，皮肤白皙，微带红润，眼睛黑而明亮，炯炯有神，鼻稍下钩，体态文雅，外表平和。青年时代是一位英俊潇洒的翩翩佳公子，老年时代，则显示出尊严、和蔼和慈祥"。②

可以看出，朝鲜使臣关于乾隆的描述与戴逸教授的考证大体吻合，这说明朝鲜使臣对乾隆的描述基本上是客观的。至此，朝鲜人关于满洲族的描述中，负面色彩虽然没有完全脱去，但自努尔哈赤始即笼罩在皇太极、顺治、康熙等满洲族统治者形象之上的"拔扈之气"至十八世纪下半叶的乾隆皇帝几乎已经不复存在了，"奴酋"、"汗"、"胡皇"等语汇在朝鲜人的文本中亦几近消失。乾隆虽因"春秋高"而"多躁怒"，但只要宫人抱置六岁爱女于其前，其"威怒"也就烟消云散了。这里的"躁怒"更多的是一位老人正常的生理心理反应，与朝鲜朝描述满洲族统治者之传统文本中的"拔扈之气"已相去甚远了。可以说朴趾源等燕行使者呈现给我们的是一个"蔼然有春风和气"的基本符合实际的"客观化"的乾隆形象。

正宗七年（乾隆四十八年，1783年）二月戊子，冬至兼谢恩正使、领议政郑存谦，副使洪良浩在燕驰启曰：

"……日出时，皇帝乘步辇，由水长阁出御幄次。臣等随诸臣祗迎，仍升幄内，就坐于王公之下。宴桌则预为排陈，覆以紬袱。皇帝御座后，以次于袱，设乐张戏，仍进酪茶一巡、酒一巡后，皇帝命朝鲜正使进前。礼部尚书引臣存谦至御榻上椅子前。盖御榻之制，设九级纳陛，上设御座。进前之时，皇帝先问使臣之解汉语与否，而通官则不得上陛。故礼部尚书即身俯问于通官之在下者，对以未解。皇帝赐臣以御桌玉杯之酒，仍问曰：'使臣能诗乎？'礼部尚书传语通官，通官传语于臣，故臣对曰：'文词鲁莽，未能工诗矣'。

① 李德懋：《青庄馆全书》卷六十七，《入燕记》下，韩国民族文化促进会1989年版，第99页。
② 戴逸：《乾隆帝及其时代》，中国人民大学出版社1992年版，第4页。

皇帝顾礼部尚书多有酬酢，臣虽未谛解，而皇帝之和颜喜色，溢于观瞻"。①

正宗十四年（乾隆五十五年，1790 年）三月丙午，正宗召见大臣阁臣及回还冬至副使赵宗铉：

"上以皇帝所书［福］字示诸臣。左议政蔡济恭曰：'笔力极其雄豪，特念偏邦螽斯之庆，有此旷古殊异之举，交邻之间，犹以为感，况大国之于偏邦乎！'右议政金钟秀曰：'此等恩数，往牒所无。缱绻之念，愈往愈挚。抑或天诱其衷，致使眷眷于我国矣'。上谓宗铉曰：'今行屡被召接耶？'宗铉曰：'臣等屡次被召，而正月十三日，皇帝召臣等近前，而顾语和珅，出一漆函曰：为尔国螽斯之庆，亲书此一［福］字，以寓祈祝之意。又以御桌之酒，手赐臣等曰：此酒亦出祈祝之意也，并须归告尔国云。且闻金简所传，皇帝之平日眷眷于我国螽斯之庆，靡不用极。且其晋接之节，礼待之意，比他国自别。班次居先，礼部尚书导而入，上殿之际，使人扶腋'。上曰：'皇帝筋力何如？'宗铉曰：'无异少年。满面和气'"。②

乾隆的礼遇，朝鲜君臣认为是"旷古殊异之举"，"此等恩数，往牒所无。缱绻之念，愈往愈挚"。此前，满清对朝鲜虽也屡施"恩典"，但朝鲜对满清的"恩典"却心存顾虑，始终持怀疑态度，反复究诘其是否"果出于好意，而无别情耶？"③ 并认为这种恩典是"出于操纵示恩之意也"。④ 但随着清朝对朝鲜"抚藩字小"策略的持续推行以及双方交往的日益增多，朝鲜已经逐渐消除了对清朝的顾虑。正宗十四年（乾隆五十五年，1790 年）五月丁未，正宗召见即将赴清的谢恩三使臣，并嘱咐上使黄仁点说："皇帝之特颁御笔，以寓祈祝者，实出常格之外，宜有援例酬答。我国使行，每以早到见褒，今行如不阻水，必以早抵为期。方物备纳时，克致诚恳，使彼人亦知叩谢之意"。⑤ 同年九月，正宗在给正使黄仁点等人的回谕中再次强调："皇帝恩数，愈往愈挚，则我国道理，亦不可泛忽"。⑥ 这一切说明，清朝对朝鲜以恩为主，辅之以威的政策，对于促成朝鲜对清政治立场之转变，对于巩固和加强两国的宗藩

① 吴晗：《朝鲜李朝实录中的中国史料》，中华书局 1980 年版，第 4715 页。
② 同上书，第 4806 页。
③ 同上书，第 3739 页。
④ 《李朝显宗实录》卷七，显宗四年十月。
⑤ 吴晗：《朝鲜李朝实录中的中国史料》，中华书局 1980 年版，第 4815 页。
⑥ 同上书，第 4827 页。

关系，起到了积极的作用。同时也说明，至十八世纪末叶，朝鲜朝与清朝之间的关系在持续升温。这种日益密切的双方关系在十八世纪末叶的燕行录里面亦有鲜明的体现，它带来的最直接的影响就是满洲族统治阶级形象正面色彩的日渐浓郁。

让我们看比燕岩晚十年（1791）随团出使的儒生金正中的《燕行录》①对乾隆皇帝的描述：

"不移时，黄凉伞先到桥头，自诸王以下皆下马步行，时微雪纷纷，下地诸侍从不着油衣着猩猩毡，满路红光掩映，林端有四五十羽林军，头戴虎皮，荷黄屋车而来，如我国之护辇队，威仪肃肃，整暇可谓有闻无声也。三使巨跪坐路左，皇帝抄纱帐俯视曰：'汝皆勿跪'。即起立，望之：面圆大如镜，鼻柱隆然，眼光炯若曙星，微有细须而或白，时年八十有二，而若五六十岁人，乃知奇像异表固出于寻常万万也。松园曰：'其面四方红润，少无老人衰惫之气'。行至洞安门前，百官皆罢班。而归家车不知几千辆，马不知几千匹，随行甲兵亦不知几万人，填填咽咽，向十字街头而去。余以羸骖病仆，辟易路右，视满路光景，反胜于随驾时壮观也"。②

在儒生金正中笔下，不但乾隆皇帝被塑造成了"奇像异表固出于寻常万万"的正面形象，而且一向被朝鲜人所鄙夷的满洲皇帝"威仪简率"、"仪节太简率"等朝鲜人关于满洲族的"前判断"也为乾隆皇帝"威仪肃肃"的出行场面所打破。此前虽有李坤对乾隆"威仪整肃"的描述，但这种描述还不能成为"霸权话语"。至金正中，这种描述才事实上成为"官方真理"，而这同朝鲜朝与清朝关系的进一步改善是密不可分的。而且，"以羸骖病仆，辟易路右"的金正中面对乾隆皇帝罢朝时大街上"填填咽咽"的车海人流实际上已经失去了满族人"不知礼义"带给朝鲜人的传统心理优势。

---

① 《燕行录》，作者金正中事迹无考，从《燕行录》本身推断，金正中字士龙，号自在菴，出身于平壤士族家庭，雅好诗文，未做官，以儒生随年贡陈贺使团出使中国，时年近五十，《燕行录》即关此次使行之记录。包括行程状况、沿途气候、一路景致、风俗民情；旅行中吟咏诗文数十篇，中国肌友程嘉贤诗若干篇；作者与使行成员松园金履乔、自己哥哥、中国朋友程嘉贤之间往还书信若干篇及程嘉贤所作之"燕行日记序"等内容。作者于《燕行录》中叹赏中国文物之富赡雄壮的同时，亦对满清军士、内侍及朝鲜马夫的讨索无厌表示了不屑。另，作者往往称正使为使家、上使、上房，称副使为令公、令监、副房，称书状官为三房，称首监堂上译官为元译、首堂等，应予留意。又，此次使行以金履素为正使，以李祖源为副使，以沈能翼为书状官，时间在正祖15年（1791年）。

② 金正中：《燕行录》，韩国民族文化促进会1989年版，第169页。

至乾隆末年，乾隆皇帝在燕行使者笔下几乎已经演化成了一个"理想化"的君主形象。正宗十九年（乾隆六十年，1795 年）闰二月甲辰，冬至书状官沈兴永所进"别单"有云：

"皇帝教子孙有法，一日之内，读书习字，以至骑射，俱有定时，不敢少违课式云。皇帝饮食起居，自御极后，无论四时，卯时而起，进早膳后，先览中外庶政，次引公卿大臣与之议决，至午而罢，晚膳后，更理未了公事，间或看书制诗书字，夜分乃寝。平生不饮酒，不嗜异味，朝夕进食，不过数匙，气力康旺不衰。而近年以来，屡下归政之旨，公卿等请俟数年，皇帝听而不应。盖归政之期已定于丙辰之月正元日。而授受仪节，亦不敢禀定，只待皇上之旨"。①

沈兴永在此将乾隆皇帝描述成了一位教子有方、节制自律、夙兴夜寐、勤于政事、孜孜求治且圣德无量的英明君主。

早在 1778 年，冬至兼陈奏副使、吏曹判书李坤就在其《燕行纪事》之"闻见杂记"部分详细描述了乾隆皇帝的勤于政事：

"每日皇帝御乾清门听政。门之正中设御榻，榻前设章奏案，大小官早赴午门外，春夏则卯正一刻，秋冬则辰初一刻，进至中左门等候。皇帝升座，侍卫、起居注按班侍立丹墀，大小官依次升陛，堂官捧奏跪置案上，如有绿头牌启奏，亦堂官捧至。各衙门以次奏事，照品退次，科道官在各衙门后，奏毕乃退。皇帝还宫之后，大小官有禀旨者入对，无则部院直房皆在午门外左右廊，故各于直房听事。皇帝往圆明园，则各司一员亦逐日驰往禀事"。②

据清人赵翼《簷曝杂记》之"圣躬勤政"条载：

"上每晨起必以卯刻，长夏时天已向明，至冬月才五更尽也。时同值军机者十余人，每夕留一人宿直舍。又恐诘朝猝有事，非一人所了，则每日轮一人早入相助，谓之早班，率以五鼓入。平时不知圣躬起居，自十二月二十四日以后，上自寝宫出，每过一门必鸣爆竹一声。余辈在直舍，遥闻爆竹声自远渐近，则知圣驾已至乾清宫。计是时，尚须燃烛寸许始天明也。余辈十余人，阅五六日轮一早班，已觉劳苦，孰知上日日如此，然此犹寻常无事时耳。当西陲用兵，有军报至，虽夜半亦必亲览，趋招军机大臣指示机宜，动千百言。余时

---

① 吴晗：《朝鲜李朝实录中的中国史料》，中华书局 1980 年版，第 4892 页。
② 李坤：《燕行纪事》，韩国民族文化促进会 1989 年版，第 111 页。

撰拟，自起草至作楷进呈或需一二时，上犹披衣待也"。①

另据"皇子读书"条载：

"本朝家法之严，即皇子读书一事，已迥绝千古。余内值时，届早班之期，率以五鼓入，时部院百官未有至者，惟内府苏喇数人往来。黑暗中残睡未醒，时复倚柱假寐，然已隐隐望见有白纱灯一点入隆宗门，则皇子进书房也。吾辈穷措，大专恃读书为衣食者，尚不能早起，而天家金玉之体乃日日如是。既入书房，作诗文，每日皆有课程，未刻毕，则又有满洲师傅教国书、习国语及骑射等事，薄暮始休。然则文学安得不深？武事安得不娴熟？宜乎皇子孙不惟诗文书画无一不擅其妙，而上下千古成败理乱已了然于胸中。以之临政，复何事不办？因忆昔人所谓生于深宫之中，长于阿保之手，如前朝宫廷间逸惰尤甚，皇子十余岁始请出合，不过官僚训讲片刻，其余皆妇寺与居，复安望其明道理、烛事机哉？然则我朝谕教之法，岂惟历代所无，即三代以上，亦所不及矣"。②

以李坤所记及清人笔记与沈兴永之描述互证，则沈兴永对乾隆之描述当信不虚，而且，其客观冷静之叙述背后的"理想化"色彩亦是不言而喻的。

朝鲜燕行使者描述乾隆的这种"理想化"倾向甚至覆盖到了乾隆的继任者永琰身上。冬至书状官沈兴永所进"别单"又云：

"第十五子永琰，度量豁达，相貌奇伟，皇上以类己最爱，中外属望焉"。③

同年（1795 年）11 月，冬至使闵钟显等驰启有言：

"皇太子（永琰）今年三十六岁，姿容端重，禀性宽厚，故天下人心，属望已久云"。④

十八世纪末叶，"理想化"乾隆形象的出现，应该说同正宗对清朝态度的根本性转变有直接关系，另外，乾隆皇帝的个性魅力亦是"理想化"乾隆形象出现的原因之一。正宗十九年（乾隆六十年，1795 年）九月丁丑，正宗下教曰：

"闻明年新皇即位，在我国应行之节，不可不预备……传位一节，则已有

---

① 赵翼：《檐曝杂记》，中华书局 1982 年版，第 6 页。
② 同上书，第 8 页。
③ 吴晗：《朝鲜李朝实录中的中国史料》，中华书局 1980 年版，第 4892 页。
④ 同上书，第 4907 页。

传来之的奇，而闻新皇帝年号已定云，此是大国无前之庆，宜送别使，以示庆贺之意。而既无前例，今番使行，若先期入送，以示稍异常年之意，则甚好矣。大国若或以使行之稍早于常年，有所疑问，则当对以异于他年云尔，则大国亦必以为然矣。大凡大国之于外国，虽无优异之恩，事大之节，固当尽其诚，而况今皇帝之于我国乎！"①

我们注意到，朝鲜君臣谈论满清时惯用的"套话""彼中"、"胡皇"等已为"大国"、"皇帝"等所取代，以此推论，"每一个套话都会随着认知错误的纠正而消亡，因此，每一个套话都具有时间性"。② 而"这些套话表现出的时间性，主要反映了套话生产国对他者认知的变化"。③ "彼中"、"胡皇"等套话在时间上的终结，生动地说明了朝鲜朝对满清态度的根本性转变。

右议政蔡济恭对正宗的动议给予了热情的支持，并附和道：

"皇帝之于我国，其所优待者，迥出寻常。想其六十年治平，秦汉以来所未有，必有所以然而致之也"。④

蔡济恭把乾隆说成了堪与尧舜比肩的圣君，可以说几乎已经完全忘记了同满清的深仇大恨。历史已经证明，康熙与乾隆不是任何"皇明"王朝的皇帝能够望其项背的。正宗国王熟知经史，对这一点应该说是了然于心的，因此，蔡济恭对乾隆的赞许他也是认可的，并且进一步做出了自己的评价：

"问一世俱享六纪治平，而乾隆比康熙尤盛焉。即位之时，已为 25 岁，且即位回甲之年，传位于储嗣者，求之往牒，亦未之见也。康熙则六十年，乾隆则又不知更享几年。古之汉武帝称享国最久，犹不过五十四年。至于梁武帝、宋高宗何足道也"。⑤

正宗给予乾隆极高的评价，认为他是比汉武帝、梁武帝、宋高宗还值得令人称道的一代英主。在正宗看来，"归政"不只是满清王朝的"无前之庆"，即便在整个中国封建王朝的历史上，亦是绝无仅有的。我们姑且不去管乾隆皇帝"归政"之举是否有沽名钓誉之嫌，仅就他此举对朝鲜朝君臣所造成的震撼性影响而言，可以说是空前绝后的，他在朝鲜朝君臣心中的地位自然也就提

---

① 吴晗：《朝鲜李朝实录中的中国史料》，中华书局 1980 年版，第 4895 页。
② 孟华主编：《比较文学形象学》，北京大学出版社 2001 年版，第 192 页。
③ 同上书，第 191 页。
④ 吴晗：《朝鲜李朝实录中的中国史料》，中华书局 1980 年版，第 4896 页。
⑤ 同上书，第 4896 页。

升到了清朝开国以来历代满洲族统治者所能达到的最高点。随着这一时刻的到来，朝鲜朝君臣长达二百多年的对满洲族的偏见、仇恨等等情绪也基本宣告结束了。可以说，就朝鲜朝统治阶级而言，正宗对乾隆的正面评价，开启了朝鲜朝全面接受满清的一个新时代。

从郑存谦、洪良浩之驰启到赵宗铉对乾隆的正面描述、再到金正中对乾隆皇帝的创造性阐释以及沈兴永描述的"理想化"乾隆可以看出，燕岩等燕行使者塑造的"客观化"的乾隆形象作为一种"前理解"或曰"偏见"，不但构造了燕岩同时期及其以后的燕行使者描述乾隆之经验的最初的方向性，而且将在长远时间内制约着后来者对乾隆及其家族的阐释意向。在此意义上，燕岩描述乾隆既受朝鲜朝语境的制约，同时他亦是这一语境的缔造者。也即是说，社会集体想象与文本之间并不是前者影响与制约后者的单向的线性关系，二者之间实际上是互动的，它们之间是一种循环往复的对话关系，在这个无限的对话过程中，将不断地有新的意义生成，不断地有新的满洲族形象诞生。借用巴赫金的话说就是："在一切新的语境中，涵义无终止地更新。暂短时间（现代、不久前的过去和可预见的未来，即希望实现的未来）与长远时间——无穷尽的和不会完成的对话。这一对话中没有任何一个涵义会消亡"。①

二、"民俗蠢强，专尚弓马"的满洲人

韩国的历史学家李佑成将韩国实学分为"经世致用"、"利用厚生"、"实事求是"三个阶段。② 而朴趾源之实学思想已经发展为"北学"思想，它主要探讨的是"利用厚生"问题，因此，他对"民生"、"富国强兵"等现实问题自然格外留意。著名朝鲜－韩国学学者金柄珉教授亦认为："朴趾源来华考察的目的是鲜明的，这就是要将当时中国先进的科学文化及人民真实的生活情况实事求是地介绍给朝鲜，从而'利用厚生'，富国裕民"。③ 从两位学者的认识角度出发，我们认为，怀抱着"富国强兵"、"富国裕民"之目的使行清朝的朴趾源对满族之"骑射"必然表现出极大的关注。功利目的之外，麟坪大君之《燕途纪行》、老稼斋之《燕行日记》等"先辈"构造的"前文本"

---

① 巴赫金著、白春仁等译：《文本 对话与人文》，河北教育出版社1998年版，第390页。
② 参见李佑成：《实学研究入门》之"实学研究序说"，韩国一潮阁1973年版。
③ 金柄珉：《朝鲜－韩国文学的近代转型与比较文学》，延边大学出版社2004年版，第80页。

200

所带来的影响与制约亦是燕岩关注满族人之骑射的主要原因之一。① "我们都知道，制作一个异国'形象'时，作家并未复制现实。他筛选出一定数目的特点，这是些作家认为适用于'他'要进行的异国描述的成分"。② 而满族人之"骑射"就是大多燕行使所认为的适用于"他"要进行的关于满族人之描述的成分。

"北学意识是针对保守的封建士大夫所提出的所谓'北伐'意识而提出来的，是摆脱'华夷观'的开放性的文化意识"。③ "华夷"观念在中国历史上可谓源远流长。据《说文解字》："华，中国之人也"；"夷，东方之人也"。可见，在上古时代，"华"与"夷"只是两个表示地域和民族的概念。至春秋战国时代，中国进入了一个华夏族与周边地区之"蛮夷戎狄"等族的民族大融合时期，"华夷"概念才开始突破地域和民族的范围，被赋予了文化或文明的内涵。文化发达的地区，即推行"周礼"的地区，被称为"夏"；文明程度高的族，被称为"华"。反之，则被称为"蛮"、"夷"、"戎"、"狄"。而"华夏"代表文明、高贵，是正统、正宗；"四夷"则象征野蛮、卑下，是偏、是庶。

在漫长的封建社会，这种传统的"华尊夷卑"观念逐渐演变成了中国历代封建王朝所推行的对外政策的指导思想。而且，这种思想和观念也深深影响了与中国关系密切的邻邦朝鲜。"长期以来，流延于（朝鲜朝）统治阶级的'华夷观'，严重削弱了（朝鲜民族的）民族意识，助长了附会、随机意

---

① 韩国民族文化文库刊行会 1985 年本《热河日记》（Ⅰ），页之 576 有："尝见麟坪大君所著《松溪集》，清兵之进围松山也，我孝宗大王在藩邸时，被质驻清阵中，幕次才移他所，而宁远总兵吴三桂率所部万骑，溃围驰出，幕次初设之地，乃其奔冲之路，此岂非王灵所在，天地同力之明验乎？"又《热河日记》（Ⅱ），页之 522 有："余曰散邦先辈金昌业，字大有，号老稼斋，曾于康熙癸巳游千山而医巫闾山，亦当有题名处。亨山曰千山散无缘一见，稼斋金公还有几佳句否？余曰有数卷文集，不能记一二佳句，金稼斋于畅春苑，见李榕村先生，当时阁老"。又页之 608 有："我东之士生老病死不离疆域，近世先辈唯金稼斋，吾友洪湛轩，踏中原一隅之地"。由此可知，博览群书的燕岩对老稼斋等"先辈"所著之"燕行录"是了然于心的。

② （法）巴柔：《从文化形象到集体想象物》，转引自孟华主编：《比较文学形象学》，北京大学出版社 2001 年版，第 138 页。

③ 金柄珉：《朝鲜－韩国文学的近代转型与比较文学》，延边大学出版社 2004 年版，第 110 页。

识".① "北学派②作家们认真回顾历史，对民族的生命力和劣根性进行了深刻的反思，从而加强了民族主体意识".③

十八世纪，受正统朱子学教育成长起来的学者洪大容、朴趾源等人，在接受心性学以后又逐渐接受了经世学的影响。因而，他们渐渐摆脱了以心性学为核心的思考模式，试图对"物"进行新的说明，并提出了对"物"的利用意见。此外，他们还从士大夫的角度经常反省自己，批判流行于当时的朱子的心性论及礼论，支持对"利用厚生"的研究。为了开阔视野，他们出使中国，通过参观访问和学术交流，他们逐渐意识到清朝的文化比自己想象的还要好得多。因此，便自然而然地萌生了对"小中华"这种自尊心理及传统华夷观的批判意识。

"洪大容作为北学思想的先驱，为树立北学派的民族主体意识，立下了不朽贡献。他为打破华夷观，树立民族意识，提供了哲学思维和理论武器".④洪大容（1731~1783），字德保，号湛轩。乾隆三十年（朝鲜英宗四十一年，1765 年），洪大容作为其叔父、使团书状官洪檍的子弟军官，随朝鲜冬至使团入京。后著有《湛轩燕记》一书，举凡清朝之政治制度、伦理道德、哲学思想、科学技术、文学艺术、风俗人情等诸多方面，悉数囊括书中。其中亦多有关乎满洲族之文字者。

洪大容认为，世界不应有"华夷之分"和"内外之别"。他说：各国人均系"天之所生，地之所养，凡有血气，均是人也。出类拔萃，制沿一方，均是君王也；重门深壕，谨守封疆，均是邦国也；章甫委貌，文身雕题，均是习俗也。自天视之，岂有内外之分哉？是以各亲其人，各尊其君，各守其国，各安其俗，华夷一也".⑤ 他引用朱子所主张的不应把夷狄排除在人类之外的理论，说明不应当以种族、习俗和居住地域来划分"华"与"夷"。洪大容还进一步阐述道："且夷狄之所以为夷狄者亦何哉？岂非以无礼仪、无忠孝、性好

① 金柄珉：《朝鲜中世纪北学派文学研究》，延边大学出版社 1990 年版，第 120 页。
② "北学派是实学派的一个流派。北学派这一名称是从这一流派的文化意识即北学主张而来的。北学派主张接受清代的先进文化乃至传播到清代社会的西方文化。这是北学主张的基本内涵。北学派的主要作家有洪大容、朴趾源、李德懋、朴齐家、柳得恭等"。（参见金柄珉：《朝鲜－韩国文学的近代转型与比较文学》，延边大学出版社 2004 年版，第 3 页。）
③ 金柄珉：《朝鲜中世纪北学派文学研究》，延边大学出版社 1990 年版，第 120 页。
④ 同上书，第 121 页。
⑤ 洪大容：《湛轩书》，"内集卷四·医山问答"，朝鲜社会科学院 1965 年版，第 162 页。

杀伐而行类禽兽哉……若今时之夷狄也，以其久居中国，务其远图，稍尚礼义，略仿忠孝。杀伐之性，禽兽之行，不若其初起之甚。则谓之诸夏之不如夷狄，亦何不可哉"。① 从这里不难看出，洪大容区分"华"与"夷"的界限是以文化为分水岭的。只要他有文化，即使被称之为"夷狄"，我们也应该向他们学习。清朝是满洲人建立起来的，但他与己相较，有更为发达先进的文化，所以，朝鲜人应该向他们学习，而不是呈一时之气，自欺欺人地去鄙视他们。

洪大容还认为太古时代是人类的理想世纪，人类就是从太古时代起沿着一条从善到恶的道路走过来的。在中国，人们也把伏羲、神农、黄帝、尧舜时代作为具有这种朴素德性的时代看待。然而，随着时代的推移及社会的变迁，世风日下，人心不古，美好的太古时代，逐渐为强者压迫弱者的时代所更替。为此，圣贤们指引世人用礼乐制度来整治社会，以使社会走向文教倡明。但是，后来人们抛弃了用礼乐制度来约束社会的本来意图，反而巧妙地利用礼乐制度来强化了强者对弱者的压迫。其结果，中国逐渐变得十分孱弱，很多理论也变成了"空理空谈"的抽象存在。同纸上谈兵的中原汉族相比，骑马射箭的夷狄则更为讲求实际。他们虽然住着寒冷的帐篷，吃着自己挤的牛奶，但体质却很强壮。比起衣轻裘，享美食而体质虚弱的中原汉人来也显得更有力量。以此观之，则中原人由兴盛至衰弱，而夷狄由弱小到强大的演变亦是历史发展的必然结果。因此，被明王朝目为夷狄之满洲逐渐强大并最终取而代之亦是理所当然的了。从这一理论出发，洪大容得出了清政权不应被看作是夷狄政权，而应该是中华政权的结论。

在洪大容看来，华夷之分本来就是以"中原和周边"这一地理概念为其依据的。朝鲜人当然也知道自己本来就是九夷中之一夷。在中原汉族看来，夷狄之人不懂礼仪、忠孝，喜欢杀戮，行同禽兽。而自己通过赴清之行却清楚地认识到，"现实"中的满洲人崇尚礼义，提倡忠孝，与过去人们"想象"中的夷狄有着本质的区别，根本不可同日而语。因此，不能也不应再称满洲人为夷狄，他们通过修养，既可成为贤人，亦可成为圣人。另外，朝鲜人自己本身长期以来也被中原人称为夷狄，那就更没有理由称满洲人为夷狄而一厢情愿地把自己看作是继承了华夏正统的"小中华"了。

而且，洪大容还鼓励本国学者对天文、自然等展开研究，对中国在地球上

① 洪大容：《湛轩书》，"内集卷四·医山问答"，朝鲜社会科学院 1965 年版，第 103 页。

所处的位置进行研究，以证明地理上的中国不是"正界"。此外，他还由"人、物性同说"出发，认为不应把"禽兽"与人类加以区别，他们都是平等的。他否认人类的自我优越意识和礼乐制度的绝对性。并认为，应当承认各国文化的差别与特殊性，不应一概而论。即便是从"中国文化中心论"的角度看，朝鲜亦同满洲一样，同为夷狄。因此，朝鲜人不应蔑视满洲人而抬高自己。如果再从历史发展的客观实际来看，则礼乐制度倡明的大明帝国之没落与满洲的勃兴更是自然的历史进程之一部分。由此，吸收优秀的满清文化是再正常不过的事，相反，视满清文化为异端倒是匪夷所思了。

可以看出，洪大容认为传统而陈腐的"华夷论"是站不住脚的，更是不符合历史发展方向的，应该予以坚决的摒弃。而朝鲜人则应顺应时代潮流，以开阔之胸襟，宏大之视野，学习并吸收满清中国的先进文化。

正是受洪大容等人卓有成效的文化交流的鼓舞，朴趾源这位北学派大师才怀抱着上下求索的理想踏上了清朝的土地。

朴趾源在《热河日记》之"驲汛随笔"中记述了与之同时代的朝鲜士大夫对清王朝的一些不同看法。

朝鲜的上层知识分子认为，清人从皇帝、文武百官到庶民百姓全都剪去了头发，同犬羊剪毛一样，被人呼为"胡虏"，没有什么可学的。朝鲜的中层知识分子则皓首穷经，浸淫于尊华攘夷思想浓厚的《春秋》之中，对满洲人入主中原怀抱的想法是："神州陆沉，则山川变作腥膻之乡。圣绪湮晦则言语化为侏离之俗，何足观也。诚得十万之众，长驱入关，扫清函夏，然后壮观可论"。[①] 而朴趾源则不同，他自认是下层知识分子，其思想亦迥异于中上层知识分子。他认为，尊周的思想只应局限在尊周的范围之内，更不要一切都拿周的模式来衡量。对夷狄亦要用发展的眼光去观照，不应一成不变地总是将他们目为野蛮人。清王朝确系满夷据有中原后建立的政权，但它却始终保持着中国固有的物质文明及"正德"、"利用厚生"等文化传统，满清政权下的百姓也依然是过去的百姓。朴趾源特别强调，真正为天下之士者，即使法度出于夷狄，为了国富民强也要向这些夷狄学习。纵使朝鲜真要北伐，也要"师夷长技以制夷"，如此，才能使朝鲜国富兵强，积蓄起北伐的力量。

朴趾源还在《热河日记》之"玉匣夜话"中深谋远虑地指出："诚能请遣

---

① 朴趾源：《热河日记》（Ⅰ），"驲汛随笔"，韩国民族文化文库刊行会1985年版，第564页。

子弟入学游宦，如唐元故事，商贾出入不禁，彼必喜其见亲而许之。妙选国中之子弟，剃发胡服，其君子往赴宾举，其小人远商江南，觇其虚实结其豪杰，天下可图而国耻可雪"。① 如此谋略，尽效"卧薪尝胆"故事，足见燕岩用心之良苦。

朴趾源在为其弟子朴齐家所著的《北学议》一书所写的序言里指出："庐将学问，舍中国而何？然而其言曰：'今之主中国者，夷狄也，耻学焉'。并与中国之故常而鄙夷之。彼诚剃发左衽，然其所居之地，岂非三代以来汉唐宋明之函夏乎？其生于此土之中者，岂非三代以来汉唐宋明之遗黎乎？苟使法良而制美，则固将进夷狄而师之。况其规模之广大，心术之精微，制作之宏远，文章之焕赫，犹存三代以来汉唐宋明固有之故常哉。以我较彼，固无寸长，而独以一摄之结，自贤于天下曰：'今之中国，非古之中国也'。其山川则罪之以腥膻，其人民则辱之以犬羊，其言语则诬之以侏离，并与其中国固有之良法美制而攘斥之，则亦将何所仿而行之耶？"②

于此不难看出，在向中国学习这一问题上，朴趾源与洪大容的看法是一致的。但在如何认识满清政权这一问题上，二人却是有差别的。朴趾源认为清王朝与中国文化是两码事。清王朝本身确系少数满夷统治多数汉人的政权，但从文化传承来看，中原汉人自古就生息于斯，文化传统亦是由他们保持下来的，由此一来，清王朝虽然是夷狄政权，但因其统治下的中华大地传承的是中原文化，因此朝鲜人应该学习。

这一思想充满智慧，它既打破了迂腐的华夷观念，又坚持了朝鲜民族的主体意识，从而为朝鲜朝学习满清的先进文化扫清了认识上的障碍，并在心理上、感情上为之铺平了道路，堪称朝鲜朝思想史上的一次飞跃。燕岩的这种进步的北学思想必然带给他迥异"先辈"的宏大视野，从而使他能以一种更加理性的而非情绪化的的心态来观照满族人及其"骑射"。

"几千年来，朝鲜民族处于众多民族的包围之中，其中不乏有强大的民族，而随时受到被毁灭的危险，然而它之所以能够独立存在，是因为不屈不挠地与外国侵略者进行殊死的斗争。这种斗争靠的是强烈的民族意识。从某种意义上可以说，朝鲜民族的生存发展的历史就是不断地对自己进行反思，从而强

---

① 朴趾源：《热河日记》（Ⅱ），"玉匣夜话"，韩国民族文化文库刊行会1985年版，第588页。
② 朴齐家：《北学议》，"北学议序"。

化民族意识的过程"。① 在这个意义上我们可以说，麟坪大君、老稼斋等燕岩所崇敬的"先辈"都是朝鲜民族之民族意识的坚强捍卫者，但历史及认识的局限使他们无法走得更远，燕岩正是在与"先辈"及长远时间无穷尽的和不会完成的对话中，为我们塑造了新的满族人形象。而"长远时间"在此已经指向了近代。② 它实际上已经超出了本文的讨论范围，对这一问题的讨论亦是我们所力不能及的。我们在此只是从互文－对话的思想出发，让我们对文本的分析过程变成一个动态循环。

比朴趾源早一年（1779 年）使清的冬至兼谢恩使、书状官洪明浩于正宗四年（1780 年）夏四月庚午，向正宗进"闻见事件"有云：

"自凤城至山海关外，民俗蠢强，专尚弓马。父母之丧，火葬者多。或暴骸原野，视若寻常，殊未可以人理责之。关内则人物丰硕，稍有敦庞之风。然汉人皆苛刻，清人多纯朴。而婚丧之礼，不遵文公家礼，自王公及庶人，悉用时制。盖最尊佛道，次敬关王"。③

这段"闻见"在满汉对比中描述了满族人的丧葬、婚礼等民俗，突出了满族人纯朴勇武、"专尚弓马"的民族气质。洪明浩使行清朝与燕岩使行清朝在时间上非常接近，虽然我们无法确证燕岩在出发前是否听说过洪明浩的"闻见事件"，但燕岩笔下的满族人形象却同样表现出"民俗蠢强，专尚弓马"的特点。

燕岩在"利用厚生"这一功利目的及"先辈"之"前文本"的影响下，开始了他对满族人之"骑射"的观察与描述：

"余偶出门外，有马群数百匹过门而去，一牧童骑绝大马，持一蒭秣柄而随之，又有牛三四十头，不穿鼻，不羁角，角皆长尺余，牛多青色，驴数十头随之，而牧童持大杖如杵者，尽力一打在前者青牛，牛奔突腾踏而去，群牛皆随此牛，如队伍行阵，盖朝日放牧也。于是闲行察之，则家家开门，驱出马驴牛羊，辄不下数十头。回看馆外所系我东鬣者，可谓寒心"。④

李坤《燕行纪事》之"闻见杂记"描述满族人时亦突出了其"专尚弓马"的特点：

————————

① 金柄珉：《朝鲜中世纪北学派文学研究》，延边大学出版社 1990 年版，第 120 页。
② 同上书，第 98～146 页。
③ 吴晗：《朝鲜李朝实录中的中国史料》，中华书局 1980 年版，第 4688 页。
④ 朴趾源：《热河日记》（Ⅰ），"太学留馆录"，韩国民族文化文库刊行会 1985 年版，第 632 页。

"路逢五百胡马，四头橐驼蔽野以来，远望如羊群，近前乃壮观也。马则皆是白色，驼则羔头、马身、牛蹄、骡尾，嘴尖项细，毛深灰色，高为丈余，长过二把，背有肉峰，前后突起，依然是鞍子形，凡驮物不用鞍而载于两峰间，力能兼三四马，其步阔而蹄多肉不利于石路云。驱者不过四五人，而一阵群兽无敢横逸，其善御可知矣"。①

"凡牛马驴骡皆不维絷，常脱羁放牧于原野，虽千百匹，一小儿驱之毋敢或后，猪羊亦然，盖畜牲比我国似乎良训矣。马不牵缱，超乘驰骤，其捷如飞，即胡人之所长。虽值远行，路中不为喂饲，至宿处，脱鞍而后必待夜深，只给草饮水，行过七八日，始喂熟太，驭马之道，盖与我国北路略同"。②

金昌业之《老稼斋燕行日记》同样描述了类似的场面：

"曹庄青台之间有一石桥，水颇深。有牧马百余匹，两胡骑而随后，群马齐首而行，无小散乱，见之可异，野中牧马到此尤多，大群多至数百匹"。③

"马百余匹，皆脱羁散放，西厢围以墙，屋多而马少，盖尽往霸州也。有三马在一厂中，亦皆去其羁，胡人言，此皇帝所骑，皆日行二千里，此似夸张之言，视其状亦同常马，但身大腕细，似多力，眼有神。一马赤身而鼻上有一条白毛，两马皆黑身白纹也。俄而驱出，两厢马尽立于庭，将饮水也。井在东北墙下，去马立处百步许，井旁置大石槽，两胡汲而注之，掌马者以十马为队，以次入送，前队既饮方送后队，无敢横逸失次入者，从右出者从左而自入于厢，其回转去来之状若行军"。④

"任何一个单独的文本都是处在与其他文本相互交汇的关系之中，并通过这种关系来体现文本的语义学特征。任何文本都是其他诸文本的复合体的吸收与转化"。⑤ 我们注意到，以上文本间的互文关系是显而易见的，它们都突出了满族人擅长牧马的民族特征。若再往上追溯，则五道都元帅姜弘立之幕僚李民寏进呈光海君的"备御六条"之第二条"申明马政"⑥ 堪称我们所能见到的关于满族人养马的最早的"先例文本"。虽然先有李民寏在 1620 年就以其

① 李坤：《燕行纪事》，韩国民族文化促进会 1989 年版，第 28 页。
② 同上书，第 93 页。
③ 金昌业：《老稼斋燕行日记》，韩国民族文化促进会 1989 年版，第 11 页。
④ 同上书，第 122 页。
⑤ 张进：《新历史主义与历史诗学》，中国社会科学出版社 2004 年版，第 193～201 页。
⑥ 参见本书第一章第四节。

深邃的战略性眼光提醒朝鲜国王光海君："《礼》曰：问国之富数马以对。《诗》称卫文侯、鲁僖公之美，皆言騋牝驹牝之盛。申明马政恐非细事也。团束甲骑，以备不虞。千万幸甚"；① 后有与老稼斋差不多同时期的左议政李畲向肃宗大王建议："北路开市时，以谷物及他货贸取清马者，则固不当禁。而至于以马相换者，我马八九匹易一清马，彼人换去后，养成清马，还为持来，则又复如是交易。以此北路马畜渐空云，此则不可不禁断矣"。② 但我们从老稼斋及李坤的描述里感到的还只是对异域的好奇，甚至是为了突出满族人"胡"的特征而着意为之，根本看不到任何的评述。而燕岩则完全不同，他以独到的北学派思想家的眼光认为，"马政"问题不只与"利用厚生"关系密切，而且影响国防建设，关乎国家安全。他解释自己"回看馆外所系我东鬣者，可谓寒心"之"寒心"道：

"我东牧场，惟耽罗最大，而马皆元世祖所放之种也，四五百年之间不易其种，则龙媒、渥洼之产，末乃为果下、款段，理所必然。以果下、款段给宿卫将士，古今天下，宁有壮士骑果下、款段，上阵赴敌者乎，此寒心者一也；自内厩所养，至武将所骑，无土产，皆辽沈间所购，一岁中所出者不过四五匹，若辽沈路断，马何由来，此寒心者二也；陪扈之班，百官多相借骑，又乘驴从驾，不成仪典，此寒心者三也；文臣乘轺以上无所事骑，又难喂养已去其骑，子弟代步仅养小驴，古百里之国，其大夫已备十乘，则环东土数千里之国，其卿相可备百乘，今吾东大夫之家，虽数乘安从出乎？此寒心者四也；三营哨官，此百夫之长也，贫不能备骑，月三操习，或有临时贳骑者，贳马赴阵，不可使闻于邻国，此寒心者五也；京营将官如是，则八道所置骑士，其名存实无，从可知也，此寒心者六也……"③

燕岩还对朝鲜朝士大夫不将"马政"看成是国家的一项强国之策反而视之为"羞耻"之事给予了温和的批判：

"近有一学士，性颇癖马。其相马之术，无异伯乐。论之者以为古有烂羊都尉，今有理马学士，其严如此。不虑有国之大政而以为羞耻，付之仆隶之手。虽职居牧监，人是流品，而固不识牧马之方，非不能，乃不肯学也。此其

---

① 《建州闻见录校释》，辽宁大学历史系1978年版，第47页。

② 吴晗：《朝鲜李朝实录中的中国史料》，"肃宗三十年（1704年）八月壬申条"，中华书局1980年版，第4223页。

③ 朴趾源：《热河日记》（Ⅰ），"太学留馆录"，韩国民族文化文库刊行会1985年版，第632页。

官昧攻驹者也"。①

燕岩甚至认为朝鲜之所以国力贫弱，"盖由畜牧未得其道耳"。他恨不得自己躬身实践，探索出一条"富国强兵"之路来。他以"燕岩"为号就是为了表达自己的远大抱负和理想：

"盖余之所取乎燕岩者，尝有意于畜牧也。燕岩之为区，在万山中，左右荒谷水草最善，足以养马牛赢驴数百"。②

怀抱"利用厚生"之理想，求索"富国强兵"之道路的北学派思想家朴趾源，为了弥补朝鲜朝所缺乏的"利用厚生"，自觉不自觉当中赞美和夸大了满族人的畜牧本领。因而可以说他对满族人畜牧本领的描述，带有相当程度的"理想化"成分。

在由热河返回燕京途中，燕岩还亲眼目睹了一场皇家围猎，并作了细致的描述：

"十六日壬戌，晴。平明发行，到王家营中火，过黄铺岭，有少年贵人，年可二十余，帽戴红宝石，悬翠羽，骑骊马，翩翩而去，只一骑在前，而从者三十余骑，皆金鞍骏马，帽服鲜侈，或佩弓箭，或负鸟铳，或擎爇炉，驰骤如电而不除辟呵喝，但闻马蹄之声，询于从骑，曰皇帝亲侄号豫王者也"。③

"十七日癸亥，晴暖……背后百余骑遥驰山下，臂鹞者十余骑，散行山谷间，一骑臂大鹰，其脚如狗胫，黄鳞遍脚，以皂皮裹头蔽眼，鹰鹞之属，皆蔽眼者，令毋视物，妄翻伤脚，且销胆也，且为其养目全意也。余下马，沙中坐，敲铁吸烟，一骑佩弓箭者，亦下马装烟求爇。遂问其人，曰：皇侄豫王与十五岁皇孙、十一岁皇孙自热河还京，沿道打围。余问：'所获几何？'答曰：'三日围猎得一鹌鹑'。背后蜀黍鸣折，一骑飞出田中，注矢伏鞍而驰，面如玉雪。爇烟者指谓曰：'此十一岁皇孙'。逐一兔驰射，兔走沙上，仰卧凑蹄，马走快，射不中，兔复起走山下，百余骑驰围，平原尘土蔽天，炮声迭发。忽解围而去，尘影中一团旋转，渺然不见其踪迹。未知逐获兔子否也，然驰马之法，无壮幼皆天性也……康熙皇帝二十年，游五台山，有虎跃出灌莽中，帝自射立毙之。当时山西都御史穆尔赛、按察史库尔康奏，名其地为射虎川，留虎

---

① 朴趾源：《热河日记》（I），"太学留馆录"，韩国民族文化文库刊行会 1985 年版，第633 页。
② 同上书，第 632 页。
③ 同上书，第 636 页。

皮于大文殊院，至今存。又亲发三十矢，获兔二十九。其打围松亭也，射殪三大虎，皆有图画，民间相卖买，可谓神射。今见诸公子围场，驰骤如此轻豪，盖其家法也"。①

客观地说，燕岩对满族皇室及其子弟围猎讲武之描述是充满热情的。他佩服康熙帝"自射立毙"猛虎的胆略，亦为十一岁满族皇孙"驰骤如此轻豪"而心折，并由衷地认为满族人擅长骑射乃其"家法也"。

据燕岩同时期之江南汉人赵翼《簷曝杂记》"皇子善射"条载：

"一日至张三营行宫，上（按，指乾隆）坐较射，皇子、皇孙以次射。皇次孙绵恩方八岁，亦以小弓箭一发中的，再发再中。上大喜，谕令再中一矢赏黄马褂。果又中一矢，辄收弓矢跪于前。上若为弗解其意者，问：'何欲？'仍跪而不言。上大笑，趣以黄马褂衣之。仓卒间不得小褂，则以大者裹之抱而去。童年娴射，已是异事；而此种机警，在至尊前自然流露，非有人教之，信天畀也"。②

又"圣射"条载：

"上（按，指乾隆）最善射，每夏日引见武官毕，即在宫门外较射，秋出塞亦如之。射以三番为率，番必三矢，每发辄中圆的，九矢率中六七，此余所常见者。己巳岁十月，偶在大西门前射，九矢九中。钱东麓汝诚叹为异事，作《圣射记》进呈。不知圣艺优娴，每射皆此，不足为异也"。③

又"木兰杀虎"条载：

"上较猎木兰，如闻有虎，以必得为期。初出塞，过青石梁，至地名两间房者，其地最多虎。虎枪人例须进一二虎，其职役也。乾隆二十二年秋，余扈从木兰。一日停围，上赐宴蒙古诸王。方演剧，而蒙古两王相耳语。上瞥见，趣问之，两王奏云：'适有奴子来报，奴等营中白昼有虎来搏马，是以相语'。（蒙古王随驾，另驻营在大营数里外。）上立命止乐，骑而出，侍卫仓猝随，虎枪人闻之，疾驰始及，探得虎窝仅两小虎在。上命一侍卫取以来，方举手，小虎忽作势，侍卫稍闪输，上立褫其翎顶。适有小蒙古突出，攫一虎挟入左腋，又攫一虎挟入右腋。上大喜，即以所褫侍卫翎顶予之。其时虎父已远，惟

---

① 朴趾源：《热河日记》（Ⅰ），"太学留馆录"，韩国民族文化文库刊行会 1985 年版，第637 页。
② 赵翼：《簷曝杂记》，中华书局 1982 年版，第 9 页。
③ 同上书，第 8 页。

虎母恋其子，犹在前山回顾。虎枪人尽力追之，历重巘，腾绝涧。上勒马待，至日将酉始得虎归。虎枪人被伤者三人，一最重，赏孔雀翎一枝、银二百两，其二人各银百两。虎已死，用橐驼负而归，列于幔城，自头至尻长八九尺，毛已浅红色，蹄粗至三四围，盖虎中之最大者"。①

赵翼（1727～1814）字云崧，一字耘松，号瓯北，常州府阳湖县（今江苏省武进县）人，乃清中叶著名史学家、文学家，一生著述繁富。他出身贫寒，年轻时以坐馆资生，乾隆二十六年（1761年）举进士，旋授翰林院编修，充方略馆纂修官。乾隆三十一年（1766年）冬，外放离京，历任广西镇安府知府、广东广州府知府、贵州贵西兵备道等职，还在云南参预过缅甸之役的军务。乾隆三十七年（1772年）被劾降级，翌年，以母年高乞归乡里，在家乡主扬州安定书院讲习。赵翼曾四次扈从乾隆皇帝至木兰行猎，因此，其《簷曝杂记》中关于乾隆帝行围演武之记载堪称信史，一向为史家所瞩目。从其所著《簷曝杂记》之记载来看，则燕岩对满族人之骑射的描述还是非常真实客观的，甚至具有"理想化"的倾向。同样，深受儒家传统文化影响的江南汉人赵翼在对满族人之骑射进行描述时也是持欣赏态度的。

同样是描述满族人的打猎行围、演兵讲武，时间如果倒退回到近七十年前（1712年）的老稼斋话语时代，则给我们的感觉将完全不同，试看老稼斋之描述：

"遇一少年，胡衣貂裘，带弓箭骑骡而过，前后从胡六七人，亦带弓箭，马皆骏。问之，即皇帝近族在沈阳者，出猎云"。②

"路遇一屋车，大胡坐其中，衣帽鲜华，似有官者。从胡十余人，皆佩弓剑，散行草间搜兽也"。③

"路中遇四胡骑马，各臂一鹰过去"。④

"猎胡五六骑，引两犬驰野中，乍近乍远，不知逐何兽也"。⑤

"有两胡一路同行，忽有兔起路下，两胡抽矢欲逐之，兔截路而走，望之

———

① 赵翼：《簷曝杂记》，中华书局1982年版，第12页。
② 金昌业：《老稼斋燕行日记》，韩国民族文化促进会1989年版，第31页。
③ 同上书，第36页。
④ 同上书，第38页。
⑤ 同上书，第41页。

如飞，两胡度不可及，勒马而回"。①

"出门外，群胡聚路上习骑射，置一毬于地，大如帽，驰马射之，衣马皆鲜华，盖城中富贵子弟习武艺者也。其中一少年最善射，屡中，又有小胡亦能射，问其年十二云"。②

据《辞源》"胡人"条："①我国古代对北方边地及西域各民族的称呼。《史记·秦始皇纪》引贾谊论：'乃使蒙恬北筑长城而守藩篱，却匈奴七百余里，胡人不敢南下而牧马，士不敢弯弓而抱怨'。②汉以后也泛指外国人。晋干宝《搜神记》：'晋永嘉中，有天竺胡人，来渡江南'"。③ 由《辞源》之解释可知，"胡人"这一概念是在将"自我"与"他者"分为"华"与"夷"的中国特定的文化背景中产生的，带有浓厚的"华夷之辨"色彩，具有久远的历史文化意义。据《高丽史》：新罗元圣王四年（788 年）春，新罗"始定读书三品以出身。读《春秋》、《左氏传》，若《礼记》，若《文选》而能通其义，兼明《论语》、《孝经》者为上。读《曲礼》、《论语》、《孝经》者为中。读《曲礼》、《孝经》者为下。若通《五经》、《三史》（按，指《史记》、《汉书》、《后汉书》）、诸子百家书者，超擢用之。前只以弓箭选人，至是改之"。④ 由《三国史记》之记载可以推知，"胡人"这一概念的第一个涵义最晚在公元八世纪即已随着《史记》成为新罗科举之必读书目而为古代朝鲜人所熟知。又据《高丽史》之"世家·第十·宣宗八年（1091 年）"条："丙午，李资义等还自宋。奏云：帝闻我国书籍多好本，命馆伴书所求书目录授之。乃曰：虽有卷，第不足者，亦须传写附来百篇……干宝《搜神记》三十卷……"。可见，最晚在高丽宣宗八年（1091 年），"胡人"的第二个涵义也已经随着《搜神记》的传入而为朝鲜人所知晓。⑤ 我们所能见到的朝鲜朝文本中，最早针对满族先民女真人使用"胡人"（或"胡"）这一概念的是世宗大

① 金昌业：《老稼斋燕行日记》，韩国民族文化促进会 1989 年版，第 41 页。

② 同上书，第 90 页。

③ 《辞源》合订本，商务印书馆 1995 年版，第 1384 页。

④ 金富轼著、孙文范等校勘：《三国史记》"新罗本纪十"，吉林文史出版社 2003 年版，第 134 页。

⑤ （韩国）闵宽东：《中国古典小说在韩国之传播》，学林出版社 1998 年版，第 239 页。

王李裯。① 世宗十五年（1433 年）十二月，世宗大王谕曰：

"自古帝王，莫不重兴王之地，以为根本。我国北界豆满江，天造地设，雄藩卫而限封疆，太祖始置庆源府于孔州，太宗移府治于苏多老，皆所以重肇基之地也。守官失御，退寓富居。太宗尝有命：若胡人来居，则便行斥逐，勿使为贼窟穴。今夫苏多老、孔州鞠为茂草，胡骑践蹂，恣为游猎之场。予每念此，痛切于怀！"②

当时及以后，朝鲜人蔑称女真人时使用频率最高的"套话"还是"野人"，"胡人"这一称呼并不多见。至十六世纪中叶，"胡人"在朝鲜朝官方文本中已经可以经常见到：

明宗三年（明嘉靖二十七年，1548 年）五月辛丑，咸镜道监司李名珪、北道兵使李梦麟状启：

"进上昆布，采取于胡地厚罗岛。今年凶荒，胡人三十余户，来捉海鱼，打幕居生。我国之人，相杂采取，虑或生事。何以处之？"③

明宗九年（明嘉靖三十三年，1554 年）八月壬午，同知经筵事李浚庆曰：

"司仆金石乃庆源人也，年十四被虏，居住南讷三十三年。其妻乃胡女，思其夫随来，而常怀怀土之心。恐其还入，故议置于京，而金石有弓马之才，惯知胡、胡地之事，受职司仆，为别赴防矣。其妻不习纺绩，不习我国之事，生利无路，但受司勇之禄，甚至艰窘。赴防之行，引卖其禄，以备衣服而去云。宜别加禄俸，造给衣服，使之安处"。④

至十六世纪末叶女真族崛起，"胡人"开始大量出现在朝鲜朝官方文本及文人笔记之中。1627 年"丁卯胡乱"后，"胡人"（或"胡"）则开始成为朝鲜人指称满洲人时最常用的语汇。"这一称呼表现了当时韩国史家对清朝的憎恨和轻蔑的情绪。这不但反映了史家的个人心理，而且也表现出这一时期全韩国人的民族心理"。⑤ 我们从"胡人"的定义可以看出，"'胡'字并不是指称一个少数民族的，而是指称中国中原以外所有的少数民族和外国。对韩国人来

---

① 韩国全美子博士认为："'丁卯胡乱'和'丙子胡乱'，是最早开始对清朝称'胡'字的名称"。似不确。参见全美子：《18 世纪韩国游记文学中的中国形象》，北京大学博士论文，2002 年，第 25 页。

② 《燃藜室记述选编》，辽宁大学历史系 1980 年版，第 13 页。

③ 《李朝明宗实录》卷 8，第 9 页。

④ 《李朝明宗实录》卷 17，第 26 页。

⑤ 全美子：《18 世纪韩国游记文学中的中国形象》，北京大学博士论文，2002 年，第 25 页。

说，也具有同样的意义。但两次'胡乱'后，韩国人有意将此词加注在满族的身上，表达出韩国人对满族的憎恨感情。从此以后，尽管'胡'（或'胡人'）一词被韩国人用于指代除中原以外的北方及西方少数民族而反复使用，但更多还是指称满洲人即清人"。①

形象学理论认为，形象具有符号功能，一切形象都不是多义的，且趋向单义。事实上，在一个特定的历史时期，在一种特定的文化中，我们对他者是不能任意言说的。而在那些塑造了典型形象的文本中，形象可以说已经被部分程序化了。因此只要通过研究，全部或部分地了解那些塑造了形象的文化公众，我们就可以破译这些文本。"胡人"这一概念大约在十五世纪中叶被朝鲜人建立了最初的与满族先民女真人的符指关系之后，经过长时间的文本化过程，渐渐成为一个具有固定含义的象征性语汇，成为朝鲜人指称满洲人的一种文化符号，不但具有价值判断意义，而且不可避免地带有强烈的感情色彩。随着十六世纪末叶女真族的崛起，"胡人"这一概念在朝鲜朝文本中的使用愈加密集，这个单一形态的具像于是成为思想的一个现成套装，一个朝鲜人言说满洲人的套话亦随之生成。"具有单一形态和单一语义的一个具像被一个群体大量地、特殊地使用，一旦成为'套话'后，它就具有了极强的渗透力、承继性和生命力，在想象活动中扮演了重要的角色，直接制约着人们对世界的认识和想象"。②

我们注意到，老稼斋在描述满族人的打猎行围、演兵讲武时，并没有刻意突出其负面色彩，但由于"胡人"这一套话的连续使用，我们始终能感受到一种肃杀、紧张的气氛存在其中，并很容易由这种不寻常的气氛联想起"威胁"、"攻击"、"侵略"等朝鲜人描述满族人的"先例文本"中塑造的负面的满洲人形象。反之，燕岩在作类似描述时，"胡人"这一沿续了两百年左右③的朝鲜人言说满洲人的套话可以说已经销声匿迹了，随着"胡人"这一套话在燕岩笔下的消失，老稼斋之描述里透出的肃杀、紧张之气在燕岩笔下亦不复存在。因此，燕岩描述的满族人打猎行围，不但不会让我们联想起"威胁"、

---

① 全美子：《18 世纪韩国游记文学中的中国形象》，北京大学博士论文，2002 年，第 25 页。

② 同上，第 27 页。

③ 1583 年以后，统一的女真崛起，并建立后金政权。后金的建立，给东邻朝鲜带来巨大的影响，其西北边境受到明初以来前所未有的威胁与冲击。朝鲜朝文本中遂开始大量出现"胡人"这一语汇。若从此时算起，至燕岩使行清朝，则时间大约在两百年左右。

"攻击"、"侵略"等负面的满族人形象，相反，还会带给我们一种美的享受，并让人觉得它是满族人民本质力量的一种体现。

燕岩不但描述了带有"理想化"倾向的满族人形象，在其笔下甚至还出现了满汉形象与"先例文本"背离倒置的现象。

燕岩在去往北京的路上：

"日暮远地烟铺，促鞭赶站，瓜田里走出一个老者，跪了马前，指着三五间独户老屋道：'俺老身一口儿，路旁卖些甜瓜资生，你们高丽人三五十，俄刻过去时，暂停此中，初则出价买吃，临起一个个各手执瓜，哄堂都走了'。余曰：'你何不遮诉大人们？'老者流泪道：'往诉时，你们的大人，妆哑妆聋，俺一个身，怎生抵挡他三五十个生力的帮子，如今往赶时，一个帮子拦绝了去路，将那瓜子还掷俺面上，眼起双电瓜汁未干'"。①

说完即向燕岩讨索清心丸，被燕岩拒绝后，以七十一文的高价强卖九颗甜瓜给燕岩等。到了宿处，燕岩责怪马头们哄抢甜瓜。诸马头皆言：

"元无是事，独户卖瓜的老汉元来奸巧无双，见书房主落后独行，妆出谎话，故作可怜之态，要得清心丸也"。②

燕岩听后不胜感慨：

"余始觉其见卖，念其卖瓜事尤可痛切，况其副急泪何从得来。时大曰：此汉即汉人也，满人无似此妖恶事云"。③

满汉形象与"先例文本"背离倒置的现象反映出满族与朝鲜朝两种不同文化在经历了漫长的隔膜、敌对之后，在相互碰撞中求同存异，小心翼翼地开展对话，尝试着彼此沟通了解。而随着双方沟通与了解的增加，朝鲜人对满族人的"女真记忆"亦逐渐淡化，并开始"客观化"地甚至"理想化"地重新塑造满族人形象。

当然，燕岩如此塑造满族人形象与其北学思想始终存在着千丝万缕的联系。

---

① 朴趾源：《热河日记》（Ⅰ），"盛京杂识"，韩国民族文化文库刊行会1985年版，第557页。
② 同上书，第558页。
③ 同上书，第558页。

结论

满洲族形象的演进轨迹：妖魔化——圆形化——客观化

我们研究朝鲜朝语境中的满族形象的目的，就是要使原来以"隐性"的状态存藏于朝鲜古典文化文本及"民间传说"中的满族形象清晰化、明朗化，最终成为一种"显性"的"系统化"的存在，同时，关注形象创造者与被创造者"形象"的彼此互动，通过研究文本作者如何在其文本中理解、描述、塑造满族形象，达到进一步透视作为满族形象创造者的朝鲜民族的社会文化心理、挖掘满族形象背后的深层文化意蕴的目的。

虽然我们到此已经大抵完成了使朝鲜朝语境中的满族形象"清晰化、明朗化、系统化"的工作，但贯穿整个研究过程的"互文—对话"思想又使我们觉得这一研究工作并没有终结，即我们的研究工作"尚在路上"，从这个意义上来说，我们给自己的研究工作所作的"结论"，并不是最后的终结，它只是对过去的研究工作的一个"小结"，同时也是新一轮对话的一个开始。

法国学者巴柔曾指出："全社会对一个集体、一个社会文化整体所作的阐释，是双极性（认同性/相异性）的阐释"。① 这实际上已经指出了社会总体想象物是按主体社会的意愿来构造的。法国当代哲学家保罗·利科在《从文本到行动》一书中则将这种社会总体想象大致分为"意识形态"和"乌托邦"两种形态，以对应巴柔的双极性。

"意识形态"在这儿并不具有政治学上的意义，而只是社会群体需要的代名词。"它具有一种整合功能"，即对一个特定群体能起到整合作用。也就是说，一个社会群体按本社会模式对一个与自己有相异性的特定群体进行整合，使整合后的形象与自己认同，这就是社会总体想象物的"认同性"。它"是被理想化了的诠释，通过它，群体再现了自我存在并由此强化了自我身份"。②

---

① 孟华主编：《比较文学形象学》，北京大学出版社 2001 年版，第 24 页。
② 孟华主编：《比较文学形象学》，北京大学出版社 2001 年版，第 32 页。

一般来讲，意识形态化的异国形象中，文本作者以维护本国的权威地位和保存现实为出发点，用本国占统治地位的文化范型去表现异国，用社会固有的观念去解读他者，对相异性进行整合。这样往往表现为对异域文明持否定态度。

"乌托邦"一词在这里也与其传统内涵不相一致。由于一个社会群体对现实的质疑而向往一个与自己根本不同的他者社会，这样，一种离心的异国形象的描写就具有了群体象征性特征。这类形象偏向于相异性，它与自身的文化传统相背离，从而具有了"社会颠覆的功能"。德国学者曼海姆指出，乌托邦是"想象与现实之间的差异，这一差异构成了对现实的稳定性和持久性的威胁"。① 在文本中，乌托邦表现为对异国文明的肯定，在承认其相异性的基础上，对本土的现实加以质疑。

"社会总体想象物所表现出的两极性并非是绝对对立的，意识形态和乌托邦两者所具有的整合功能和颠覆功能之间实际上是相互包容的，虽然相对本土社会模式而言，意识形态是向心的，而乌托邦是离心的，但乌托邦的最终价值还是要归并到本土群体文化中来，而意识形态在一种强化本体身份的同时，也表现出了一种对相异性的渴望。因此，乌托邦与意识形态不是截然分离的，往往是相互渗透，形成一种辩证包含的关系"。②

若以形象学的"意识形态"与"乌托邦"概念来描述朝鲜朝语境中的满族人形象，则十八世纪下半叶以前的满族人形象带有明显的"意识形态"色彩；而十八世纪下半叶的满族人形象则带有鲜明的"乌托邦"色彩。朝鲜人对满族人的两种不同的认知态度，取决于他们对中国传统儒家文化及其主要表现形式之一的"华尊夷卑"观念在认识上的变化。

正本清源，"华夷"之说缘起于中国上古华夏族体的形成时期。秦始皇统一中国，为"华夷"秩序建立了一个前提框架。至汉代，"中华"与"蛮夷"之间逐步发展起一种古代类型的国际关系体系。但此时的"华夷"秩序尚处于雏形阶段。盛唐雄极一时，文明璀璨辉煌，对周边及远方的国家和民族有着强大的影响力与吸引力，"华夷"秩序遂在比较正规的意义上形成了。宋代则中华四大发明多在此时向外传播，从而使华夷秩序得到进一步充实。至明、清两代，"华夷"秩序终于具备了清晰的外缘与日臻完善的内涵。此后中国国运

---

① 乐黛云、张辉主编：《文化传递与文学形象》，北京大学出版社1999年版，第246页。

② 叶绪民等：《比较文学理论与实践》，武汉大学出版社2004年版，第157页。

衰微，中华帝国逐渐沦为半殖民地，历经近两千年的"华夷"秩序终告寿终正寝。传说孔子作《春秋》，亦以"尊王攘夷"为宗旨，所谓"内诸侯而外夷狄"，因此，《春秋》大义亦包含着"华夷之辨"的思想。孟子则进一步发挥了孔子的这一思想，提出："吾闻用夏变夷者，未闻变于夷者也"。① 即只许以夏变夷，而绝不容许以夷变夏。如此一来，以礼义作为区别文明或野蛮的标准，就成了儒家"华夷之辨"的一贯主张。宋之大儒陆九渊亦有云："圣人贵中国，贱夷狄，非私中国也。中国得天地中和之气，固礼义之所在。贵中国者，非贵中国也，贵礼义也"。② 可见，"华夷"观念是基于华夏文化优越感而产生的一种"华尊夷卑"的思想意识。

中朝两国自古以来在政治、经济、文化等方面就存在着密切的关系，尤其是文化方面，朝鲜受中国儒家文化影响较深。中国的传统儒家思想及华夷观念深深地影响着朝鲜半岛。朝鲜人曾热爱乃至迷恋中华文化，蔑视并排斥中国以外的其他国家和民族的文化，并以"小中华"自居。中国这种根深蒂固的"华尊夷卑"的思想观念，也就成了古代朝鲜的传统思想观念，尤其是朝鲜朝时代，"华尊夷卑"的思想观念更是渗透到朝鲜民族的文化身份认同之中，几乎已经转化为一种绝对意识，牢牢地禁锢着朝鲜人的思想，因而严重影响了朝鲜民族的民族主体意识和民族文化的自身发展。

在"华尊夷卑"、"春秋大义"等思想禁锢的重重束缚之下，朝鲜人在十七世纪及其以前，基本上将满族及其先民女真人描述成了"妖魔化"形象。所谓"妖魔化"就是在一种偏激的情绪下，有意无意地对外来者或异己者的形象的丑化。在形象学意义上，将异域文化神秘化的倾向也是"妖魔化"的一部分。③

至十八世纪上半叶的老稼斋话语时代，随着时间的流逝和朝鲜朝与清朝间相互交往的增多、彼此了解的加深，朝鲜人对满族人的描述进入了"圆形化"时代。"圆形化"是我们借用英国著名小说家爱德华·摩根·福斯特（1879～1970）的一个小说批评概念。指理性的朝鲜朝燕行使想根据自己所耳闻目见的实际经验描述出一个"理想化"的满族形象，但感性的他们却无法摆脱"华夷之辨"等传统观念及刻骨铭心的"女真记忆"对他们的制约，这种矛盾

---

① 金良年：《孟子译注》，"滕文公上"，上海古籍出版社2004年版，第113页。
② 陆九渊著、钟哲点校：《陆九渊集》，"卷二十三"，"讲义"，中华书局1980年版，第277页。
③ 张弘：《比较文学的理论与实践》，华东师范大学出版社2004年版，第201～202页。

一般来讲，意识形态化的异国形象中，文本作者以维护本国的权威地位和保存现实为出发点，用本国占统治地位的文化范型去表现异国，用社会固有的观念去解读他者，对相异性进行整合。这样往往表现为对异域文明持否定态度。

"乌托邦"一词在这里也与其传统内涵不相一致。由于一个社会群体对现实的质疑而向往一个与自己根本不同的他者社会，这样，一种离心的异国形象的描写就具有了群体象征性特征。这类形象偏向于相异性，它与自身的文化传统相背离，从而具有了"社会颠覆的功能"。德国学者曼海姆指出，乌托邦是"想象与现实之间的差异，这一差异构成了对现实的稳定性和持久性的威胁"。① 在文本中，乌托邦表现为对异国文明的肯定，在承认其相异性的基础上，对本土的现实加以质疑。

"社会总体想象物所表现出的两极性并非是绝对对立的，意识形态和乌托邦两者所具有的整合功能和颠覆功能之间实际上是相互包容的，虽然相对本土社会模式而言，意识形态是向心的，而乌托邦是离心的，但乌托邦的最终价值还是要归并到本土群体文化中来，而意识形态在一种强化本体身份的同时，也表现出了一种对相异性的渴望。因此，乌托邦与意识形态不是截然分离的，往往是相互渗透，形成一种辩证包含的关系"。②

若以形象学的"意识形态"与"乌托邦"概念来描述朝鲜朝语境中的满族人形象，则十八世纪下半叶以前的满族人形象带有明显的"意识形态"色彩；而十八世纪下半叶的满族人形象则带有鲜明的"乌托邦"色彩。朝鲜人对满族人的两种不同的认知态度，取决于他们对中国传统儒家文化及其主要表现形式之一的"华尊夷卑"观念在认识上的变化。

正本清源，"华夷"之说缘起于中国上古华夏族体的形成时期。秦始皇统一中国，为"华夷"秩序建立了一个前提框架。至汉代，"中华"与"蛮夷"之间逐步发展起一种古代类型的国际关系体系。但此时的"华夷"秩序尚处于雏形阶段。盛唐雄极一时，文明璀璨辉煌，对周边及远方的国家和民族有着强大的影响力与吸引力，"华夷"秩序遂在比较正规的意义上形成了。宋代则中华四大发明多在此时向外传播，从而使华夷秩序得到进一步充实。至明、清两代，"华夷"秩序终于具备了清晰的外缘与日臻完善的内涵。此后中国国运

---

① 乐黛云、张辉主编：《文化传递与文学形象》，北京大学出版社1999年版，第246页。

② 叶绪民等：《比较文学理论与实践》，武汉大学出版社2004年版，第157页。

衰微，中华帝国逐渐沦为半殖民地，历经近两千年的"华夷"秩序终告寿终正寝。传说孔子作《春秋》，亦以"尊王攘夷"为宗旨，所谓"内诸侯而外夷狄"，因此，《春秋》大义亦包含着"华夷之辨"的思想。孟子则进一步发挥了孔子的这一思想，提出："吾闻用夏变夷者，未闻变于夷者也"。① 即只许以夏变夷，而绝不容许以夷变夏。如此一来，以礼义作为区别文明或野蛮的标准，就成了儒家"华夷之辨"的一贯主张。宋之大儒陆九渊亦有云："圣人贵中国，贱夷狄，非私中国也。中国得天地中和之气，固礼义之所在。贵中国者，非贵中国也，贵礼义也"。② 可见，"华夷"观念是基于华夏文化优越感而产生的一种"华尊夷卑"的思想意识。

中朝两国自古以来在政治、经济、文化等方面就存在着密切的关系，尤其是文化方面，朝鲜受中国儒家文化影响较深。中国的传统儒家思想及华夷观念深深地影响着朝鲜半岛。朝鲜人曾热爱乃至迷恋中华文化，蔑视并排斥中国以外的其他国家和民族的文化，并以"小中华"自居。中国这种根深蒂固的"华尊夷卑"的思想观念，也就成了古代朝鲜的传统思想观念，尤其是朝鲜朝时代，"华尊夷卑"的思想观念更是渗透到朝鲜民族的文化身份认同之中，几乎已经转化为一种绝对意识，牢牢地禁锢着朝鲜人的思想，因而严重影响了朝鲜民族的民族主体意识和民族文化的自身发展。

在"华尊夷卑"、"春秋大义"等思想禁锢的重重束缚之下，朝鲜人在十七世纪及其以前，基本上将满族及其先民女真人描述成了"妖魔化"形象。所谓"妖魔化"就是在一种偏激的情绪下，有意无意地对外来者或异己者的形象的丑化。在形象学意义上，将异域文化神秘化的倾向也是"妖魔化"的一部分。③

至十八世纪上半叶的老稼斋话语时代，随着时间的流逝和朝鲜朝与清朝间相互交往的增多、彼此了解的加深，朝鲜人对满族人的描述进入了"圆形化"时代。"圆形化"是我们借用英国著名小说家爱德华·摩根·福斯特（1879～1970）的一个小说批评概念。指理性的朝鲜朝燕行使想根据自己所耳闻目见的实际经验描述出一个"理想化"的满族形象，但感性的他们却无法摆脱"华夷之辨"等传统观念及刻骨铭心的"女真记忆"对他们的制约，这种矛盾

---

① 金良年：《孟子译注》，"滕文公上"，上海古籍出版社 2004 年版，第 113 页。
② 陆九渊著、钟哲点校：《陆九渊集》，"卷二十三"，"讲义"，中华书局 1980 年版，第 277 页。
③ 张弘：《比较文学的理论与实践》，华东师范大学出版社 2004 年版，第 201～202 页。

的心态，两难的处境，使我们最终看到的是一个充满矛盾与对立的处于一种张力关系中的满族形象。

至十八世纪末叶的燕岩话语时代，以洪大容、朴趾源等为代表的北学派思想家们开始对"华尊夷卑"、"春秋大义"等长时间束缚朝鲜人思想观念的传统文化意识进行反思，并积极调整心理定势，挣脱传统文化之桎梏，以渊博之学识，宏阔之视野，开放之胸襟，重构朝鲜民族的文化意识。他们超越狭隘的"华夷之辨"，放眼中国清朝文化，一切从社会实践出发，积极探索适合朝鲜民族生存与发展的正确道路，并渴望通过学习、借鉴清朝之先进文化来改变祖国积贫积弱的现状。"其抗争、奋战，有力地敲响了行将灭亡的朝鲜封建王朝的丧钟，天才般地预示了近代黎明的必然到来"。① 因此，我们在这一时期看到的满族人形象是"客观化"或接近"客观化"的形象，甚至部分地出现了"理想化"的倾向。

因此我们说，朝鲜朝语境中的满族人形象从"妖魔化"到"客观化"甚至"理想化"的演变轨迹所描述的，正是朝鲜民族勇敢地挣脱"华尊夷卑"、"春秋大义"等精神桎梏，步履维艰地向着自由与独立的终极追求坚定地跋涉的一部精神史。二者之间在逻辑上有着内在的同构性。

值得我们注意的是，我们所勾勒的满族人形象演变轨迹，只是一种主流的演变轨迹。因为，朝鲜朝语境中的满族形象是非常丰富和复杂的，它的复杂性与丰富性最主要的表现之一就是：在满族与朝鲜朝关系最为紧张的时期，在负面形象的边缘也仍有一些正面的至少是中性的形象存在。反之，在朝鲜朝与清朝关系最为融洽的时期，朝鲜人关于满族人的描述亦是褒贬不一的。

另外我们还要注意的是，虽然朝鲜朝时代"华尊夷卑"等思想观念几乎已经转化为一种绝对意识，牢牢地禁锢着朝鲜人的思想，并严重影响了朝鲜民族的民族主体意识，但这并不等于说朝鲜民族的民族意识已经缺失。事实是，朝鲜民族在最黑暗的岁月里，在大国强族环伺周围的险恶环境中，之所以不屈不挠地走到今天，凭借的就是渗入骨髓的强烈的民族意识。而"华尊夷卑"等思想观念的阴影只是让朝鲜民族的民族意识以朴素的自发的形式表现出来罢了。至洪大容、朴趾源等为代表的北学派思想家们登上历史舞台，这种民族意识才以一种理性的、自觉的形式更加鲜明地表现了出来。

学术界一般的传统观念认为，在朝鲜朝与清朝关系复杂多变的发展过程中，

---

① 金柄珉：《朝鲜中世纪北学派文学研究》，延边大学出版社 1990 年版，第 23 页。

朝鲜朝的意识形态是决定双方关系走向的最主要的原因，认为朝鲜视满洲人为"犬羊之辈"，"蕞尔凶丑"，而同明王朝却始终保持着根深蒂固的宗藩关系。"壬辰倭乱"成就了明王朝对朝鲜朝的再造之恩，因此，无论是儒家传统的"事大主义"思想，还是知恩图报的朴素的道德观念，都使朝鲜朝坚定地履行着宗藩的义务。这种说法固然有其一定的道理，但通过对满族与朝鲜朝关系的比较文学形象学描述，我们已经看到，意识形态在民族国家之交往中虽然占有相当重要的地位，但决定民族国家间关系的最主要的因素归根结底还是现实利益和一个国家的综合国力。我们在朝鲜朝语境中的满族人形象背后，看到的是一个综合国力处于劣势的弱小民族为争取自由和独立的坚强不屈和勇敢抗争，而"事大"只不过是其谋求自由与独立的策略及手段，是其走向终极追求——自由与独立——的一段艰辛旅程。朝鲜民族的这种反抗外来压迫，追求自由独立的精神是有其悠久的历史传统的，并且在今天的现实生活中继续传承着。或许有人不能同意这种说法，这亦不足为怪，因为我们所从事的研究本身就是一个富于争议的课题，虽然我们还不能说有充分的能力把握及驾驭这一课题，但这一课题潜在的价值吸引着我们，我们的态度是严肃的，并且相信在这一研究领域的探索中，即使有局限性但包含着独立思考的见解，比重复和一般性地解释他人已有的结论更有意义。故此，我们在吸收前辈时贤的研究成果之基础上，力图使研究尽可能地镌刻个人印记，以接近一个或许没有终点的目标。

朝鲜朝语境中的满洲族形象，经历了不同的发展阶段，并发生了根本性的转变。这种转变，向我们展现了异质文化交流过程的艰辛及其复杂程度。它不仅仅指异国（或异族）间的了解和信任需要充分的时间和足够的耐心，更深刻的问题在于，不同文化的遭遇不是双方各自以单一的整体进行的，而是每一方面都包含着众多的成分、因子、动机、倾向和层面，它们和对方交流的方式和各自所追求的结果，在对方文化中所激起的反应及彼此对对方的接受态度都不一致，即便是每一文化内部各成分和因子之间，也都存在着差异和矛盾。个别人或个别团体的意愿不可能完全得到实现，无论良好的愿望还是卑劣的企图均是如此。更有一种相当普遍的现象，彼此会因为对方文化中的消极成分而不加分析地否定对方的一切，包括那些本来应该积极吸取的有益成分。另外，利益的冲突、政治的谋略、意识形态的教条、积怨和成见等等，从来都是妨碍不同文化正常交流及融合的拦路虎和绊脚石。

参考文献

〔1〕孟华主编：《比较文学形象学》，北京大学出版社 2001 年版。

〔2〕赵展：《满族文化与宗教研究》，辽宁民族出版社 1997 年版。

〔3〕吴晗：《朝鲜李朝实录中的中国史料》，中华书局 1980 年版。

〔4〕《燃藜室记述选编》，辽宁大学历史系 1980 年版。

〔5〕《建州闻见录校释》，辽宁大学历史系 1978 年版。

〔6〕李宜显：《庚子燕行杂识》，韩国民族文化促进会 1989 年版。

〔7〕黄枝连：《天朝礼治体系研究》下卷，中国人民大学出版社 1995 年版。

〔8〕麟坪大君：《燕途纪行》，韩国民族文化促进会 1989 年版。

〔9〕林基中：《燕行录全集》第 95 卷，东国大学校出版部 2001 年版。

〔10〕《建州纪程图记校注》，辽宁大学历史系 1979 年版。

〔11〕王薇等：《中朝关系史——明清时期》，世界知识出版社 2002 年版。

〔12〕金昌业：《老稼斋燕行日记》，韩国民族文化促进会 1989 年版。

〔13〕林基中：《燕行录全集》第 96 卷，东国大学校出版部 2001 年版。

〔14〕朴趾源：《热河日记》，韩国民族文化文库刊行会 1985 年版。

〔15〕李坤：《燕行纪事》，韩国民族文化促进会 1989 年版。

〔16〕金正中：《燕行录》，韩国民族文化促进会 1989 年版。

后 记

　　这部书稿完成于 2006 年年初，其中的多数章节以论文形式在韩国及国内学术期刊上发表过，某些观点、资料亦曾多次为学界同行所引用，此次付梓，为反映该领域当时的研究状况及作者的研究水准，除个别文字的斟改外，余皆一仍其旧。

刘广铭

壬辰年九月识于洛阳